AF565261

Stefan Wolle
Ost-Berlin

Stefan Wolle

OST-BERLIN

Biografie einer Hauptstadt

Ch. Links Verlag

Auch als ebook erhältlich

Die Deutsche Nationalbibliothek verzeichnet diese Publikation in der Deutschen Nationalbibliografie; detaillierte bibliografische Angaben sind im Internet über www.dnb.de abrufbar.

1. Auflage, März 2020
© Christoph Links Verlag GmbH
Prinzenstraße 85 D, 10969 Berlin, Tel.: (030) 44 02 32-0
www.christoph-links-verlag.de; mail@christoph-links-verlag.de
Lektorat: Jana Fröbel, Ch. Links Verlag
Umschlaggestaltung: Nadja Caspar, Ch. Links Verlag, unter Verwendung eines Fotos von Harald Hauswald: Teenager am Brunnen der Völkerfreundschaft auf dem Berliner Alexanderplatz, 1983 (Harald Hauswald/OSTKREUZ)
Satz: Agentur Marina Siegemund, Berlin
Druck und Bindung: Druckerei F. Pustet, Regensburg
Gedruckt auf säurefreiem, alterungsbeständigem Papier

ISBN 978-3-96289-084-1

Inhalt

Dritter Teil
Metropole des Sozialismus
1962 bis 1970

Vierter Teil
Die Hauptstadt
1971 bis 1986

Fünfter Teil
Das Ende von Ost-Berlin
1987 bis 1990

Anhang

Ein neuer Doppelstockbus der BVG während der Probefahrt am Marx-Engels-Platz, im Hintergrund der Berliner Dom, Februar 1955

Prolog
Der Riesenwal Goliath oder Die Kunst des Verirrens

Allein in Berlin

Eine winzige Zeitungsnotiz ließ ein fast vergessenes Erlebnis aus dem Nebelmeer meiner Erinnerungen auftauchen. Das Auftauchen darf man in diesem Fall wörtlich nehmen, denn es geht um einen Wal – genauer gesagt, um den Riesenwal Goliath. Der präparierte Meeressäuger reiste damals als eine Art Jahrmarktsattraktion durch Europa. Weder das Jahr noch den genauen Ort seiner öffentlichen Schaustellung hätte ich benennen können, wohl nicht einmal den Namen Goliath, den die geschäftstüchtigen Eigentümer ihm verliehen hatten.

Doch die kleine Meldung aus dem *Neuen Deutschland* vom 17. November 1962 vermochte, Ort und Zeitpunkt zu präzisieren. Auf der Berlinseite des Zentralorgans der SED war in der Rubrik Kurznachrichten zu lesen: »RIESENWAL. Zur Besichtigung für die Hauptstädter gab Tierparkprofessor Dr. Dathe am Freitag auf dem Parkplatz Friedrich-, Ecke Reinhardtstraße einen 22 Meter langen Riesenwal Goliath frei. Goliath wurde 1954 gefangen und präpariert. Sein Lebendgewicht betrug 68 Tonnen. Bisher hat er schon viele Länder Europas besucht und kam direkt aus Sofija nach Berlin.«[1]

An den Berliner Litfaßsäulen hing damals sogar ein Plakat. Darauf war ein Wal zu sehen, der stolz einen Wasserstrahl in die Höhe spritzt. Dazu hieß es: »Die Attraktion Berlins – Riesenwal Goliath«. Es mag sein, dass dieses Plakat auch in unserem Vorort am östlichen Rand Berlins angeschlagen war. Jedenfalls beschloss die Gruppe »Junge Naturforscher«, sich die Sensation auf keinen Fall entgehen zu lassen. Mit unserem Biologielehrer verabredeten wir Tag und Stunde, um eine Exkursion ins Stadtzentrum zu starten. Aus irgendeinem Grund versäumte ich die gemeinsame

Abfahrt, nahm eine S-Bahn später und erreichte nach etwa einstündiger Fahrt den Bahnhof Friedrichstraße. Dort stieg ich zwar in den richtigen Bus der Linie A 57, nahm aber die falsche Richtung. Schon als der Doppelstockbus an der damals noch unbebauten Kreuzung Friedrichstraße/Unter den Linden einbog und entlang der großen Bauwerke, der Universität, Staatsoper und der Alten Wache fuhr, wusste ich, dass ich falsch war. Das Zeughaus mit dem Museum für Deutsche Geschichte kannte ich, wohl auch das Opernhaus und das noch im Wiederaufbau befindliche Alte Museum mit den riesigen Säulen. Doch wie sollte ich von hier aus zurückfinden zur S-Bahn? Die Gegend wurde immer fremder, das Häusermeer der Großstadt machte Parks, Freiflächen und Fabriken Platz. Immer neue Fahrgäste stiegen ein und wieder aus. Alle hatten irgendein Ziel. Ich allein trieb wie ein Schiffbrüchiger durch das endlose Meer der Stadt. Ich kalkulierte zwar richtig, dass der Bus irgendwann zum Ausgangspunkt zurückkehren musste, doch es war schon dunkel, als ich wieder am Bahnhof Friedrichstraße anlangte. Per S-Bahn machte ich mich auf den Heimweg. Goliath habe ich einige Wochen später besucht und war etwas enttäuscht. Der graue Riese wirkte traurig und fremd in seinem Zirkuszelt auf dem Parkplatz inmitten der Stadt. Stärker im Gedächtnis geblieben ist mir die Irrfahrt durch Berlin.

Die Geheimschrift

Walter Benjamin spricht in *Berliner Kindheit um neunzehnhundert* von einer Kunst des Verirrens. Wer sich an den Stadtplan hält, wird immer nur die Dinge finden, die er schon kennt. Nur die Irrwege führen zu Entdeckungen. »Sich in einer Stadt nicht zurechtzufinden, heißt nicht viel«, beginnt Walter Benjamin seine Erinnerungen. »In einer Stadt sich aber zu verirren, wie man in einem Walde sich verirrt, braucht Schulung.«[2] Die Rundfahrt auf der Linie A 57 war meine erste Lektion im Fach Verirrung. Zum ersten Mal entzifferte ich – natürlich noch unreflektiert – jene Geheimschrift, in welcher der Text der Stadt Berlin geschrieben ist. Es sei dahingestellt, was ich damals wahrnahm und was durch spätere Erfahrungen und Einsichten überlagert wurde. Jedenfalls hatte ich ein Spiel erfunden, das ich einige Male wiederholte: Ich stieg auf gut Glück in einen der großen gelben Doppelstockbusse des in Bautzen gefertigten Typs DO 56 mit der wie eine Schnauze hervorstehenden Motorhaube, bezahlte beim Schaffner zehn Pfennig und durchquerte unbekannte Stadtviertel. Der beste Platz war die vorderste Reihe auf dem Oberdeck. Vor der breiten Frontscheibe zogen Straßen und Plätze vorbei. Die Stadt war wie eine Wildnis, die umso geheimnisvoller wurde, je tiefer man vordrang. »Da müssen Straßennamen zu dem Irrenden so sprechen wie das Knacken trockener Reiser«, schrieb Walter Benjamin, »und kleine Straßen im Stadtinneren ihm die Tageszeiten so deutlich wie eine Bergmulde widerspiegeln.«[3]

Ost-Berlin ähnelte angesichts der Zerstörungen und politischen Umbrüche einem mittelalterlichen Palimpsest, einem mehrfach überschriebenen Pergamentblatt. Der neugierige Flaneur steht vor der Aufgabe, die ausgekratzten Schriften unter Infrarot wieder sichtbar zu machen. Er entziffert das Zeichensystem der Stadtlandschaft. Denkmale, Inschriften, Symbole, Straßennamen fielen durch Kriege und Stadtsanierungen der Zerstörung anheim. Oder sie wurden eilig weggewischt, wenn der politische Wind sich drehte. Dafür sind neue Texte geschrieben worden – in Form von Bauwerken, Verkehrs- und Versorgungseinrichtungen, Namen, Inschriften, Reklametafeln, Parolen und Symbolen. Doch die alten Zeichensysteme schlagen immer wieder durch und bilden mit den Überschreibungen einen Gesamttext.

Doch die Geheimschrift der Großstadt ist noch schwieriger zu entziffern als ein mehrfach überschriebenes Pergament. Seit Heraklit wissen wir, dass wir nicht zweimal in denselben Fluss steigen können, da alles fließt. Genauso wenig können wir zweimal durch dieselbe Stadt gehen oder zweimal denselben Text lesen. Wir befinden uns in einem Archiv, in dem jedes Aktenstück nach seiner Benutzung, genauer: durch die Benutzung, seinen Inhalt ändert. Das komplexe Zeichensystem der Stadt verändert sich nach jeder Entzifferung.

Viele Vergangenheiten

Der Krieg, die Zerstörungen und die Teilung der Stadt in Sektoren blieben in Ost-Berlin auf schmerzhafte Weise präsent. Die Stadt lebte seit 1945 in einer Nachkriegszeit, die nicht enden wollte.

»Einzig Vineta vielleicht versank derart gründlich in einer Sintflut (...)«, schrieb Günter Kunert in der literarischen Miniatur *Berliner Gemäuer* im Jahr 1964.[4] »Doch wie der Wanderer Vinetas Glocken hört, wenn der Zufall es will, und Vinetas Turmspitzen, Dachfirste, Söller und einen Schimmer von Höfen, Gassen und Plätzen wahrnimmt, wenn der Einfallwinkel des Lichtes im Meer günstig ist, so auch spürt der Spaziergänger in Berlin manchmal einen Anhauch der gewesenen Stätte.«[5] Das Gestein ist »ganz besonders redselig, »wahrscheinlich, weil es immer weniger wird und, ähnlich den Menschen einer schrumpfenden Generation, dadurch gedrängt, seine aussterbende Erfahrung weiterzugeben. Wer die mürben Mietshäuser betritt, den umfängt sogleich eine gänzlich andere Luft; die Luft der Vergangenheit, hängengeblieben, abgestanden, eine Mischung nicht mehr zu trennender Gerüche.«[6]

Die seltsame Topografie, aufgrund derer die Menschen ständig gegen Mauern liefen, wie auch die überall sichtbaren Kriegsschäden bildeten nur die äußerliche Folie für den Zustand des Vorübergehenden und Provisorischen. Andere Städte der Welt existieren aus sich selbst heraus, sosehr auch sie Symbole von Macht und Ideologie sein mögen: Jerusalem kann man besuchen und bewundern, ohne an den gekreuzigten Jesus oder an den dort in den Himmel aufgestiegenen Propheten Mohammed zu glauben. Roma aeterna, wie man die Stadt nicht zufällig nennt, wird es immer geben, unabhängig davon, welche Kaiser, Päpste oder Präsidenten dort regieren. Moskau ist trotz aller Abrisse und Neubauten unsterblich, egal ob auf den Kremltürmen rote Sterne leuchten. Ost-Berlin hingegen war ein Konstrukt des Kalten Krieges, im Grunde eher eine These als eine Stadt. Sie hob sich im Hegel'schen Sinne auf, als sie von der Geschichte widerlegt wurde. Nur noch Fragmente künden von der einstigen Halbstadt, die so gern eine Hauptstadt gewesen wäre.

Zeichen an der Wand

Die Wohnviertel der Innenstadt waren von Mietshäusern aus der Zeit um 1900 geprägt. Es fehlte nicht an Firmenschildern mit dem Zusatz Hoflieferant, aufgemalten Goldmedaillen mit Kronen und heraldischen Raubvögeln. An den Häusern hingen Emailleschilder mit dem roten Adler der brandenburgischen Feuersozietät und Ladenschilder mit der Aufschrift Kolonialwaren. Das ließ an Kokosnüsse oder Bananenstauden denken, auch an bunte Blechdosen für Kakao oder Zigarren, wie sie bei alten Leuten noch in der Küche standen. Doch wie ein Kommentar zu diesen längst verklungenen Zeiten der Monarchie und der Kolonialherrschaft waren die Fassaden von Splittereinschlägen und Gewehrkugeln zerfressen. In den einst besseren Gegenden bewachten Tritonen, Nereiden, Delphine, Zentauren und anderes mythologisches Getier den traurigen Verfall. Verrostete Eisengitter mit barocken Rundungen hielten leere Blumenkästen. Oft wurden die Balkone von steingrau gewordenen Karyatiden gestützt, um sie vor dem drohenden Absturz zu sichern. Oder sie ragten, ihrer Last ledig geworden, funktionslos ins Leere.

Auch Günter Kunert erzählt in seinen literarischen Spaziergängen durch Berlin von diesen »busenfreien Damen, die ihre Schamgegend hinter Zementfalten versteckten, den Blick voller Entsetzen in die Kunstgeschichte gerichtet, aus der sie extrahiert worden waren«.[7] Nun zierten sie Ruinen und zerschossene Fassaden. Die großen Flügel der Eingangstore hingen schief in den Scharnieren, die Glasscheiben herausgeschlagen und die Verzierungen abgebrochen. Überlebt hatten Inschriften wie »Betteln und hausieren verboten« oder »Eingang nur für Herrschaften«. Die Schilder erwiesen sich als dauerhafter als die Gesellschaft, in der es noch Bettler, Hausierer und Herrschaften gab.

Wo sich die Gelegenheit bot, schlug man in den Jahrzehnten nach dem Krieg den Stuck von der Fassade, freute sich an dem modernen Anblick und strich die Außenmauern in hellen Ockerfarben. Doch meist waren die Häuser noch in jenem Einheitsgrau gefärbt, mit dem man sie während des Bombenkrieges übertüncht hatte, um den feindlichen Fliegern die Orientierung zu erschweren. Hier und da las man Inschriften wie LSR, die Abkürzung für Luftschutzraum. Aufgemalte Pfeile zeigten nach unten, um Verschüttete freischaufeln zu können. An anderen Stellen waren große weiße Kreise mit einem roten Kreuz zu finden, die auf Verbandsplätze oder Lazarette verwiesen. Zudem gab es russische Inschriften für Kommandostellen, Essenausgaben, Schneider- und Schusterwerkstätten der Roten Armee, doch sowjetische Soldaten waren außerhalb ihres Hauptquartiers in Karlshorst in Ost-Berlin selten anzutreffen.

Die Schuttberge und die meisten Ruinen waren 1962 bereits weggeräumt. Stattdessen erweckten riesige Freiflächen östlich und südlich des Alexanderplatzes den Eindruck einer Einöde. Dazwischen standen die wenigen Gebäude, die den Luftkrieg überstanden hatten. Die Ödnis verstärkte sich in Richtung Mauer. Wo einst das Berliner Zeitungsviertel war, dehnte sich Brachland aus, und nur das Denkmal des Freiherrn vom Stein stand einsam auf dem Dönhoffplatz, der lange schon kein Platz mehr war. Es bildete den vermessungstechnischen Mittelpunkt von Berlin. Von einer inzwischen verschwundenen Postsäule aus wurde seit 1730 die Entfernung zu anderen Städten gemessen. Nun lag der topografische Mittelpunkt der Stadt ganz am Rande der begehbaren Welt, etwa 500 Meter von der Mauer entfernt. Seltsamerweise hat diese Absurdität niemanden gestört, als 1979 eine Kopie des Obelisken in den Mittelpunkt der wiedererrichteten Spittelkolonnaden gesetzt wurde.

Heinz Knobloch berichtete in seinem erstmals 1982 im Ost-Berliner Verlag Der Morgen erschienenen Buch *Stadtmitte umsteigen. Berliner Phantasien:* »Wer (…) beim Verlassen des Bahnsteigs die Augen niederschlägt, kann an der Verfärbung des Fußbodens erkennen, daß ein etwa wohnzimmergroßes Quadrat sich abhebt von dem übrigen Untergrund. Es hat sich der Umgebung nicht anpassen können in all den Jahren. Das ist kein Anlaß zur Unruhe. Der Boden hält. Wir stehen auf festem Grund; wahrscheinlich ist der Beton gut.«[8] Der Autor wundert sich in einer 20 Jahre später geschriebenen Anmerkung in der Neuauflage, dass er Anfang der achtziger Jahre die Hürden der Zensur überwunden hat. Denn unter der Betondecke befand sich jahrelang der Ausgang eines langen Ganges, der zum anderen Bahnsteig führte, an dem die Züge seit dem 13. August 1961 nicht mehr anhielten – einer jener halbdunklen Geisterbahnhöfe im Untergrund von Berlin. Die Züge fuhren vom Westen in den Westen und unterquerten mit einem einzigen Halt am Bahnhof Friedrichstraße den Osten. Nur dort konnte die West-Berliner aus- und umsteigen oder sich auf den Weg in den Ostteil der Stadt machen. Die anderen Bahnhofszugänge hatte man geschlossen, dann betoniert und mit Asphalt überzogen. Wenn es spätabends still wurde – und im Zentrum von Ost-Berlin war es nachts sehr still –, hörte man das geheimnisvolle Rumpeln der U- und S-Bahnen im Untergrund.

Am Rande der bewohnbaren Welt

Ost-Berlin war jahrzehntelang die wohl seltsamste Stadt der Welt. In vielen Richtungen endeten die Straßen an Sperren, Zäunen, Postenhäuschen, Warnschildern und Wachtürmen. Straßenbahnschienen führten ins Nirgendwo. Einige Endstationen der Linien von Stadtbahn wie Untergrundbahn lagen mitten im Zentrum. Wer hier ausstieg, erreichte nach wenigen Schritten den Stadtrand. Doch was hieß schon Stadtrand? Hier war die Welt mit Brettern vernagelt. Der zur schnoddrigen Untertreibung neigende Berliner sagte einfach Mauer. Die SED-Propaganda nannte das monströse Bauwerk »antifaschistischer Schutzwall«. Manche sagten, den Abkürzungsfimmel der SED-Sprache persiflierend, Antifa-Schuwa. Im Westen dagegen sprach man, wenn auch nicht amtlich, von der Schandmauer. Wenn es sachlich zugehen sollte, hieß es Sektorengrenze oder Demarkationslinie. Der Kalte Krieg teilte die Welt, Deutschland und Berlin, aber auch die Sprache. Hinter der Mauer war Feindesland oder Sehnsuchtsland – je nach Standpunkt. In jener zerrissenen Zeit gab es zu jeder Sache mindestens zwei gegensätzliche Ansichten und zwei Begriffe. Ständig mussten die Menschen darauf achten, wo und mit wem sie sprachen.

Am Rande des Brachlandes ragten wie zwei Schneidezähne im ansonsten zahnlosen Maul der zerrissenen Stadt das im Bau befindliche Axel-Springer-Hochhaus und der Stahlskelettbau der Gesellschaft für Straßen- und Wasserbau in die Höhe. Seit 1963 befand sich auf dem Dach ein Nachrichtenbalken, der weit in den Osten hineinstrahlte. Die fälschlicherweise oft dem Springer-Verlag zugeordnete Leuchtschrift war ein großes Ärgernis für die Staatsmacht der DDR. Wenn es in Ost-Berlin dunkel wurde, eilten die Leuchtbuchstaben wie kleine Ameisen über den Balken und verkündeten den wenigen Passanten, was diese längst wussten, denn auch in Ost-Berlin hatte fast jeder Haushalt ein Radiogerät und viele einen Fernseher. Dort konnte man sich einfacher und umfassender informieren als im kalten Wind des Brachlandes an der Mauer. Die Lufthoheit der Westsender war nahezu uneingeschränkt. So radikal die Mauer die Stadt teilte, so allgegenwärtig war der andere Teil der Stadt durch Rundfunk und Fernsehen präsent. In den fünfziger und beginnenden sechziger Jahren waren es vor allem der Rundfunk im amerikanischen Sektor (RIAS), der Sender Freies Berlin (SFB) und die Sendestationen der Westalliierten AFN und BBC.

Parallel begann der Siegeszug des Fernsehens, und allabendlich eroberte der Klassenfeind die Wohnzimmer Ost-Berlins. So hörten die DDR-Bürger morgens im Radio die West-Berliner Marktpreise für Radieschen und Gurken, mittags vom Stau auf der Avus und abends die Veranstaltungstipps der angesagten Diskos und Clubs. Dazu kamen Rezensionen von Büchern, die es im Osten weder im Buchladen noch in der Bibliothek gab, Kritiken über Filme, die sie nicht sehen konnten, und Ankündigen zu Theaterabenden, zu denen sie nicht gehen konnten. Die Situation war im eigentlichen Wortsinn schizophren, was frei übersetzt nichts anderes heißt als gespaltene Wahrnehmung oder besser noch: gespaltene Seele.

Schwierigkeiten bei der Namensgebung

Die Namensgebung für den Ostteil Berlins war voller Geheimnisse. Zunächst wurde der Machtbereich der Roten Armee schlicht Sowjetischer Sektor von Groß-Berlin genannt. Groß-Berlin hieß seit dem 1. Oktober 1920 die aus sechs Städten, 59 Landgemeinden und 27 Gutsbezirken zusammengefügte Reichshauptstadt. Der Name überlebte den Krieg und die unmittelbare Nachkriegszeit. Am 24. Juni 1950 tauchte in der DDR-Presse erstmals der Name »demokratischer Sektor« auf. Das Adjektiv wurde gelegentlich großgeschrieben, was auf eine feststehende Bezeichnung hindeutete, öfter jedoch kleingeschrieben, sodass der Name als Zustandsbeschreibung interpretiert werden konnte. Gleichzeitig wurde die Bezeichnung Groß-Berlin in allen amtlichen Verlautbarungen verwendet. Dahinter stand der Anspruch der DDR auf ganz Berlin. Seit 1961 wurde die Bezeichnung »demokratischer Sektor« seltener und verschwand allmählich aus dem amtlichen Sprachgebrauch. Nun hieß es amtlich: Berlin – Hauptstadt der Deutschen Demokratischen Republik. Dennoch stand hier und da noch an Häuserwänden oder auf Schildern der alte Begriff Groß-Berlin, so an der Pfandleihe in der Wilhelm-Pieck-Straße.

Die Begriffe Sowjetsektor oder Ostsektor hingegen waren westliche Kampfbegriffe des Kalten Krieges, die Ende der sechziger Jahre aus dem Sprachgebrauch verschwanden. Landläufig sagten hüben wie drüben die Leute Ostberlin, wenn sie hervorheben wollten, dass ausschließlich der Ostteil der Stadt gemeint war. Spiegelverkehrt wurde der Begriff Westberlin gebraucht. Sagte man in Hamburg oder München Berlin, meinte man Westberlin. In Leipzig oder Rostock sagte man Berlin und meinte Ostberlin. Der Bindestrichstreit ist erst im Rückblick aufgekommen und eigentlich eine Analogie des Streites um die Bezeichnungen Westsektor, Westberlin, Besondere politische Einheit Westberlin, West-Berlin, Berlin (West). Damals ging es allerdings um hochpolitische Statusfragen. Von 1948 bis 1961 liebäugelte die DDR damit, ihre Herrschaft auf ganz Berlin auszudehnen, später sollten die Ost-

Berliner möglichst vergessen, dass es hinter der Mauer noch eine Stadt gab.

Meyers Neues Lexikon vom Leipziger Bibliographischen Institut aus dem Jahr 1962 vermerkte unter dem Stichwort Berlin: »Groß-Berlin; größte deutsche Stadt und Hauptstadt der Deutschen Demokratischen Republik.« Dann erst wurde »Westberlin« genannt und entgegen den Regeln der deutschen Orthografie zusammengeschrieben, vermutlich, um zu suggerieren, es handele sich um eine eigenständige Landschaftsbezeichnung – etwa analog zu Westfalen oder zum Westernwald. Die Ausgabe des Lexikons von 1978 vaporisierte im Zeichen der Abgrenzungspolitik den Westteil der Stadt endgültig. Unter dem Stichwort Berlin ist zu lesen: »Hauptstadt und politisches, ökonomisches und wissenschaftlich-kulturelles Zentrum der DDR«. Dann folgten geografische und topografische Angaben, die sich ausschließlich auf den Ostteil bezogen. Nicht einmal im Abschnitt Geschichte wurde auf die Existenz eines Westteils verwiesen. Allerdings findet man in einem anderen Band des Lexikons zwischen Westbengalen und Westböhmen das Stichwort Westberlin: eine Stadt mit »besonderem politischen Status«, die »inmitten der DDR« liegt. Immerhin werden der Zoo und das Olympiastadion erwähnt.

Nun sind Namensänderungen in politisch bewegten Zeiten nichts Ungewöhnliches. Irritierend aber war, dass keine der erwähnten Sprachregelungen formal beschlossen, irgendwo verkündet, geschweige denn erläutert oder gar diskutiert wurde. Dem aufmerksamen Zeitungsleser oblag es, selbständig die verborgenen Winke der Obrigkeit zu deuten.

Im Zeichen der Zukunft

In der sozialistischen Vorzeigestraße zwischen Strausberger Platz und Frankfurter Tor hatte 1962 die Zukunft schon begonnen: Für den Humanismus, den Fortschritt und den Weltfrieden stand bis 1956 und mit Einschränkungen bis 1961 der Name Stalins. Die Große Frankfurter Straße war am 21. Dezember 1949 zu Ehren seines 70. Geburtstages nach Josef Wissarionowitsch Stalin benannt worden. Zwölf Jahre später, am 14. November 1961, verschwand der Name über Nacht aus dem Stadtbild. Moskau hatte verfügt, dass der »größte Humanist aller Zeiten« ein größenwahnsinniger Verbrecher gewesen sei, und die SED-Führung schwenkte ohne zu murren auf die neue Linie ein.

In dieser Nacht wurden die Anwohner unsanft gestört. Im Licht von Flakscheinwerfern räumten Bautrupps der Nationalen Volksarmee das Stalin-Denkmal ab. Am Dienstag, dem 14. November 1961, erschien auf der Titelseite des *Neuen Deutschland* unter der Überschrift »Mitteilung des Magistrats von Groß-Berlin« folgender Text: »Nach Kenntnisnahme der Materialien des XXII. Parteitages der Kommunistischen Partei der Sowjetunion hat der Magistrat von Groß-Berlin in seiner Sitzung vom 13. November 1961 in Bezug auf die in der Periode des Personenkultes Stalins erfolgten Verletzungen der revolutionären Gesetzlichkeit und der daraus entstandenen schweren Folgen nachstehende Maßnahmen beschlossen: Der Teil der bisherigen Stalinallee vom Alexanderplatz bis zum Frankfurter Tor wird in Karl-Marx-Allee umbenannt; der Teil der Stalinallee vom Frankfurter Tor in östlicher Richtung erhält den Namen Frankfurter Allee; das Denkmal J. W. Stalins wird entfernt; der S-Bahnhof Stalinallee erhält die Bezeichnung: S-Bahnhof Frankfurter Allee. Dementsprechend wird auch der U-Bahnhof Stalinallee in U-Bahnhof Frankfurter Allee umbenannt.«[9]

Die Berliner vermissten Stalin nicht, und auch die SED-Propaganda hob die Freude am Einkauf und die kulturvolle Freizeitgestaltung der Werktätigen hervor, für die der Name Karl-Marx-Allee nun stand. »Tausende flanieren tagsüber zwischen dem Strausberger Platz und dem Bersarinplatz und haben bei einem Schaufensterbummel ihre Freude an dem reichhaltigen Warenangebot. Gegen Abend immer nimmt der Strom der Schaulustigen zu. Neugierde, Staunen. Freude und Stolz ist in den Gesichtern der Menschen. Die erste sozialistische Straße unserer Stadt ist auch ihre schönste geworden«, jubelte die *Junge Welt.*[10] Über den Geschäften und Restaurants flimmerte bonbonfarbene Neonreklame.

Hierher kam man, wenn man etwas Besonderes kaufen oder fein ausgehen wollte. Im »Café Warschau«, im »Restaurant Budapest« mit dem »Zigeunerkeller« und im »Restaurant Bukarest« durften die Berliner kulinarische Köstlichkeiten der Bruderstaaten genießen, dazu gab es Tanz und Folklore. Die »Karl-Marx-Buchhandlung« war die größte ihrer Art in der ganzen Republik und wurde bevorzugt mit stets raren Besonderheiten der Verlagsproduktionen beliefert. Im »Haus des Kindes« gab es nicht nur Kinderkleidung und Spielzeug zu kaufen, sondern auch ein Puppentheater und ein Kindercafé. Vor allem aber gab es Geschäfte für Kleidung, Schuhe, Elektrowaren und vieles andere. Die sozialistische Welt schien in dieser Straße in Ordnung zu sein. Die roten Banner der Arbeiterbewegung und die schwarz-rot-goldenen Fahnen mit dem DDR-Emblem flatterten vor der Kulisse der gekachelten Prachtbauten im Wind, und die Parolen in weißer Schrift auf rotem Grund kündeten vom kommenden Sieg des Sozialismus.

Die Stadt als Roman in zufälligen Makulaturblättern

Doch Ost- und West-Berlin kamen nicht voneinander los. Die Geschichte Ost-Berlins ist wie ein Roman, aus dem jedes zweite Kapitel herausgerissen wurde und die übrig gebliebenen Druckbögen mit einem fremden Manuskript vermengt wurden. So entstanden Paralleltexte, die auf den ersten Blick nichts miteinander zu haben. Doch auf den zweiten Blick erkennt man ein kunstvoll miteinander verwobenes Ganzes.

Die Dichter der Romantik liebten solche literarischen Verwirrspiele. E.T.A. Hoffmanns *Kater Murr* schrieb seine Lebensansichten auf die herausgerissenen »zufälligen Makulaturblätter« der Biografie des Kapellmeisters Johannes Kreisler. Der Setzer übernahm die Manuskriptseiten ungeprüft, so die literarische Fiktion, und gab sie zum Druck. Immer wieder bricht die Künstlerbiografie ab und wird durch die Lebensweisheiten des lese- und schreibkundigen Katers ergänzt. Aus der scheinbaren Unordnung wird ein Kunstwerk. Der Roman blieb Fragment, so wie auch der Doppelroman Berlins aus zwei Fragmenten besteht, die nur gemeinsam eine Romanhandlung bilden.

Wer auch immer der Schöpfer der Lebensgeschichte der Halbstadt Ost-Berlin gewesen sein mag, er hatte viel Sinn für jene romantische Doppelbödigkeit, die E.T.A. Hoffmann die Feder führte. Vor allem aber ist die Historie der Doppelstadt ein Musterbeispiel für die List der Vernunft, wie es Georg Wilhelm Friedrich Hegel nannte. Das Gegeneinander von West und Ost war immer auch ein Miteinander. Das eine existiert durch das andere, wie Hegel lehrt. In diesem Falle heißt das, Ost-Berlin existierte nur durch West-Berlin und umgekehrt. So hat Hegels Weltgeist in Berlin, dem Ort seiner akademischen Inauguration, ein Meisterstück der Dialektik geliefert.

Schlagen wir das von den Krallen des Katers Murr zerrupfte Romanfragment Ost-Berlin auf. Entziffern wir die geheimen Zeichensysteme der Großstadt und steigen in einen jener blassgelben Doppelstockbusse der BVG/BVB, die 1974 endgültig ausgemustert wurden. Fahren wir kreuz und quer durch die virtuelle Realität des alten Ost-Berlins, und verirren wir uns dabei ganz im Sinne von Walter Benjamin im Labyrinth von Zeit und Raum.

ERSTER TEIL

Der sowjetische Sektor von Berlin 1945 bis 1949

Blick über den Pariser Platz zum Brandenburger Tor, Juni 1945

Erstes Kapitel
Kriegsende und Teilung

Stalins ungewolltes Kind

Biografien beginnen üblicherweise mit der Geburt des Helden. Doch wann Ost-Berlin das Licht der Welt erblickte, ist einigermaßen unklar. War es in den Nachtstunden vom 8. zum 9. Mai 1945, als die deutsche Wehrmacht bedingungslos kapitulierte, oder in den Tagen vom 1. bis zum 4. Juli 1945, als die Westalliierten ihre Sektoren in Berlin übernahmen? In Frage kommt auch die Einführung der D-Mark in den Westsektoren am 23. Juni 1948, die den Anlass für die sowjetische Blockade bot, oder der 30. November 1948, als mit der staatsstreichartigen Bildung eines von der SED dominierten Magistrats und der Wahl Friedrich Eberts zum Ost-Berliner Oberbürgermeister faktisch jede verwaltungsmäßige Gemeinsamkeit mit den Westsektoren beendet wurde. Doch auch danach beschworen beide Seiten mit viel Pathos die Einheit Berlins, und im Alltagsleben der Stadtbewohner blieb sie bis zu einem gewissen Grad bis zum 13. August 1961 erhalten.

Ein eindeutiger Geburtstag des feindlichen Geschwisterpaares ist schwer auszumachen. Der Zeitpunkt der Zeugung hingegen lässt sich genau bestimmen. Auch der Kindsvater stand von Anfang an fest: Es war der sowjetische Diktator Stalin, der mit den eher widerstrebenden oder zumindest gleichgültigen Briten und Amerikanern den missratenen Wechselbalg zeugte. Wie es auch im Leben vorkommen mag, war sich diese Ménage-à-trois keineswegs der langfristigen Konsequenzen ihres Treibens bewusst. Die ungewollte Nachkommenschaft entwickelte sich zum weltpolitischen Problemfall und blieb es mehr als 40 Jahre lang.

Die Idee der Teilung Berlins entstand 1944. Während an allen Fronten noch der Krieg tobte, beschlossen die vom 19. bis zum 30. Oktober 1943 in Moskau tagenden Außenminister Großbritanniens, der USA und der Sowjetunion, die European Advisory Commission (EAC) einzurichten. Dort sollten Vertreter der drei Mächte – von Frankreich als Siegermacht war noch keine Rede – Vorschläge für eine europäische Nachkriegsordnung erarbeiten. Seit Dezember 1943 tagte die Kommission im Lancaster House in London. Für die UdSSR saß deren Londoner Botschafter Fjodor Gusew am Verhandlungstisch. Zu seiner Unterstützung richtete man in Moskau eine Kommission unter Marschall Kliment Woroschilow ein. Ihr gehörten Militärs und Fachleute für internationale Beziehungen an, einige hatten schon unter dem Zaren im diplomatischen Dienst gearbeitet. Die Woroschilow-Kommission griff eine wohl ursprünglich britische, vage formulierte Idee auf, analog zur Aufteilung Deutschlands auch Berlin zu teilen. In der ehemaligen Reichshauptstadt sollte ein gemeinsames Gremium der Alliierten seinen Sitz haben und die Entscheidungen der Siegermächte umsetzen. Am 17. April 1944 lag der Moskauer Kommission ein Entwurf vor, der erstmals Berlin in Sektoren teilte. Dabei ging man schlicht mit Zirkel und Lineal ans Werk. Man stach die Zirkelspitze in den Mittelpunkt von Berlin, schlug zwei Kreise mit einem Radius von 10 und 15 Kilometern und teilte den Doppelkreis mit dem Lineal in drei gleich große Tortenstücke. Das östliche Drittel war der Sowjetunion zugedacht, hatte aber einen anderen Zuschnitt als das spätere Ost-Berlin. Die westlichen Tortenstücke sollten Amerikaner und Briten bekommen. Der Vorschlag fand in der Kommission unter Marschall Woroschilow keine Zustimmung. Mehrere andere Varianten wurden durchgespielt, ohne dass eine Entscheidung fiel. In den Diskussionen ging es vor allem um die Standorte der Industrieanlagen, die man nach Kriegsende zu demontieren gedachte.

Schließlich einigte man sich in Moskau. Sicherlich nicht ohne Billigung Stalins brachte die sowjetische Delegation bei der EAC einen Vorschlag ein, der auch den Westmächten genehm war und im Ersten Londoner Protokoll vom 12. September 1944 seinen Niederschlag fand. Er legte den genauen Umfang des künftigen sowjetischen Sektors fest. Dieser sollte die acht Stadtbezirke Pankow, Prenzlauer Berg, Mitte, Weißensee, Friedrichshain, Lichtenberg, Treptow und Köpenick in den vom Amtsblatt der Reichshauptstadt Nr. 13 vom 27. März 1938 festgelegten Grenzen umfassen.[1] Mit der sprichwörtlichen deutschen Gründlichkeit werden in dem Protokoll die einschlägigen Berliner Amtsblätter über die Grenzziehung zitiert. Die Aufteilung der Westsektoren unter Amerikanern und Briten blieb zunächst offen, sie erfolgte erst am 14. November 1944. Doch auch diese Vereinbarung war kurze Zeit später überholt. Während ihres Treffens in Jalta vom 4. bis zum 11. Februar 1945 beschlossen Stalin, Churchill und Roosevelt, Frankreich als vierte Siegermacht aufzunehmen und ihm Besatzungszonen in Deutschland und Österreich sowie Sektoren in Berlin und Wien zuzuteilen. Dies geschah in allen Fällen auf Kosten der britischen und amerikanischen Ansprüche.

Von Anfang an war es die Sowjetunion, die auf eine Sonderstellung Berlins als Sitz der Alliierten Kommandantur drängte, während die britische und die amerikanische Seite der Angelegenheit keine besondere Bedeutung beimaß. Man hielt die Besatzung wohl für ein Provisorium und kümmerte sich vorläufig nicht um die Garantie der Zufahrtswege auf Straßen, Schienen und in der Luft. Vier Jahre später sollten diese ungeklärten Fragen die ehemaligen Verbündeten an den Rand eines Atomkrieges bringen. Doch 1944 war zwar der Sieg über Hitler-Deutschland nicht mehr fraglich, unklar waren der genaue Zeitpunkt und der Frontverlauf am Ende des Krieges. Die Entscheidung über die Teilung Berlins war eine gegenseitige Versicherung gegen jeden Versuch, schon während des Krieges Positionen für künftige Konflikte zu sichern. Die Siegermächte sollten als gleichberechtigte Partner die Umsetzung der Nachkriegsregelungen garantieren und darüber wachen, dass Deutschland dauerhaft entmilitarisiert wird. Berlin als gemeinsamer Sitz der alliierten Kontrollbehörden war der Schlussstein dieser Konstruktion. Stalin ging es nicht um den Export des Sowjetsystems oder die Bildung eines ostdeutschen Satellitenstaates, sondern um eine dauerhafte Neutralisierung Deutschlands. Die Sowjetführung agierte also noch in den Denkmustern des zu Ende gehenden Krieges, nicht in den Kategorien des sich abzeichnenden Weltkonfliktes zwischen der Sowjetunion und dem Westen.

Die Kapitulation

Wie durch ein Wunder war die Pionierschule I der Wehrmacht in Berlin-Karlshorst von den Bombenangriffen und den schweren Bodenkämpfen der letzten Kriegstage verschont geblieben. Auch die Häuser in der Umgebung hatten den Krieg unbeschadet überstanden. Das Villenviertel Karlshorst war erst um 1900 entstanden und bot in den dreißiger Jahren noch genügend Bauland. Deshalb war hier 1938 die Pionierschule errichtet worden. Als die Rote Armee Ende April 1945 näher rückte, räumte das deutsche Militär entgegen den Befehlen das Gelände kampflos. Noch während der Schlacht um Berlin machte die sowjetische Stoßarmee unter Generaloberst Nikolai Bersarin den Gebäudekomplex zu ihrem Hauptquartier. Wohl erst im Laufe des 7. Mai 1945 fiel die Entscheidung, hier die Unterzeichnung der formellen Kapitulation Hitler-Deutschlands vorzubereiten.

Bereits am 2. Mai 1945 waren mit der Teilkapitulation der Reichshauptstadt die letzten größeren Kampfhandlungen auf deutschem Territorium zu Ende gegangen. Hitler hatte vor seinem kläglichen Abtritt einen seiner treuesten Anhänger, Großadmiral Karl Dönitz, zu seinem Nachfolger ernannt. Dieser versuchte von Flensburg aus, die letzte Trumpfkarte des Nazi-Reichs ins Spiel zu bringen: die vermeintlichen oder tatsächlichen Spannungen zwischen den Westmächten und der Sowjetunion. Dönitz schickte Generaladmiral Hans-Georg von Friedeburg und Generaloberst Alfred Jodl nach Frankreich, ins Hauptquartier des Oberkommandierenden der verbündeten Streitkräfte Dwight D. Eisenhower in Reims. Dort sollte dieser bei den Westmächten eine Teilkapitulation erwirken, damit die Truppen im Osten weiterkämpfen oder sich wenigstens in Richtung Westen absetzen könnten. Doch Eisenhower durchschaute das Spiel und bestand auf der mit der Sowjetunion vereinbarten bedingungslosen Kapitulation Deutschlands. So blieb den deutschen Abgesandten nichts anderes übrig, als zu unterschreiben. In Anwesenheit von Offizieren aller vier Siegermächte setzten Jodl und Friedeburg am 7. Mai 1945 um 2.41 Uhr ihre Unterschriften unter die Kapitulationsurkunde. Am

8. Mai 1945 um 24 Uhr sollte an allen Fronten Waffenstillstand herrschen.

Doch Stalin ging das zu schnell, und es war der falsche Ort. Er wollte auf eine feierliche Kapitulation in Berlin nicht verzichten. Die Westmächte waren bereit, der Sowjetunion in diesem Punkt entgegenzukommen. Allerdings nahm Eisenhower nicht persönlich an der Zeremonie teil, er schickte den britischen Luftmarschall Arthur W. Tedder und den US-General Carl Spaatz nach Berlin.

Am 8. Mai brachte eine britische »Douglas« eine deutsche, von Dönitz zusammengestellte Abordnung aus Frankfurt am Main nach Berlin-Tempelhof. Der frühere Chef des Oberkommandos der Wehrmacht Generalfeldmarschall Wilhelm Keitel vertrat das Heer, Generaloberst Hans-Jürgen Stumpff die Luftwaffe und Generaladmiral Hans-Georg von Friedeburg die Marine. Die mitreisenden Engländer wurden auf dem Flughafen Tempelhof von den Russen mit militärischen Ehren empfangen, während die deutsche Delegation im Flugzeug warten musste. Dann fuhr die Autokolonne quer durch die zerstörte Stadt nach Karlshorst.

Währenddessen wurde der Beginn der Zeremonie durch einen Streit um die Teilnahme des angereisten französischen Generals Jean de Lattre de Tassigny verzögert. Insbesondere die Sowjetunion unterstützte die Bestrebungen Frankreichs, in den Kreis der Siegermächte aufgenommen zu werden. So entschied man schließlich, dass der französische General an dem feierlichen Akt teilnehmen könne, aber als Letzter unterschreiben sollte. Eilig wurde eine Trikolore zusammengenäht und im Speisesaal des Offizierskasinos in Karlshorst aufgehängt.

Kurz nach Mitternacht begann endlich die offizielle Zeremonie. Als die deutschen Militärführer und ihre Adjutanten im vollen Schmuck ihrer Orden und Ehrenzeichen den Speisesaal betraten, herrschte eisiges Schweigen. Keiner der alliierten Offiziere erhob sich zu einer militärischen Grußerweisung. Nur die ausländischen Reporter drängten nach vorn und machten Fotos und Filmaufnahmen.

Der russische Schriftsteller Konstantin Simonow, der als Kriegskorrespondent an der Zeremonie teilnahm, hielt seine Eindrücke in seinem Tagebuch fest: »Keitel braucht nur drei Schritte zu machen, um an seinen Tisch zu gelangen. Er geht dorthin, bleibt hinter dem mittleren Sessel stehen, streckt die Hand mit dem kurzen Marschallstab aus, vollführt eine flinke Bewegung vorwärts und rückwärts, die mich an Hantelgymnastik erinnert. Er rückt den Sessel ab, setzt sich und legt den Marschallstab vor sich nieder.«[2]

Währenddessen unterzeichneten die Vertreter der Siegermächte die Kapitulationsurkunde: Georgi Schukow für die Sowjetunion, Arthur Tedder für das Vereinigte Königreich, Carl Spaatz für die USA und Jean de Lattre de Tassigny für Frankreich. »Während sie unterschrieben, veränderte sich Keitels Gesicht schrecklich. In Erwartung der Sekunde, da er an der Reihe ist, zur Feder zu greifen, sitzt er steif und starr da. Der große Ordonnanzoffizier, der in strammer Haltung, die Hände an der Hosennaht, hinter seinem Sessel steht, weint, ohne daß sich in seinem Gesicht ein Muskel regt. Keitel sitzt gerade da, dann streckt er die Hände aus und ballt sie auf dem Tisch zu Fäusten.«[3]

Schukow forderte die Deutschen auf, zur Unterzeichnung an den Tisch zu treten. »Als erster steht Keitel auf. Er tritt an die schmale Seite des Tisches, setzt sich in den dort stehenden Sessel und unterzeichnet mehrere Exemplare der Urkunde. Dann kehrt er an seinen Tisch zurück, setzt sich und nimmt die alte Pose ein. Zum Schreiben hat er einen Handschuh abgestreift. Jetzt zieht er ihn wieder an. Nach ihm gehen Stumpff und Friedeburg unterschreiben. Unterdessen sehe ich weiter zu Keitel hin. Er hat sich halb dem Tisch der Alliierten zugewandt, betrachtet sie und grübelt so angestrengt über etwas nach, daß er unbewußt die rechte behandschuhte Hand ans Gesicht führt. Stumpff erscheint absolut ruhig. Friedeburg ist erstarrt, aber hinter seiner Reglosigkeit verbirgt sich grenzenlose Niedergeschlagenheit.«[4] »Die Deutschen erheben sich. Keitel vollführt mit dem Marschallstab die gleiche Bewegung, die er eingangs gemacht hat, als er eingetreten ist, dreht sich um und geht hinaus. Die anderen folgen ihm. Die Tür wird geschlossen. Und plötzlich weicht die gestaute Spannung aus dem Saal. Sie verfliegt, als hätten alle lange den Atem angehalten, der nun der Brust entströmt. Ein allgemeiner Seufzer der Erleichterung und Erschöpfung bricht sich Bahn. Die Kapitulation ist besiegelt, der Krieg zu Ende.«[5]

Die Berliner Erklärung

Die in Berlin-Karlshorst unterzeichnete Kapitulationsurkunde enthielt keine Bestimmungen über den künftigen Umgang mit dem besiegten Feind. Um dies nachzuholen, trafen sich die Oberkommandierenden der verbündeten Streitkräfte der Anti-Hitler-Koalition am 5. Juni 1945 erneut in Berlin.

Auf dem Flughafen Tempelhof waren der Stellvertretende Oberkommandierende der Gruppe der sowjetischen Besatzungstruppen in Deutschland Armeegeneral Wassili Sokolowski und der Stadtkommandant Generaloberst Nikolai Bersarin mit einer Ehrenformation der Roten Armee aufmarschiert. Um 10.45 Uhr landeten nacheinander 13 amerikanische Flugzeuge. Aus dem ersten Flugzeug stieg der Oberbefehlshaber der US-Streitkräfte in Europa Dwight D. Eisenhower. Der TASS-Korrespondent vermerkte stolz, Eisenhower habe gesagt: »Ich habe nie gesehen, daß eine Ehrenwache so schneidig die Macht ihrer Armee zum Ausdruck gebracht hätte.«[6] Später wiederholte sich die Zeremonie zu Ehren des französischen Armeegenerals Jean de Lattre de Tassigny und des britischen Feldmarschalls Bernard L. Montgomery.

Um 17 Uhr trafen sich die Oberkommandierenden im Hauptquartier von Marschall Schukow in Wendenschloss, einem Vorort im Stadtbezirk Köpenick. Dort, in der Nibelungenstraße 20, unterzeichneten sie vier Erklärungen zur Übernahme der Regierungsgewalt in Deutschland durch die Alliierten. Anschließend erhielten Eisenhower und Montgomery den Siegesorden, die höchste Auszeichnung der Sowjetunion, Lattre de Tassigny den Suworow-Orden Erster Klasse.

In der vierten Erklärung mit dem Titel »Feststellung seitens der

Alliierten über die Einteilung Deutschlands in Besatzungszonen« heißt es bezüglich der Aufteilung Berlins erstmals klar und deutlich: »Das Gebiet von Groß-Berlin wird von Truppen einer jeden der vier Mächte besetzt. Zwecks gemeinsamer Leitung der Verwaltung dieses Gebietes wird eine interalliierte Behörde (...) errichtet, welche aus vier von entsprechenden Oberbefehlshabern ernannten Kommandanten besteht.«[7]

Nun war der Weg frei für den Rückzug der britischen und amerikanischen Truppen hinter die vereinbarte Demarkationslinie zwischen den künftigen Besatzungszonen sowie für die Übernahme der drei Westsektoren Berlins durch Großbritannien, Frankreich und die USA. Neben der völkerrechtlichen Bedeutung dieser Vereinbarungen, die bis 1990 die Grundlage für alle Abkommen der Siegermächte bilden sollten, war es von großem Belang, dass die Berliner erstmals über ihr weiteres Schicksal informiert wurden.

Am Nachmittag des 1. Juli 1945 erreichte ein Vorauskommando der US Army den südwestlichen Stadtrand von Berlin. Am frühen Morgen hatte sich die Kolonne von Militärlastwagen und -jeeps – als Amerikaner deutlich zu erkennen durch den weißen Stern auf den olivgrünen Fahrzeugen – von Halle (Saale) auf den Weg nach Berlin gemacht. Sie überquerten auf einer Pontonbrücke bei Dessau die Elbe und verließen damit den Machtbereich der westlichen Streitkräfte. Dann rollte das Kommando auf der leeren Autobahn nach Berlin. Dort wurden sie vom sowjetischen Stadtkommandanten empfangen, und es wurden die Details der Übernahme der Westsektoren durch die Briten, Amerikaner und Franzosen vereinbart. Als Tag der Übergabe wurde der 4. Juli 1945 vereinbart.

»Neunundneunzig von hundert Berlinern freuten sich auf die Amerikaner wie Kinder auf den Weihnachtsmann«, berichtete der Journalist Curt Riess, ein deutscher Emigrant, der damals in amerikanischer Uniform mit den ersten US-Truppen in Berlin eintraf.[8] »Und dann folgte die Enttäuschung. (...) Es lag für die Alliierten nicht der geringste Grund zu der Annahme vor, daß sie in eine ihnen befreundete Stadt kamen. Sie waren ins Herz des Feindes vorgestoßen. Und wenn auch die große Mehrzahl der breitschultrigen, schmalhüftigen Hünen der 82. Airborne, die eintrafen, keine besonderen Ressentiments hatten, so fühlten sie doch sicher auch keine besondere Sympathie für die Berliner.«[9]

Wie im Laufe der Jahre die westlichen Besatzungsmächte zu Schutzmächten wurden, wie die Amerikaner über die Luftbrücke die Westsektoren vor dem sowjetischen Zugriff schützten, wie die West-Berliner den amerikanischen Präsidenten John F. Kennedy ins Herz schlossen, als er am 26. Juni 1963 die denkwürdigen Worte sagte: »Ich bin ein Berliner«, und wie schließlich am 5. Februar 1966 die ersten Eier gegen das Amerika-Haus am Bahnhof Zoologischer Garten flogen – all das gehört in die andere Hälfte der Berliner Geschichte. Hier ist die Tatsache von Belang, dass mit dem Einzug der westlichen Siegermächte die Grundlage dafür geschaffen wurde, dass Berlin geteilt wurde.

Das Gesicht der Stadt

Es gibt Bilder, angesichts derer es einem die Sprache verschlägt. Ein solches Bild bot 1945 die Innenstadt von Berlin. Zeitgenössische Berichterstatter, die dennoch versuchten, den Anblick in Worte zu fassen, griffen oft nach Vergleichen mit der Antike. »Das ist das zweite Karthago!«, notierte Harry Hopkins, der Berater des amerikanischen Präsidenten Franklin D. Roosevelt, nach einem Rundflug über die zerstörte Stadt.[10] Andere bemühten biblische oder mythologische Allegorien. Häufig wurde an die Apokalypse des Johannes, die Höllenbilder des Hieronymus Bosch oder die Schilderungen des Infernos in Dantes *Göttlicher Komödie* erinnert.

Heinz Rein schrieb in seinem 1947 erschienenen Roman *Finale Berlin:* »Feuersbrünste, Flächenbrände genannt, und Stahlgewitter, gewebt aus Bombenteppichen, haben das blutvolle Antlitz der Stadt in die Grimasse eines Totenschädels verwandelt.«[11] Nur die verunstalteten Fassaden einzelner Häuser »ragen wie Inseln aus dem Meere der Zerstörung, sie sind gerupft und zerzaust, die Sparren der verwehten Fenster sind wie Rippen, denen das Fell abgezogen wurde, die Fenster sind blind wie Augen, deren Lider ständig heruntergeklappt sind und die nur hin und wieder gläsern blinzeln (...).«[12] In den Trümmern der deutschen Städte herrschten Hunger, Mangel an Brennstoffen und Wohnungsnot – Resignation und Verzweiflung. Wie in Trance, benommen vom Schock des Zusammenbruchs, nahm die Mehrheit der Deutschen ihr Schicksal hin. Der tägliche Kampf ums Überleben absorbierte alle Energien.

»Es war ein infernalisches Bild«, beschrieb Wolfgang Leonhard das zerstörte Berlin. »Brände, Trümmer, umherirrende hungrige Menschen in zerfetzten Kleidern. Ratlose deutsche Soldaten, die nicht mehr zu begreifen schienen, was vor sich ging. Singende, jubelnde und oft auch betrunkene Rotarmisten. Gruppen von Frauen, die unter Aufsicht von Rotarmisten Aufräumungsarbeiten leisteten. Lange Reihen von Menschen, die geduldig vor Pumpen standen, um einen Eimer Wasser zu erhalten. Alle sahen schrecklich müde, hungrig, abgespannt und zerfetzt aus. Es war ein sehr starker Kontrast zu dem, was ich in den kleineren Ortschaften östlich Berlins gesehen hatte. Viele Menschen trugen weiße Armbinden als Zeichen der Kapitulation oder rote als Begrüßung für die Rote Armee. Es gab auch einige, die besonders vorsichtig waren: Sie hatten am Arm sowohl eine weiße als auch eine rote Binde. Aus den Fenstern wehten gleichermaßen die weißen Fahnen der Kapitulation oder rote, denen man ansah, daß sie kurz zuvor aus Hakenkreuzfahnen entstanden waren.«[13]

Der Krieg hatte viele deutsche Städte zerstört, einige sogar noch gründlicher als Berlin. Doch keine europäische Stadt musste während des Krieges so viele Luftangriffe erleben wie Berlin. Die Bilanz des sechsjährigen Luftkrieges war fürchterlich.

Nach Angaben des United States Strategic Bombing Survey wurden von den 1 543 556 Wohnungen, die es 1939 in Berlin gab, 650 000 (ca. 42 Prozent) komplett zerstört, 80 000 (ca. 5 Prozent) so schwer beschädigt, dass sie unbewohnbar waren, weitere 80 000 mittelschwer und 320 000 (ca. 21 Prozent) leicht beschädigt.[14] Dieser Erfassung zufolge hatte Berlin fast die Hälfte seines

Wohnraums verloren. Der Magistrat von Berlin veröffentlichte im Sommer 1946 eine Übersicht über die Kriegszerstörungen und den beginnenden Wiederaufbau. In dem Bericht heißt es: »Die Anzahl von Gebäuden in Berlin vor dem Kriege betrug 225000. Davon wurden 30000 oder 13,5 Prozent zerstört. 27000 oder 12 Prozent schwer und 20000 oder 9 Prozent mittelschwer beschädigt. Über 34 Prozent sind also ganz oder für längere Zeit ausgefallen.«[15]

Die Differenz erklärt sich daraus, dass im ersten Fall die Wohnungen, im anderen die Gebäude gezählt wurden. Da in den innerstädtischen Wohnbezirken, wo große Mietshäuser standen, die Zerstörungen am schwersten waren, ist der prozentuale Anteil der zerstörten Wohnungen höher als der der Häuser. Insgesamt dürfte der Verlust sogar noch größer gewesen sein, da 1946 die bereits während des Krieges erstellten Behelfsheime sowie oft mehrfach geteilte Wohnungen einzeln gezählt wurden. Als Fazit hielt ein Bericht des Bonner Vertriebenenministers von 1967 fest: Es dürfte daher »kaum zu hoch gegriffen sein, wenn man den Gesamtverlust Groß-Berlins an Wohnungen und Wohnräumen durch die Kriegsereignisse auf mindestens 50 Prozent des Bestandes vor Beginn des Luftkrieges veranschlagt«.[16]

Die angloamerikanische Strategie der Flächenbombardements von Wohnvierteln hatte zur Folge, dass die Verluste von Industrieanlagen wesentlich geringer waren. Ein amerikanischer Bericht bezifferte die Verluste gemessen am Produktionsstand von 1936 im sowjetischen Sektor mit 23 und in den Westsektoren mit 24 Prozent. Allerdings setzten sofort nach dem Ende der Kampfhandlungen Demontagen durch die sowjetische Besatzungsmacht ein. Auf dem Gebiet der künftigen Westsektoren betrug der Verlust 52,5 Prozent, in ihrem eigenen Sektor beschränkten sich die Demontagen auf 25 Prozent. Beide Zahlen beziehen die Zerstörungen ein, sodass der Sowjetsektor von Berlin insgesamt einen Rückgang der industriellen Kapazität von 48 Prozent, die Westsektoren sogar einen Rückgang von 76,5 Prozent erlitten.[17]

»Es sind nicht nur die Trümmerskelette, wie sie zu beiden Seiten unseres alltäglichen Weges aufragen«, schrieb der Dichter

Johannes R. Becher, »nicht nur die Schutthalden, Moränen, durch die oft nur ein unebener, schmaler, geschlängelter Pfad führt und die inmitten der morschen Felsenfassaden und eines vereinzelt hingesprenkelten zwerghaften Baumgrüns und ausgetrockneter Wasserrinnen an eine Wanderung in den Dolomiten erinnern – geschlachtet und ausgeweidet bis zur unheimlichen Wesenlosigkeit ist solch ein Häuserblock –, herausgerissene Heizkörper, umgestülpte Badewannen rosten im Müll, woraus wie ein vergeblicher Hilferuf der oberste Teil einer Tafel schreit: ›Schuttabladen verboten!‹ Es ist nicht nur das Ausgeglühte, Schlackenhafte, das Fehlen jeglicher Art von menschlicher Farbe, Möbelstücken, Tapetenresten, was es ganz und gar unwahrscheinlich macht, daß sich hier bewohnte Räume, Menschenwohnungen hochgestockt aneinanderreihten und daß an Stelle des erkalteten, erstarrten Grauens einstmals ein ›Daheim‹ war, in all seiner Sauberkeit und Behaglichkeit – und es war so: ein halbiertes Zimmer schwebt in schwindelnder Höhe über dem Abgrund eines trümmerverstopften Hofs; hoffnungslos vereinsamt in der Schuttwüste des hingerichteten Stadtviertels, mit Tisch, Klavier, Sofa, Stühlen und den beiden bilderbehangenen Wänden: ahnungslos, daß es nur eines geringen Windstoßes bedarf, um es von seiner schwindelnden Höhe ins Nichts herabzufegen – gespensterhaft (...)«.[18]

Sprachlich fand der Meister der marmorkalten, pseudoklassizistischen Verskunst angesichts der apokalyptischen Bilder zu seinen expressionistischen Wurzeln zurück: »So verwittert schon ist diese Brüchigkeit, als stammte sie aus einer grauen Vorzeit her: Felskamine, Bimssteingrotten, ein ganzer Bergrutsch – nur die Keller wühlen sich hier und dort herauf, katakombenähnlich, sich schamlos entblößend von Ascheverwehungen und die Schutthaube über sich abstreifend, und zeigen mit einem grünlichen Wasserbrei gefüllte Eingänge, das Geheimnis preisgebend, daß noch Erstickte, Verschmorte, Verschlammte, Verschüttete, Ertränkte unter der Erdoberfläche hausen.«[19]

Fremd und grausig wie Lemuren erscheinen dem Dichter die Menschen, die innerlich genauso zerstört wirken wie ihre Wohnungen: »Frauen, Schürzen umgebunden, in Hosen und Handschuhen, die sekundenhaft zum Leben aufzucken, wenn sie einen Eimer, der Reihe nach, die Schutthöhe hinaufreichen, und wieder stehen sie bewegungslos erstarrt von dem wahnsinnigen Beginnen, mit solch einem Eimerchen das Schuttmassiv abzutragen.«[20]

Wilhelm Pieck (rechts am Rednerpult), Franz Dahlem (links daneben), Waldemar Schmidt und Walter Ulbricht anlässlich des Jahrestages der Ermordung von Karl Liebknecht und Rosa Luxemburg vor dem provisorisch wiederhergestellten »Revolutionsdenkmal« von Ludwig Mies van der Rohe, Gedenkstätte der Sozialisten in Berlin-Friedrichsfelde, 13. Januar 1946

Zweites Kapitel
Neubeginn

Die Gruppe Ulbricht

Wer von Ost-Berlin spricht, muss von Walter Ulbricht sprechen. Er prägte wie wohl kein anderer die Geschicke der Hauptstadt der DDR und speziell ihr architektonisches Antlitz. Ob er seine Wahlheimat Berlin liebte, sei dahingestellt. Sicher ist, dass er die Stadt aus seiner Zeit als KPD-Sekretär für den Bezirk Berlin-Brandenburg-Lausitz Grenzmark von 1929 bis 1932 sowie als Reichstagsabgeordneter seit 1930 kannte. Nach 1945 betrachtete er die Stadt vor allem aus dem Fenster seiner Dienstlimousine und durchmaß sie nur in Begleitung einer Suite von Funktionären und Leibwächtern. Wahrscheinlich hat das stets präsente Gefolge ihm die Sicht auf die Wirklichkeit Berlins versperrt. Die Liaison zwischen dem kommunistischen Führungszirkel unter Ulbricht und Berlin begann am 30. April 1945. An diesem Tag landete eine Gruppe von exilierten deutschen Kommunisten auf einem Feldflughafen der Roten Armee bei Calau (heute das polnische Kalawa) im Kreis Meseritz (heute Międzyrzecz) etwa 80 Kilometer östlich von Frankfurt (Oder). Der aus Moskau kommenden »Gruppe Ulbricht« gehörten weitere acht KPD-Funktionäre an – einige von ihnen sollten später im SED-Staat eine wichtige Rolle spielen –, etwa Karl Maron, der spätere Innenminister, oder Otto Winzer, der langjährige Außenminister der DDR. Nach Ulbrichts Sturz im Jahr 1971 ließ das Interesse der SED-Geschichtsschreibung an den Moskauer Emissären des Jahres 1945 nach. Sie hießen fortan »Gruppe der Beauftragten des Zentralkomitees«. Ulbricht wurde in der Aufzählung nur noch in alphabetischer Reihenfolge genannt.

Noch aus einem anderen Grund war der Weg der KPD-Funktionäre aus Calau nach Berlin in den ersten Maitagen des Jahres

1945 eine heikle Frage. Das jüngste Mitglied der Gruppe war Wolfgang Leonhard, der 1949 mit dem kommunistischen System brach. Nach seiner Flucht aus der Sowjetzone beschäftigte er sich in seinem Erinnerungsbericht *Die Revolution entlässt ihre Kinder* auch mit der »Gruppe Ulbricht«. Das Buch wurde im Westen ein Bestseller, im Osten gehörte es zu den streng verbotenen Druckwerken, die den Besitzer ins Gefängnis bringen konnten. Leonhard fand in der DDR offiziell nur gelegentlich als einer der schlimmsten Verräter Erwähnung. Der Bericht aus dem Buch von Wolfgang Leonhard ist bei aller Subjektivität die lebendigste Darstellung des Weges der deutschen Kommunisten zur Macht.

Die Gruppe schlug zunächst in Bruchmühle, einem kleinen Ort östlich von Berlin, ihr Quartier auf. Dort befand sich in den ersten Maitagen des Jahres 1945 der Stab der 1. Belorussischen Front. Am 9. Mai zog die »Gruppe Ulbricht« in den Berliner Stadtbezirk Lichtenberg um. In dem Wohnhaus in der Prinzenallee 80 (später Einbecker Straße 41) wohnten und arbeiteten die Mitglieder der Gruppe bis zum 10. Juli 1945.

Von hier aus setzten sie in Zusammenarbeit mit der sowjetischen Armee die antifaschistisch-demokratischen Verwaltungen in den Berliner Stadtbezirken ein. »Für den stellvertretenden Bürgermeister, für Ernährung, für Wirtschaft und Soziales sowie für Verkehr nehmen wir Sozialdemokraten, die verstehen was von Kommunalpolitik. Für Gesundheitswesen antifaschistisch eingestellte Ärzte, für Post- und Verbindungswesen parteilose Spezialisten, die etwas davon verstehen. Jedenfalls müssen zahlenmäßig mindestens die Hälfte aller Funktionen mit Bürgerlichen oder Sozialdemokraten besetzt werden. (...) Wir machten lange Gesichter, denn bisher hatten wir fast ausschließlich Kommunisten kennengelernt. (...) Über Ulbrichts Direktiven wurde noch hin und her diskutiert; vor allem über die Frage, wie man plötzlich so viele Bürgerliche und nun auch noch Geistliche finden sollte. Aber etwa nach einer halben Stunde brach Ulbricht die Diskussion ab. Im klassischen Sächsisch gab er uns die letzte abschließende Direktive. ›Es ist doch ganz klar: Es muß demokratisch aussehen, aber wir müssen alles in der Hand haben.‹«[21]

Wie in anderen Städten hatten sich in Berlin Gruppen von Kommunisten, Sozialdemokraten und anderen Nazi-Gegner zusammengefunden. Sie wollten die Genehmigung der Siegermächte nicht abwarten und begannen, die dringlichsten Aufgaben zu lösen. Ulbricht und seine Leute nahmen Kontakt zu diesen Gruppen auf, um Informationen zu erhalten und geeignete Mitarbeiter für den Wiederaufbau zu finden. »Nur das Verhalten Ulbrichts«, schrieb Wolfgang Leonhard, »fiel mir unangenehm auf, die Art und Weise, wie er sich gegenüber diesen Genossen benahm. Während mich schon die ersten Minuten dieser improvisierten Parteizusammenkunft davon überzeugt hatten, wie außerordentlich viel gerade wir, die wir aus Moskau kamen und all diese Dinge nicht kannten, zu lernen hatten, benahm sich Ulbricht wie ein Vorgesetzter (...). Er stellte Fragen, zwar nicht wie in einem Polizeiverhör, aber doch keineswegs in einem Ton, den ich von einem Emigranten erwartet hätte, der nach zwölf Jahren die überlebenden Genossen wiedertrifft, die jahrelang unter dem Hitler-Terror gelebt hatten. Als er dann schließlich die jetzige politische ›Linie‹ darlegte, tat er es in einem Ton, der keinen Widerspruch zuließ, in einer Art, die jeden Zweifel ausschloß, daß er und nicht die Berliner Kommunisten, die unter so schweren Bedingungen illegal gearbeitet hatten, die Politik der Partei bestimmte.«[22]

Tatsächlich wurden die Antifa-Komitees auf sowjetische Weisung aufgelöst. Angeblich hatte es Versuche von ehemaligen Nazis gegeben, sie zu unterwandern. Der wahre Grund war ein anderer: Weder die Besatzungsmacht noch die aus Moskau eingeflogenen deutschen Kommunisten duldeten in Deutschland eine wirklich eigenständige politische Kraft.

Die »Gruppe Ulbricht« sammelte mit Hilfe der sowjetischen Besatzungsmacht Kommunisten um sich und machte sie mit der aus Moskau verordneten politischen Linie vertraut. Vom 4. bis zum 11. Juni 1945 ging eine regelrechte Versammlungswelle durch die Bezirke Berlins. Auf insgesamt 14 Zusammenkünften erläuterten Mitglieder der »Gruppe Ulbricht« den Anwesenden die Richtlinien. Auf der politischen Tagesordnung standen den Moskauer Weisungen zufolge weder die Errichtung des Sowjetsystems, was die KPD noch 1933 gefordert hatte, noch der Sozialismus. Stattdessen sollte die Revolution von 1848/49 vollendet werden. Das Ziel war eine parlamentarische Republik unter Teilnahme der beiden Arbeiterparteien sowie bürgerlicher Demokraten und Christen.

Gründung antifaschistischer Parteien

Der Befehl Nr. 2 der Sowjetischen Militäradministration in Deutschland (SMAD) vom 10. Juni 1945 erlaubte die Bildung antifaschistischer Parteien. Bereits am folgenden Tag veröffentlichte die KPD ihren Gründungaufruf. Er wurde am 13. Juni 1945 in der ersten Ausgabe der *Deutschen Volkszeitung,* dem neu gegründeten Zentralorgan der KPD, veröffentlicht. Im Neuen Stadthaus in der Parochialstraße hatte am Tag zuvor eine stürmische Zusammenkunft stattgefunden. Daran nahmen laut Anwesenheitsliste 159 Personen teil. 59 davon gaben an, Mitglied der KPD zu sein, 50 gehörten der SPD an, drei dem Zentrum, vier gaben an, Demokraten zu sein, jeweils einer im Allgemeinen Deutschen Gewerkschaftsbund (ADGB), bei den Christlichen Volksdemokraten und der Sozialistischen Arbeiterjugend. Vier Pfarrer nahmen an der Sitzung teil, ansonsten neben Arbeitern städtische Angestellte, Gewerbetreibende und Handwerker. Die Einladung war offenbar sehr kurzfristig erfolgt, aber die Teilnehmer waren sorgfältig ausgewählt. Die kommunistische Strategie setzte nicht nur auf altbewährte Kader, sondern auf eine breite Basis von Antifaschisten.

Wie weit die Ulbricht-Führung noch von einer zentralistisch geführten Partei entfernt war, zeigt die Kritik aus den eigenen Reihen. Ein Genosse aus Zehlendorf äußerte: »Ich glaube, wir brauchen keine Sozialdemokratische Partei, wir brauchen keine Kommunistische Partei. Ich bin zu der Erkenntnis gelangt, daß wir nur eine einzige proletarische Partei brauchen.«[23] Ein Genosse aus Spandau wollte sogar die SPD verbieten lassen, obwohl sie formell noch gar nicht gegründet war. Ulbricht widersprach diesem Ansinnen energisch, wenn auch konziliant in der Form. Die

Weisungen aus Moskau bezüglich der Neugründung der SPD waren eindeutig.

Auch die Protokolle von Versammlungen in den Bezirken zeigen den Unwillen vieler Kommunisten: Auf einer KPD-Funktionärsversammlung am 7. Juni 1945 in Lichtenberg führte ein Genossen, der eigenen Angaben zufolge gerade aus dem Konzentrationslager Sachsenhausen kam, Klage darüber, »daß seitens der Kommandantur nicht scharf genug gegen die Nazis vorgegangen würde«.[24] In dem Bericht heißt es weiter: Es »wurde darüber gesprochen, daß Offiziere der Roten Armee den Arbeitseinsatz von Nazifrauen verhindern, weil sie persönliche Beziehungen zu diesen haben. Man spricht vom Vorhandensein von Bordellen in Naziwohnungen.«[25] In Adlershof gab es am 15. Juni 1945 deutliche Kritik an den Besatzungsbehörden, die sich offenbar ungehemmt am Eigentum der Deutschen vergriffen. Zwischenrufer behaupteten, auch deutsche Antifaschisten seien an solchen Beschlagnahmungen beteiligt. Der KPD-Abgesandte Sepp Hahn forderte in seinem Bericht über die Veranstaltung ein Verbot solcher unregulierten Debatten. »Wenn auch diese wenigen Provokateure, wie es sich zeigte, vollkommen allein standen, so dürfen sich derartige Dinge keinesfalls wiederholen. Das bedeutet keinerlei Genehmigung öffentlicher Versammlungen, bis in unseren eigenen Reihen restlose Klarheit herrscht. Vor allen Dingen bis diese Provokateure aus unseren Reihen hinausgeworfen sind und wenn notwendig, selbst mit Mitteln der Besatzungsbehörden unschädlich gemacht werden, auch dann, wenn es stimmt, daß sie aus dem KZ kamen und kommen.«[26]

Die Volksfrontpolitik mit ihren Bekenntnissen zum bürgerlichen Parlamentarismus wurde von den Gewährsleuten Moskaus mit stalinistischen Methoden durchgepeitscht. Nachdem der Widerspruch gegen die gleichberechtige Einbeziehung von Sozialdemokraten und bürgerlichen Nazi-Gegnern erstickt worden war, gab es keine Diskussionen mehr über die sich stetig wandelnde Parteilinie. Auch der ehemalige sozialdemokratische Reichstagsabgeordnete Gustav Dahrendorf sah sich in seinem Enthusiasmus für ein Zusammengehen mit den Kommunisten bald enttäuscht.

Er wurde zu einem entschiedenen Gegner der am 21./22. April 1946 erfolgten Zwangsvereinigung von Kommunisten und Sozialdemokraten zur Sozialistischen Einheitspartei Deutschlands (SED) und verließ nach einem kurzen Zwischenspiel den Ostsektor von Berlin und spielte in den Westzonen eine wichtige Rolle beim Aufbau der SPD-nahen Konsumgenossenschaften.

Der Weg war frei für die stalinistische Parteidiktatur der kommenden vier Jahrzehnte. In den Lehrbüchern des Marxismus-Leninismus hatte diese Politik den Namen Demokratischer Zentralismus. Gemeint war damit ein Weisungsprinzip von oben nach unten, in dem Debatten oder gar Widerspruch nicht vorgesehen waren. Diktatur der zentralen Gremien bedeutete auch die räumliche Konzentration der Macht in der Kommandozentrale, die fortan in Ost-Berlin war. Der hauptstädtische Zentralismus und die SED-Diktatur gingen eine untrennbare Beziehung ein.

Angesichts dieser Tatsache meinten viele Berliner, die Zentralmacht der SED mit ihren Apparaten sei ein Fremdkörper in Berlin gewesen, der kulturell und sprachlich durch die Sachsen geprägt war. Gern witzelten sie über die Sachsen als die fünfte Besatzungsmacht. Diese Auffassung ist von dem ungenierten Leipziger Jargon Ulbrichts genährt worden. Mit Ulbricht-Witzen konnte man in den fünfziger und sechziger Jahren ganze Abende bestreiten, und es gab Dialektkomiker, die Ulbrichts Fistelstimme und das an jeden zweiten Satz angehängte »nu« zu satirischen Höchstleistungen animierten.

»Tag des freien Buches« vor der Berliner Universität Unter den Linden, 10. Mai 1947

Drittes Kapitel
Heimkehr in die Fremde

Der Tag des freien Buches

Am 10. Mai 1947 fanden sich bei strahlendem Frühlingswetter im Vorhof der Berliner Universität Unter den Linden viele Menschen ein. Sie wollten gemeinsam an die Bücherverbrennung erinnern, die 14 Jahre zuvor auf dem Opernplatz gegenüber der Universität stattgefunden hatte.

Was war damals geschehen? Die Deutsche Studentenschaft, die Dachorganisation der Allgemeinen Studentenausschüsse, wollte nach dem Machtantritt Hitlers den Nationalsozialistischen Deutschen Studentenbund an Gesinnungstreue überbieten. Deswegen erließ sie am 2. April 1933 den Aufruf, Bücher »undeutschen Geistes« einzusammeln. In Berlin lagerten sie die Bücher zunächst im Vereinshaus der Studentenschaft in der Oranienburger Straße 18, um sie von dort am Abend des 10. Mai 1933 unter vaterländischen Gesängen, begleitet von Fackelträgern, zum Opernplatz zu karren. Vorangetragen wurde eine Büste des Sexualwissenschaftlers Magnus Hirschfeld, dessen Institut von Jungmannen der nationalen Revolution zuvor verwüstet und geplündert worden war. Obwohl bei der Bücherverbrennung – wie Zeitzeugen zu berichten wussten – mehr Bücher gestohlen als verbrannt wurden und obwohl Bücher, zumal bei strömendem Regen, keineswegs gut brennen, prägte sich das durch Ton- und Filmaufzeichnungen in alle Welt getragene Bild des nächtlichen Scheiterhaufens ein. Die prophetischen Worte von Heinrich Heine aus der Tragödie *Almansor:* »(…) dort wo man Bücher verbrennt, verbrennt man auch am Ende Menschen«, bestätigten sich auf grausige Weise.[27]

Die Kulturminister der Länder der Sowjetischen Besatzungszone (SBZ) beschlossen am 24. April 1947, den 10. Mai künftig als Tag des freien Buches zu begehen.[28] In Berlin schloss sich ein breites Bündnis antifaschistischer Organisationen und Parteien zusammen, um den Gedenktag würdig zu begehen. Der Geist gemeinschaftlichen Strebens wurde von vielen Teilnehmern gewürdigt, zumal es das letzte Mal sein sollte, dass sich im Zeichen der geistigen Erneuerung Vertreter verschiedener politischer Richtungen gleichberechtigt zusammenfanden.

Auf den Fotos und im Bericht der DEFA-Wochenschau wirkt die Stimmung entspannt.[29] An der von Einschüssen und Splitterschäden zerfressenen Fassade der Universität hing die Losung: »Tag des verbrannten Buches – Tag des freien Buches«. Auf dem schmalen Vorsprung zwischen den Pilastern und in den leeren Fensterlöchern standen und saßen Studenten und verfolgten das Geschehen auf dem Hof. Auf dem Rasen hatten es sich Schulklassen aus ganz Berlin bequem gemacht. Dazwischen saßen und standen Damen mit Hüten und ältere Herren mit Schlips und Anzug.

Auf dem vorderen Hof hatte man als Rednertribüne eine kleine Wand aus Ziegelsteinen errichtet. Davor stand Blumenschmuck, dahinter eine Wand mit einem Sinnspruch von Romain Rolland: »Die Zukunft wird sich an Euer Beispiel erinnern und sie wird es ehren«. Auf dem Mäuerchen standen mehrere Mikrofone für Rundfunkübertragungen und die Beschallung des Universitätshofes. Vor dem Universitätsgebäude wurden Bücher verkauft. Die auf dickem, holzhaltigem Papier gedruckten Publikationen in Pappeinbänden, vom Aufbau-Verlag oder dem SWA-Verlag der Sowjetischen Militärverwaltung, fanden reißenden Absatz, zumal Druckschriften zu den wenigen Produkten gehörten, die markenfrei zu erwerben waren. Vertreter der 1946 gegründeten Freien Deutschen Jugend (FDJ) im Stadtbezirk Prenzlauer Berg stellten Bücher aus, »deren Besitz KZ und Tod bedeuten«, wie auf einem Schild zu lesen war. Auf dem Foto sind Titel von Kurt Tucholsky, Upton Sinclair, Emil Ludwig, Jaroslav Hašek, Egon Erwin Kisch, Ernst Preczang, Sinclair Lewis und anderen zu erkennen.

Die Redner erinnerten mit bewegenden Worten an die Kulturbarbarei der Nazis und beschworen die Wiedergeburt der deutschen Kultur im Zeichen des Antifaschismus. Alfred Kantorowicz, sozusagen der geistige Vater der Veranstaltung, sprach über das

Exil. Von Alfred Döblin wurde ein Grußwort verlesen. Seine Anreise sei nicht möglich gewesen, erklärte ein Redner. Vor allem Heinrich Mann wurde oft genannt. Anna Seghers, die erst einige Tage zuvor aus dem Exil zurückgekehrt war, ergriff das Wort. Es war ihr erster öffentlicher Auftritt in Deutschland.

Dichter, Ideen, Bücher und Theaterstücke, die unter den Nazis verfemt und verboten waren, kehrten in die zerstörte Stadt zurück. Doch die toten wie die lebenden Dichter und ihre Werke kamen in eine Welt, die ihnen fremd geworden war. Die Vertreter des humanistischen Geistes waren im Tross der Sieger ins Land der Besiegten gekommen, aber sie gehörten so wenig zu den Siegern wie zu den Verlierern des Krieges. Sie wollten eine Brücke von der Vergangenheit in die Zukunft schlagen. Doch bald schon zeigten sich Differenzen zwischen jenen, die eine sozialistische Zukunft an der Seite der Sowjetunion erstrebten, und den anderen, denen Freiheit und Demokratie wichtig waren, die sie bei aller Distanz durch die westlichen Mächte garantiert sahen.

Zum Tag des freien Buches auf dem Rasen vor der Universität waren sie noch einmal vereint, die Lebenden und die Toten, die Anwesenden und die Abwesenden, die im Exil auf ihre Rückkehr warteten. Sie wollten im Geiste des Antifaschismus neu beginnen. Das verbindende Glied zwischen den deutschen Dichtern und den Besatzungsmächten war der Geist des Humanismus. Neben Goethe und Schiller stand Gotthold Ephraim Lessing im Mittelpunkt. Die Besinnung auf sein Werk sollte den Weg in die Zukunft eröffnen.

Nathan der Weise

Ein Lokalreporter der *Berliner Zeitung* berichtete im September 1945, im Berliner Bezirk Tiergarten habe der Name des weisen Juden Nathan die Nazi-Zeit überdauert.[30] Auf der Lessingbrücke, der Verbindung zwischen Lessingstraße und Stromstraße, waren die vier Brückenpfeiler seit dem Neubau im Jahr 1903 mit jeweils einem Bronzerelief verziert gewesen. Auf den vier Tafeln waren die Schlussszenen bekannter Lessing-Dramen verewigt: *Emilia Galotti, Minna von Barnhelm, Miss Sara Sampson* und *Nathan der Weise*.

Die Ringparabel, in der Nathan in Form eines orientalischen Märchens die Menschheitsreligion des Humanismus verkündet, gehörte vor 1933 zum liberalen bürgerlichen Bildungskanon. Das war den Nazis ein Dorn im Auge. *Nathan der Weise* verschwand aus dem Schulunterricht, von den Spielplänen der Theater und aus den Buchhandlungen, soweit das Stück sich nicht in älteren Gesamtausgaben verbarg. Auch der spektakuläre Stummfilm, der 1923 gedreht worden war, wurde verboten. Doch die in Bronze gegossene Schlussszene des *Nathan* auf der Lessingbrücke überdauerte zunächst alle judenfeindlichen Verfügungen, wie der Reporter der *Berliner Zeitung* zu berichten wusste, und wurde erst nach der »Reichskristallnacht« vom 9./10. November 1938 herausgemeißelt. Doch man hatte vergessen, die Beschriftung zu entfernen, oder die mit dem Abbau der Bronzetafel beauftragten Arbeiter hatten den Namen in einem subtilen Akt des Ungehorsams stehen lassen. Die Inschrift überlebte als eines jener geheimen Zeichen, von denen die Stadt wimmelte. Sie überstand selbst die Sprengung der Brücke in den letzten Kriegstagen und war der *Berliner Zeitung* vor der ersten Aufführung von *Nathan der Weise* einen Hinweis wert.

Doch es war keineswegs die erste Berliner Theaterpremiere nach dem Krieg. Bereits am 27. Mai 1945 ging im Renaissance-Theater an der Hardenbergstraße *Der Raub der Sabinerinnen* der Brüder Franz und Paul von Schönthan über die Bretter, ein harmloser Schwank. Immerhin folgten im Renaissance-Theater zwei Stücke von Autoren, die in der Nazi-Zeit verboten gewesen waren: Arthur Schnitzlers *Der grüne Kakadu* und Frank Wedekinds *Der Kammersänger*.

Auch das Deutsche Theater in der Schumannstraße begann unter der Intendanz des aus Moskau heimgekehrten Gustav von Wangenheim mit Stücken ohne unmittelbaren Gegenwartsbezug. Es eröffnete die erste Nachkriegsspielzeit am 26. Juni 1945 mit *Der Parasit* von Friedrich Schiller. Am 3. August folgte die Premiere von Thornton Wilders *Unsere kleine Stadt* und schließlich am 7. September 1945 *Nathan der Weise* unter der Regie von Fritz Wisten, mit Paul Wegener in der Titelrolle und Eduard von Winterstein als Klosterbruder. Wisten hatte das Theater des Kulturbundes Deutscher Juden geleitet und bis 1941 verzweifelt versucht, den schmalen Grat zwischen Duldung und Vernichtung zu nutzen, um jüdische Kultur am Leben zu erhalten. Wisten überlebte unter schwierigsten Bedingungen als Zwangsarbeiter in Berlin, notdürftig geschützt durch seine »arische« Ehefrau.

Wie alle Theateraufführungen in jener Zeit begann die Vorstellung am 7. September schon am Nachmittag, damit die Zuschauer vor Einbruch der Dunkelheit und Beginn der Sperrstunde heimkehren konnten. Um 16.30 Uhr war der Saal bis auf den letzten Platz gefüllt. Eduard von Winterstein hielt eine Dankesrede an den sowjetischen Stadtkommandanten Generaloberst Bersarin. Dann öffnete sich der Vorhang. Inge von Wangenheim erinnerte sich später: »Zu Füßen des weisen alten Juden, der Lessings Credo sprach, saßen die Menschen und weinten. Mancher Zuschauer verlor die Beherrschung, verließ, da Nathan sich dem Klosterbruder eröffnet und über die Christengreuel zu Gath berichtet, aufschluchzend das Parkett, es gab Herzanfälle, Ohnmachten (...)«.[31]

Ein anderer Theaterbesucher, Marcel Reich-Ranicki, der 1947 als Geheimdienstmitarbeiter bei der polnischen Militärmission in Berlin tätig war, schrieb in seinen Memoiren: »Es interessierte mich, wie die Deutschen jetzt auf die Geschichte eines Juden reagieren, dessen Frau und dessen sieben Söhne verbrannt wurden. Aber gerade dies ließ sich an diesem Abend nicht erkunden. Den Zuschauerraum des ›Deutschen Theaters‹ füllten vor allem Offiziere in den Uniformen der vier Besatzungsmächte. Es waren vorwiegend Juden, die erstaunlich gut deutsch sprachen. Es waren Vertriebene und Geflohene, die sich jetzt in einem Berliner Theater, nicht weit von den Ruinen des Reichstages und der Reichskanzlei versammelt hatten – im Zeichen Lessings.«[32]

Der Rückgriff auf Lessing ist nicht nur als eine Art geistiger Wiedergutmachung, sondern auch als eine Beschwörung des wahren Deutschlands zu verstehen. Das Land der Dichter und Denker war wiederauferstanden. Aber: Lessings *Nathan der Weise* konnte auch als ein bildungsbürgerliches Ruhekissen interpretiert werden, auf dem sich sanft schlummernd die zwölf Nazi-Jahre vergessen ließen. So ähnlich sah es damals ein einziger Rezensent. Werner Fiedler schrieb am 11. September 1945 in der CDU-Zeitung *Neue Zeit:* »Spürt man im Deutschen Theater die grimmige Realität? Hört man die zornige Mahnung, die uns über mehr als hundertfünfzig Jahre hinweg mitten ins Zentrum unseres Gewissens trifft? Ein-, zweimal freilich geht es wie ein Ruck durch die Zuschauer: Scham schlägt sich rot ins Gesicht nieder bei dem schauerlichen Refrain ›Der Jude wird verbrannt‹ oder bei Nathans erschütternder Schilderung von der Hinschlachtung seiner ganzen Familie. Doch im großen ganzen ist die Aufführung unter Fritz Wistens sauberer Regie auf mildes Märchenspiel gestellt.«[33]

Bis 1950 brachte es Lessings *Nathan der Weise* im Deutschen Theater in Ost-Berlin auf 245 Vorstellungen. Nachdem Hauptdarsteller Paul Wegener 1947 einen Schlaganfall erlitten hatte, übernahm Eduard von Winterstein vertretungsweise und nach Wegeners Tod ständig die Rolle des Nathan. Später folgten weitere Inszenierungen des Stücks. In der Ost-Berliner Theatergeschichte steht die Inszenierung des Deutschen Theaters am Anfang einer Tradition der Auseinandersetzung mit dem Nazi-Geist.

Alfred Kantorowicz

Die eigentliche Sensation am Tag des freien Buches, dem 10. Mai 1947, war, wie Alfred Kantorowicz in seinem *Deutschen Tagebuch* berichtet, »daß die Sender der Besatzungsmächte, die täglich Gift widereinander ausspeien, sich gleichfalls hier friedlich-freundlich zusammengefunden haben«.[34] Anwesend waren der sowjetisch kontrollierte Berliner Rundfunk, das Berliner Studio des britisch lizenzierten Nordwestdeutschen Rundfunks (NWDR) sowie der Rundfunk im amerikanischen Sektor (RIAS). Der damals bereits streng antikommunistisch orientierte RIAS brachte am Abend sogar ein Hörbild über die Feier im Ostsektor. Kantorowicz, der zu den geistigen Vätern der Beschwörung des gesamtdeutschen Geistes gehörte, schrieb begeistert in sein Tagebuch: »Diesmal gibt man uns Schriftstellern das Wort; und sieh da: in unserem Gefolge stellt sich die schon gefährdete Einheit zwischen Menschen einer Sprache und eines Volkes wieder her. Sogar die Besatzungsmächte, die uns aus ihren machtpolitischen Motiven gegeneinander hetzen möchten, nehmen sittsam nebeneinander Platz.«[35]

Die Veranstaltung am 10. Mai 1947 hatte eine lange Vorgeschichte. Bereits im Pariser Exil hatte Kantorowicz zum ersten Jahrestag der Bücherverbrennung eine Gedenkveranstaltung organisiert und die Deutsche Freiheitsbibliothek gegründet, wo die verbrannten Bücher und andere Dokumente gesammelt wurden. Der Abscheu vor der Kulturbarbarei der braunen Herrscher schuf ein einigendes Band zwischen den einst verfeindeten Nazi-Gegnern. Heinrich Mann, den man gern als Galionsfigur einer deutschen Volksfront installiert hätte, hielt zu diesem Anlass eine Rede. Kantorowicz war der Mittelsmann zwischen dem in Moskau ansässigen KPD-Apparat und dem Dichter, der zwar links und sogar sowjetfreundlich, aber keineswegs kommunistisch war. Für diese Funktion war Kantorowicz, der gebildete und weltläufige Journalist jüdischer Herkunft, weitaus besser geeignet als der »Apparatschik« Walter Ulbricht, der aus Moskau nach Paris geschickt worden war, um die angestrebte antifaschistische Einheitsfront zu beaufsichtigen. Nach den Jahren im Spanischen Bürgerkrieg und im amerikanischen Exil entschlossen sich Kantorowicz und seine Frau 1946 zur Rückkehr nach Deutschland. Nach einigen Zwischenstationen erreichten sie im Januar 1947 den Sowjetsektor von Berlin.

Bereits im Juli 1947 erschien die erste Nummer von *Ost und West,* einer literarischen Zeitschrift, die Alfred Kantorowicz unter redaktioneller Mitarbeit seiner Frau Frieda herausgab. Die Blätter erschienen mit sowjetischer Lizenz, aber von der Zensur nahezu unbehelligt. Wer heute in den 30 Nummern, die bis Dezember 1949 erschienen sind, blättert, ist beeindruckt von der inhaltlichen Vielfalt und der geistigen Freiheit. Die Zeitschrift machte ihrem Namen Ehre und baute tatsächlich eine Brücke zwischen Ost und

West. Wie zuvor in Paris war das politische Ziel, eine Einheit der Nazi-Gegner in einem vereinigten Deutschland herzustellen. Dadurch genoss die Zeitschrift das Wohlwollen der sowjetischen Besatzungsmacht, die sich die Option eines neutralen und wiedervereinigten Deutschlands nicht verbauen wollte. Erst in den letzten Heften von *Ost und West* nach Gründung der DDR 1949 machte sich der Einfluss der SED-Propaganda bemerkbar. Trotz einiger Zugeständnisse war die Zeitschrift nicht zu retten. Als »Abfindung« erhielt Kantorowicz 1950 einen Lehrstuhl für Germanistik an der Humboldt-Universität zu Berlin. Er wurde Direktor des Germanistischen Instituts und war als Herausgeber der Werke von Heinrich Mann tätig. Doch die Gängelung durch die SED-Instanzen wurde ihm nach und nach unerträglich. 1957 entschloss er sich, in den Westen zu gehen. Dadurch geriet er zwischen die Fronten des Kalten Krieges. Die SED-Propagandisten, allen voran sein ehemaliger Assistent Hermann Kant, wurden nicht müde, den Renegaten mit Dreck zu bewerfen. Westliche Journalisten hingegen hielten ihm seine kommunistische Vergangenheit und seine hervorgehobene Stellung in Ost-Berlin vor. Kantorowicz hatte trotz des Verkaufserfolgs seines *Deutschen Tagebuchs* Probleme, im Westen ein Auskommen zu finden, was Hermann Kant in der SED-Presse genüsslich auswalzte.[36]

Heinrich Mann

Heinrich Mann war bei der Gedenkfeier am 10. Mai 1947 der große Abwesende. Der SED-Kulturpolitiker Alexander Abusch schrieb im *Neuen Deutschland:* »Möge Heinrich Mann, der 76jährige, der gute Deutsche, dem die Berliner Universität mit der Verleihung der Würde eines Ehrendoktors ihren Dank abstattete, bei dem neuen Fest des Freien Buches nochmals erfahren: Hunderttausende seiner Leser in Deutschland, die in den zwölf Jahren schweigen mußten, erhoffen seine baldige Rückkehr. Deutschland ruft Heinrich Mann!«[37]

In Mexiko-Stadt erschien am 9. Mai 1945 eine Sondernummer

der Zeitschrift *Freies Deutschland.* Sie war in Erwartung des baldigen Kriegsendes vom Lateinamerikanischen Komitee der Freien Deutschen vorbereitet worden. Paul Merker, Sekretär des Komitees, hatte bereits am 22. Februar 1945 den Ehrenvorsitzenden Heinrich Mann um einen Artikel zur Befreiung Berlins gebeten.

Heinrich Mann lebte damals in Los Angeles. Das Haus am South Swall Drive 301 befand sich im Stadtteil Beverly Hills unweit des Sunset Boulevard. Fotos zeigen eine palmengesäumte Allee mit von exotischem Buschwerk umrankten kleinen Häusern. Die Studios von Hollywood, der Pazifikstrand sowie Pacific Palisades, wo sich Thomas Mann ein Haus hatte bauen lassen, waren jeweils nur ein paar Autominuten entfernt.

Zerstreut in alle Länder hatten die vertriebenen Nazi-Gegner zwölf Jahre lang darüber geredet, geschrieben und gestritten, was nach dem Sturz Hitlers aus Deutschland werden sollte. So sagte Heinrich Mann den Herausgebern des *Freien Deutschland* sofort zu, einen Artikel über die Befreiung Berlins zu schreiben, und schickte am 16. März 1945 das Manuskript nach Mexiko, das pünktlich zum Kriegsende als Aufruf »An das Volk von Berlin!« erschien.[38] Unterzeichnet war der Aufruf – in alphabetischer Reihenfolge – von den 66 Mitgliedern des Komitees Freies Deutschland, unter ihnen Alexander Abusch, Erich Arendt, Ludwig Renn, Anna Seghers, Kurt Stern und Bodo Uhse. Sie sollten später auf unterschiedliche Weise in der Sowjetzone und der DDR eine wichtige Rolle spielen.

Klarsichtig, wenn auch von einem sehr abstrakten Standpunkt schrieb Heinrich Mann: »Was jetzt kommt, wird furchtbar sein. Dennoch ist es die Befreiung, die einzige Befreiung, die wir nach allem Geschehenen verdienten. (...) Eine eroberte Hauptstadt bleibt immer die Beute und die Geisel des Siegers. Mag er gerecht denken, muß er doch hart sein. Ihm ist Berlin, das er besetzt hält, nicht die Lichtstadt, die wir kannten, die über Europa hinstrahlte. Er darf nichts kennen als das Berlin der verruchten Pläne auf Knechtung und Vernichtung des Kontinents (...)«.[39]

Es folgt ein unverblümter Aufruf zur sozialistischen Revolution, der wohl nicht im Sinne der Siegermächte war: »Die Industriellen und Finanzleute sind der Feind, den Ihr schlagen sollt. Das könnt nur Ihr selbst. Versagt Ihr, kann auch kein fremder Sieger helfen. Ruht nicht, bis alle lebenswichtigen Unternehmungen übergegangen sind aus der Privathand in die öffentliche! Solange noch eine der großen Industrien individualistisch betrieben wird, drohen Euch Rechtlosigkeit und Gewalt wie je. (...) Man sagt Euch, die schwere Industrie solle künftig kontrolliert werden. Gewiß, kontrolliert! Fragt sich nur, wer der allein vertrauenswürdige Kontrolleur ist. Ihr selbst! Euer Staat, gesetzt, daß es wirklich Eurer ist!«[40]

Das griff weit in die Zukunft. Doch der einfache, verführerische Gedanke, an Faschismus und Krieg seien das Profitstreben der Schwerindustrie und der Großgrundbesitzer schuld gewesen, spielte bei all jenen, die über Deutschlands Zukunft nachdachten, eine Rolle.

Nach 1945 wurde Heinrich Mann von den führenden Kulturpolitikern in der Sowjetzone heftig umworben. Johannes R. Becher lud ihn ein, die Präsidentschaft der neu gegründeten Akademie der Künste zu übernehmen. Mann zögerte und stellte immer neue Forderungen: eine Villa, eine Haushälterin, ein Auto mit Chauffeur. Alles wurde ihm bewilligt. Schließlich gab es keinen Grund mehr, abzulehnen, zumal auch Thomas und Katja Mann ihn drängten, das ehrenvolle und lukrative Angebot aus Ostdeutschland anzunehmen. Schließlich wurden die Schiffskarten für den polnischen Ozeandampfer »Batory« gekauft, und Alfred Kantorowicz sollte den Reisenden am 28. April 1950 in Gdynia abholen. Doch am 12. März 1950 starb Heinrich Mann in Los Angeles. Er wurde im engen Familienkreis beigesetzt. Thomas Mann vermerkte in seinem Tagebuch, dass zwar DDR-Präsident Wilhelm Pieck und der Botschafter der Tschechoslowakei, deren Staatsbürger Heinrich Mann gewesen war, kondolierten, die offizielle Bundesrepublik jedoch von dem Ableben des Dichters keine Notiz nahm.[41]

Auf die würdige Bestattung in der Fremde folgte 1961 die traurige Posse einer Überführung der sterblichen Überreste in die DDR. Ausgerechnet Walter Ulbricht war Zeremonienmeister dieser Inszenierung. Das war mehr als pikant. Heinrich Mann hatte über Ulbrichts Wirken als KPD-Vertreter im Volksfrontausschuss in Paris geäußert: »(...) ich kann mich nicht mit einem Mann an einen Tisch setzen, der plötzlich behauptet, der Tisch, an dem wir sitzen, sei kein Tisch, sondern ein Ententeich, und der mich zwingen will, dem zuzustimmen«.[42] Das Zitat aus der *Zeit* ist zwar nicht belegt, aber glaubhaft. Ähnlich scharf hatte sich Heinrich Mann mehrfach in Briefen über Ulbrichts Bemühungen geäußert, die Volksfront zum Instrument der sowjetischen Außenpolitik zu machen.

Die Urne mit der Asche des Dichters wurde 1961 zunächst nach Prag gebracht. Dort nahm eine hochrangige Delegation aus der DDR sie feierlich in Empfang. Es folgte eine Art Triumphzug nach Ost-Berlin. »Es war ein unvergeßlicher Augenblick, als gegen 15.30 Uhr ein offener Wagen in Schmilka bei Bad Schandau die sterblichen Überreste eines der größten unseres Volkes in die DDR trug«, war im *Neuen Deutschland* zu lesen.[43] »Unter dem Ehrengeleit von Fahrzeugen der Nationalen Volksarmee (NVA) führte dann der Weg nach Dresden«, hieß es weiter im SED-Zentralorgan. »Zehntausende Arbeiter, Bauern, Wissenschaftler und Künstler entboten der Urne Heinrich Manns die Grüße der Heimat.«[44] In Ost-Berlin ging es weiter mit Festreden, Empfängen und Zeitungsartikeln. Am 25. März 1961 wurde der Verkehr von halb Ost-Berlin lahmgelegt, um die Urne von der Akademie der Künste zum Dorotheenstädtischen Friedhof an der Chausseestraße zu geleiten. NVA-Soldaten in Paradeuniform, mit blank gewichsten Stiefeln und Stahlhelmen versenkten die Urne zur ewigen Ruhe.

Alfred Döblin

Ein weiterer am Tag des freien Buches viel erwähnter Schriftsteller traf an einem brütend heißen Julitag des Jahres 1947 am Stettiner Bahnhof im Norden Berlins ein.[45] Der Fernbahnhof, der einst die Reichshauptstadt mit der Hafenstadt an der Ostsee verbunden hatte, war ein Trümmerhaufen. Aber immerhin war er in Betrieb.

Hier verkehrten die Vorortzüge, mit denen die hungernden Bewohner der Stadt ins Umland fuhren, um Lebensmittel aufzutreiben. Entsprechend groß war das Gewimmel an den Gleisen.

Der Offizier der französischen Besatzungsmacht wirkte trotz seines Ranges als Major unmilitärisch. Zudem brachte er es mit einer Größe von 1,60 Meter nicht gerade auf Gardemaß. Er blinzelte durch die dicken Gläser seiner kleinen Brille und ging leicht gebeugt. Offensichtlich hatte er das reguläre Militärdienstalter lange hinter sich gelassen. An seiner Seite befand sich eine ältere Dame mit einer roten Feder am Hut, offenbar seine Gattin. Die beiden wirkten wie aus der Zeit gefallen. Verloren und unsicher bewegten sie sich in der Masse der Elendsgestalten, die an ihnen vorbeifluteten.

Hätte jemand den französischen Offizier angesprochen, wäre er erstaunt gewesen, dass dieser nicht nur akzentfrei Deutsch, sondern Berlinerisch sprach. Hätte ihn jemand nach seinem Namen gefragt, so hätte er erfahren, dass er es mit dem Schriftsteller Alfred Döblin zu tun hatte. Mit etwas Glück wäre der Dichter sogar auf jemanden gestoßen, der vor 1933 den Tonfilm *Berlin Alexanderplatz* gesehen hatte. Immerhin standen sein Name und der Verweis auf den gleichnamigen Roman auf dem Plakat für die Uraufführung am 8. Oktober 1931, wenn auch kleiner als der Name von Heinrich George, dem Darsteller des Franz Biberkopf.

Doch niemand sprach den Fremdling in der französischen Uniform an. Keiner wollte wissen, woher er kam und wohin er ging. Die Berliner hatten mit sich zu tun. Sie kehrten von Hamsterfahrten zurück, hetzten zum Schwarzmarkt oder zu anderen Geschäften. »Sie sind meist schlecht gekleidet, schleppen Säcke, Pakete: ein armseliges Volk, das sich müht. Es ist ein Notstand, man sieht es auf einen Blick. Das hat es früher nie gegeben. Viele Kinder sind dabei. Der Ausdruck der Erwachsenen ist unfroh und stumpf. Es geht ihnen allen nicht gut, darum können sie nicht froh sein.«[46] Döblin hatte gewusst, dass es aus dem Exil keine Heimkehr gibt. »Du bist nicht mehr der, der wegging, und du findest das Haus nicht mehr, das du verließest. Man weiß es nicht, wenn man weggeht; man ahnt es, wenn man sich auf den Rückweg macht, und man erfährt es bei der Annäherung.«[47]

Döblin war als französischer Presseoffizier mit einer Militärmaschine aus Baden-Baden zu seinem ersten Besuch nach Berlin gekommen. Der Anlass der Reise war ein Vortrag, den er im Schloss Charlottenburg halten sollte. Zwei Jahre hatte es gedauert, bis er sich aufraffte, in die Stadt zu reisen, in der er die Schule besucht, Medizin studiert, als Arzt gearbeitet hatte und zum Schriftsteller geworden war. 1933 war er als Jude und Sozialist, wie er sich selbst nannte, aus dem Lande getrieben worden und hatte die Zeit in Frankreich und den USA überlebt.

Schließlich erblickte er den Alexanderplatz wieder, den Platz, der durch sein Buch in der Welt berühmt wurde, und das wiederum ihn berühmt gemacht hat. Soviel er davor und danach schrieb, sein Name ist mit dem Welterfolg *Berlin Alexanderplatz* verknüpft. »Das war aber kaum mehr als ein Wort, denn das Buch selbst war längst verschwunden«, schrieb der Dichter in seinem Erinnerungsbuch *Schicksalsreise.*[48] Auch der Alexanderplatz war nicht mehr wiederzuerkennen. »Das ehemalige Warenhaus Wertheim ist zertrümmert, geschlossen, ausgebrannt. Ich stehe unter dem Stadtbahnbogen. Das ist noch das alte Lokal ›Zum Prälaten‹, da mache ich Halt und betrachte die Menschen, die wenigen, die hier vorbeigehen und herumstehen, armselige, abgerissene Figuren. Wie ich mich neben sie stelle, höre ich, man spricht über Nahrungsmittel, natürlich. (...) Der Platz ist nicht leer, hier fahren einige Lastwagen und Frauen schieben Kinderwagen, in denen sie Holz und anderes transportieren. Vor dem Warenhaus Tietz, das schrecklich mitgenommen ist, (...) stehen Tische und Straßenhändler verkaufen das billige Zeug, das man jetzt in allen deutschen Städten feilbietet. (...) alles zerstört, zerbrochen, niedergetreten.«[49]

Weiter geht der Spaziergang durch das Labyrinth der Erinnerungen. Das Ehepaar Döblin und sein deutscher Begleiter durchwanderten die von Ruinen gesäumte, einst so lebendige Friedrichstraße und gelangten zur preußischen Parademeile Unter den Linden. »Und das sind also die Linden«, notierte der Besucher aus der Welt von gestern, »früher eine Prachtstraße der Stadt. Der

Grundriß ist noch da, – die Straße verschwunden. (...) ein Riesenplatz, der sich lang hinzieht. Keine Bäume. Man sieht über Häuser hinweg, durch Häuser hindurch. Hinten am Pariser Platz erkenne ich das Brandenburger Tor. Es steht im leeren Raum, rechts und links nichts.«[50]

Seltsam berührt zeigte sich Döblin von einer Begegnung mit einem Sowjetsoldaten: »Und als wir im Mittelgang stehen, nähert sich von der Friedrichstraße her ein junger russischer Soldat, Arm in Arm mit einer jungen Frau in einem einfachen blauen Kleid, einer Russin. (...) Es hat etwas Symbolisches und zugleich Apokalyptisches. Ich spreche davon zu dem jungen Zeitungsmann, der uns begleitet. Er zuckt die Achseln und meint allerhand und schließt seine politischen Betrachtungen mit der Bemerkung: so wie die Dinge jetzt laufen in Europa und der Welt, kann noch allerhand anderes möglich sein.«[51] Der Begleiter Döblins meinte den heraufziehenden sowjetisch-amerikanischen Konflikt, und der Dichter knüpfte daran düstere Gedanken über seine deutschen Landsleute. »Sie stecken nur in Kriegsgedanken, mit wem ich auch spreche. Sie können nur immer noch militärisch denken. All ihr politisches Denken ist militärisches, sehr simpel und grob behauen, eine geistige Verarmung. (...) das verflossene Regime hat sie nur so denken gelehrt. Politik heißt Bildung von Armeen und losschlagen im geeigneten Augenblick.«[52]

Der Kulturbund zur demokratischen Erneuerung Deutschlands veranstaltete am 12. Juli 1947 in seinem Klubhaus in der Jägerstraße, also im sowjetischen Sektor, einen Empfang für den Dichter. Döblin schrieb darüber: »Später, bei einem Empfang, sah ich eine Anzahl in Berlin ansässiger Schriftsteller, von denen ich einige kannte. Einen rechten Kontakt gab es nicht. Übrigens antwortete ich auf eine Begrüßung in einer Weise, die vielen nicht gefiel.«[53] Es war sein letzter Besuch in Ost-Berlin.

Anna Seghers

Pressefotos vom 10. Mai 1947 zeigen eine zierliche, fast weißhaarige, mit ihren fast 47 Jahren immer noch schöne Frau, die auf dem Hof der Berliner Universität in mehrere Mikrofone spricht. Die Schriftstellerin Anna Seghers war erst wenige Tage zuvor aus Mexiko zurückgekehrt. Ihr Roman *Das siebte Kreuz* war bereits 1946 im Aufbau-Verlag in hoher Auflage erschienen. Nun war sie selbst heimgekehrt. Doch sie litt unter der Gefühlskälte und Zurückhaltung ihrer deutschen Landsleute, was nach Jahren in Frankreich und Mexiko nicht verwunderlich ist.

»Die Ruinenstadt verschmolz mit dem Abendhimmel, als ob sie noch immer schwele und rauche. Leer, düster und hoffnungslos sahen die Menschen aus, die uns auf den Straßen begegnet waren. Erbittert von ihrem Unglück. Am meisten von dem Gedanken, sie können es selber verschuldet haben. Wir hatten uns nach unserer Sprache gesehnt – es war eine harte, kahle Sprache geworden. (…) Die Heimat war in unserer Erinnerung aufgeblüht, und jetzt in der Wirklichkeit war sie rauh und grau.«[54]

Hinzu kam die Einsamkeit. Ihr Mann war in Mexiko geblieben und folgte erst Jahre später, die Kinder studierten in Paris. Für die Schriftstellerin war das Leben in der zerstörten Stadt nicht einfach. Nachdem sie für kurze Zeit im Seitenflügel des Hotels Adlon, der die Bombenangriffe leidlich überstanden hatte, untergekommen war, wohnte sie in Wannsee und dann in Zehlendorf. Selbst für politisch exponierte SED-Mitglieder spielte die Sektorengrenze damals eine untergeordnete Rolle. Das sollte sich erst in den Monaten der Blockade ändern. Doch bereits 1947 warf die Spaltung Berlins ihre Schatten voraus.

»Ich wusste im Voraus wie jeder es weiss, dass diese Stadt in vier Sektoren eingeteilt ist wie das ganze Land in vier Besatzungszonen. Sich vorzustellen, dass die vier Alliierten verschiedene Staatsformen, Gewohnheiten und Ansprüche haben, dazu bedarf es auch keiner kühnen Phantasie. All ihre Symbole, all ihre Werbungen, all ihre Ideologien prasseln in geistiger und substanzieller Form auf die ohnedies verstörte Berliner Bevölkerung nieder, die an den kargen Sand der Mark Brandenburg gewöhnt ist.«[55]

Der Tag des freien Buches sollte ein Aufbruch werden, und er wurde ein Schlusspunkt, ein Abschied von der Illusion, es gäbe zwischen Ost und West einen dritten Weg. So schön die Frühlingssonne am 10. Mai 1947 strahlte – all die hehren Beschwörungen waren in den Wind geredet. Bereits während des Ersten Deutschen Schriftstellerkongresses vom 4. bis zum 8. Oktober 1947 zeigte sich, wie brüchig die Klammer des Antifaschismus war. In der Sowjetunion hatte eine maßlose Hetzkampagne gegen den Satiriker Michail Soschtschenko und die Dichterin Anna Achmatowa begonnen. Die Angriffe und der einsetzende Chor der bestellten Schmähungen zerstörten die zarten Ansätze einer kulturpolitischen Öffnung, die es während des Krieges gegeben hatte. Die Bekenntnisse zur Geistesfreiheit seitens der stets moskautreuen Kommunistin Anna Seghers wirkten im besten Falle naiv und weltfremd. Man konnte nicht dem Tyrannen huldigen und im selben Atemzug von Freiheit sprechen. Der amerikanische Journalist Melvin Lasky brachte diesen Widerspruch während des Kongresses zur Sprache und provozierte dadurch Gegenangriffe der sowjetischen Delegierten, denen nichts anderes übrig blieb, als den Terror Stalins als Vollendung des Humanismus zu preisen. Der eisige Wind des Kalten Krieges erreichte die deutsche Schriftstellergilde, die sich zwischen Ost und West entscheiden musste.

»Das Parlament des Geistes zerstreute sich«, schrieb die Schriftstellerin Ruth Rehmann. »Im Sog der getrennten Entwicklungen formierten sich am jeweils äußeren Rand des Spektrums die feindlichen Blöcke.«[56] Die Weichen in die Zukunft waren gestellt. Wer andere Wege gehen wollte, wurde im Westen als Fünfte Kolonne Moskaus in die Ecke gestellt oder im Osten als Agent des Imperialismus diffamiert und verfolgt.

Die deutschen Schriftsteller hatten sich zu entscheiden. In der Sprache der SED lautete die Alternative: hier der erste deutsche Friedensstaat, dort die Wiedergeburt des deutschen Faschismus notdürftig in ein demokratisches Mäntelchen gehüllt und im Bündnis mit dem US-Imperialismus. Zweifel galten im Osten als geistige Verwirrung, Kritik als Verbrechen, jede abweichende Meinung als Unterstützung des Klassenfeindes. Anna Seghers entschied sich für den Osten, mit allen Konsequenzen. Hier war sie erwartet worden, wurde gebraucht und von den Lesern geliebt. Hier erschienen ihre Bücher in Massenauflagen und wurden in späteren Jahren verfilmt. Im Osten wurde sie mit Ehrungen und Preisen überhäuft. Bald schon reiste sie ins kapitalistische Ausland, auf Kuren in die Sowjetunion, erhielt Aufenthalte in Schriftstellerheimen, einen Dienstwagen und ein hohes Gehalt.

Der Preis war die politische Unterwerfung. Anna Seghers hat ihn bezahlt. Sie hat zur Verleihung des Stalin-Preises brav ihre Sprüchlein zu Ehren des Massenmörders aufgesagt, und sie hat ihre Stalin-Elogen genauso gehorsam aus den Sammlungen ihrer Reden und Aufsätze wieder herausgenommen, als die Partei es verlangte. Sie protestierte oft und gern gegen Unrechtsurteile in imperialistischen Staaten, so gegen das Todesurteil für die »Atomspione« Ethel und Julius Rosenberg in den USA. Gegen die Hinrichtung ihrer kommunistischen Genossen in der Tschechoslowakei im Jahre 1952 protestierte sie nicht, obwohl sie mit einigen von ihnen lange befreundet gewesen war. Schweigend saß sie im Zuschauerraum, als 1957 in Ost-Berlin kritische Intellektuelle zu hohen Zuchthausstrafen verurteilt wurden. Sie unterschrieb einen Aufruf, in dem der »Verräter« Kantorowicz verdammt wurde, und akzeptierte in späteren Jahren als Vorsitzende des Schriftstellerverbandes Verfolgungen und Maßregelungen von Schriftstellern in der DDR. Je mehr sie schwieg, desto mehr wurde von offiziöser Seite ihr literarisches Werk gepriesen.

Als Anna Seghers am 1. Juni 1983 starb, steigerte sich die Verehrung nochmals. Die *Berliner Zeitung* beschrieb die Grablegung der Dichterin: »Unter den Klängen des Marsches ›Unsterbliche Opfer‹ bewegte sich der Trauerzug durch ein Spalier von Angehörigen des Wachregiments ›Feliks Dzierzynski‹.« Hierbei handelte es sich um die militärische Formation des Ministeriums für Staatssicherheit. »Auf roten Samtkissen trugen Unteroffiziere den Karl-Marx-Orden, den Vaterländischen Verdienstorden in Gold, den Nationalpreis, den Lenin-Friedenspreis und andere hohe Auszeichnungen des In- und Auslands, die Anna Seghers für ihr humanistisches und künstlerisches Wirken verliehen worden waren. Dumpfer Trommelwirbel erklang, als sechs Unteroffiziere den Sarg unter geneigtem rotem Banner der Arbeiterklasse und der Staatsflagge der DDR in die Erde senkten. (...) Soldaten und Unteroffiziere des Wachregiments legten die Kränze an der Grabstätte nieder. Das Orchester spielte die ›Internationale‹. Erich Honecker und die weiteren Mitglieder der Partei- und Staatsführung verneigten sich in schweigendem Gedenken.«[57]

Auf dem Totenacker der gescheiterten Utopie

Der Dorotheenstädtische Friedhof an der Chausseestraße ist heute ein abgeschiedener und stiller Ort im Herzen der Großstadt. Seit 1762 wurden dort jenseits der Akzisemauer die Mitglieder der Dorotheenstädtischen und der Französischen Gemeinde begraben, daher auch der Name Hugenottenfriedhof. In der Nähe der Charité und anderer Lehranstalten wohnten viele Geistesgrößen, die hier bestattet wurden, so auch Johann Gottlieb Fichte und Georg Wilhelm Friedrich Hegel. Seitdem Bertolt Brecht, der in dem Haus neben dem Friedhof gewohnt hatte, 1956 dort seine letzte Ruhestätte gefunden hatte, entwickelte sich der Friedhof zur bevorzugten Grabstätte führender Kulturschaffender der DDR. Es war für Prominente Ehrensache, an diesem geschichtsträchtigen Ort begraben zu werden. Aus diesem Grund hatte sich die Akademie der Künste ein kleines Geviert für ihre Mitglieder reservieren lassen.

Auf diesem Totenacker der gescheiterten Träume treffen sich viele Linien der Geschichte. Schon 1969 hat Wolf Biermann in seinem Lied »Der Hugenottenfriedhof« die Mischung aus friedvoller Idylle und intellektuell funkelndem Geisterreigen besungen: »Wie nah sind uns manche Tote, doch / Wie tot sind uns manche, die leben«.[58]

Seitdem sind viele weitere Dichter auf dem Friedhof in der Chausseestraße begraben worden. Dort liegen Johannes R. Becher,

Arnold Zweig, Hanns Eisler, Heinrich Mann, Heiner Müller, Erich Arendt, Ludwig Renn und viele andere.

Selbst das Totenreich war in Berlin geteilt - wie die Stadt und der Himmel. Denn viele von denen, die nach dem Krieg in die Fremde heimkehrten, liegen nicht hier. Alfred Döblin kehrte nach dem Eklat mit seinen alten Freunden nicht nach Ost-Berlin zurück, Heinrich Mann traf als Urne hier ein, Alfred Kantorowicz und viele andere schätzten ihre Unabhängigkeit höher als die Aussicht, als lebender Leichnam unter üppigen finanziellen Gratifikationen und unverdienten Lobhudeleien zu ersticken, um schließlich begleitet von den Klängen einer Militärkapelle in die Ehrengruft zu sinken.

Publikumsandrang am Eröffnungstag der ersten HO-Verkaufsstelle in der Frankfurter Allee, 15. November 1948

Viertes Kapitel
Der Kampf um Berlin

Heiße Reden – kalte Öfen

Das Jahr 1948 begann eisig. Von Skandinavien her strömte kalte Polarluft nach Deutschland. Bei klarem Himmel sanken die Temperaturen nachts auf fünf Grad unter null. Die Berliner hungerten, froren und saßen im Dunkeln. Bereits am 1. November 1947 hatte der Magistrat Stromsparmaßnahmen angeordnet. Täglich meldeten die Zeitungen, wo und wann der Strom abgeschaltet werden sollte. »Eine Verbesserung der gesamten Stromlieferungen könne erst erwartet werden, wenn der Alliierte Kontrollrat grundsätzlich eine Erhöhung der Kohlen- bzw. Stromlieferungen für Berlin zustimmt«, wird im *Neuen Deutschland* der zuständige Stadtrat Ernst Reuter (SPD) zitiert.[59]

Solange man die Schuld für die missliche Lage den Stadträten der SPD oder den westlichen Alliierten zuschieben konnte, berichteten die Zeitungen im Ostsektor relativ offen über die Versorgungsschwierigkeiten. »Es ist für den Wehrlosen schwer, mit dieser Angst vor den dunklen Tagen im Herzen ehrlich zu bleiben«, war im *Neuen Deutschland* zu lesen. »Es ist schwer, sich von verlockenden kleinen Schieber- und Kompensationsgeschäften fernzuhalten, die dem Kohlen- und Holzmangel, dem Kleidungsmangel und anderen Nöten wenigstens zeitweise abhelfen. Die ›Hungerbretter‹, jene wildwachsenden Anschlagstellen in allen Stadtteilen ›Tausche gegen … Biete … Gebe …‹, schwellen an. Der Schrei nach Brennholz, der Wunsch nach Kohle hat sich nun die ersten Plätze erobert. Mancher Berliner wird trotz des nahen Festes mit der großen Schere an die Brot- und Zuckermarken der letzten Zuteilung herangehen und mit bitteren Gefühlen eine Reißzwecke hervorsuchen. ›Biete Brot gegen Kohlen‹. Hungern oder Frieren, das ist hier die Losung.«[60]

Ab 1. Februar 1948 beendete der Magistrat die flächendeckenden Stromabschaltungen. Der Winter neigte sich dem Ende zu, doch das politische Klima blieb eisig. Im Abgeordnetenhaus lieferten sich seit Ende 1947 die SED und die SPD Redeschlachten. »Heiße Reden – kalte Öfen«, überschrieb ein Reporter ironisch seinen Bericht über eine Tagung des Gesamtberliner Parlaments.[61] Doch es blieb nicht bei »heißen Reden«. Berlin wurde zum Schauplatz der ersten großen Schlacht des unerklärten Krieges der Großmächte, für den damals der Name Kalter Krieg geprägt wurde.

Der Kampf um Berlin beginnt

Am 1. April 1948 gegen ein Uhr morgens fuhr ein britischer Militärzug aus Berlin in den Grenzkontrollpunkt Marienborn ein. Hier verlief seit der ersten Juliwoche 1945 die Demarkationslinie zwischen der Britischen und der Sowjetischen Besatzungszone. Auf dem Bahnsteig warteten wie üblich sowjetische Soldaten, um den Zug zu kontrollieren. Ein Routinevorgang also, doch in dieser Nacht gab es Komplikationen, die zu einer Kette von Ereignissen führen sollten, welche die Welt an den Rand eines Krieges brachten.

Wilfred G. Burchett, ein Korrespondent der englischen Zeitung *Daily Express,* erlebte die Vorgänge als Augenzeuge und schilderte sie in seinem Buch *Der kalte Krieg in Deutschland.*[62] Ein sowjetischer Posten erklärte, dass ab 1. April die Personalpapiere der Zuginsassen zu kontrollieren seien. Der diensthabende britische Feldwebel vermutete einen Aprilscherz und schlug vor, den Zug durchfahren zu lassen, da es erst eine Stunde nach Mitternacht sei. Doch die sowjetischen Grenzwächter hatten offenbar strikte Befehle. Nach einer halben Stunde Diskussionen weckte der Feldwebel den ranghöchsten britischen Offizier im Zug, Geschwaderkommandant Galloway. Dieser kletterte schlaftrunken aus seinem Abteil und erklärte, er wisse nichts von irgendwelchen neuen Bestimmungen. Kein Russe würde den Zug betreten, verfügte er. Den Vorschlag, die Reisenden sollten ihre Papiere aus dem Fenster reichen, lehnten die Sowjets ab. Nach stundenlangen Debatten wurde der Zug auf ein Nebengleis geschoben. Weitere Militärtransporte folgten, und es wiederholte sich immer wieder das gleiche Spiel. Die englischen Soldaten kampierten auf dem Bahndamm, machten Feuer und verzehrten ihre Konserven. Währenddessen liefen in Berlin, London, Paris und Washington die Fernschreiber und Telefone heiß. Nach 20 Stunden kam der Befehl: Der Zug fährt zurück nach Berlin - ohne Kontrolle.

Erstmals seit Kriegsende brach zwischen den früheren Verbündeten ein offener Konflikt aus. Die Sowjets versuchten, die Westmächte durch eine Taktik der Nadelstiche zum Abzug aus Berlin zu bewegen. Die Schlinge zog sich zu. Auf den Berliner Postämtern stapelten sich Briefe, die nicht befördert wurden. 116 Güterwagen mit Post standen in Berlin auf den Gleisen. Die alliierten Transporte durften zwar wieder passieren, doch behaupteten die Sowjets nun, die Autobahnbrücke über die Elbe müsse erneuert werden, und verlangten, die westlichen Transporte mittels Fähren überzusetzen. Am 11. Juni wurde für zwei Tage der gesamte Eisenbahnverkehr zwischen Berlin und den Westzonen unterbrochen.

Währungsreform und Blockade

Den offenen Ausbruch der Krise brachte schließlich die Währungsreform. Am 20. Juni 1948 wurde in den drei Westzonen die D-Mark als Währung eingeführt. Einige Tage später wurde die neue Währung auch in den Westsektoren von Berlin übernommen. Da die entwerteten Geldscheine in der Sowjetischen Zone und in Ost-Berlin noch gültig waren, mussten die Behörden Gegenmaßnahmen ergreifen und auch eine Währungsumstellung durchführen. Die neue Währung der Sowjetischen Besatzungszone und des Sowjetischen Sektors von Groß-Berlin nannte sich Deutsche Mark der Deutschen Notenbank und wurde zunächst ebenfalls mit DM abgekürzt. Um Verwechselungen zu vermeiden, sprach man nun in den folgenden Jahren landläufig von Westmark und Ostmark.

Die währungspolitische Spaltung Berlins war Anlass für die Sowjetunion, die Westsektoren der Stadt hermetisch abzuriegeln. Militärisch war West-Berlin nicht zu verteidigen. 3000 US-Soldaten, 2000 britische und 1500 französische Soldaten standen einer Riesenarmee von 300 000 in der SBZ stationierten sowjetischen Streitkräften gegenüber. Die Frage stand im Raum: Würden die Westmächte wegen Berlin in den Krieg ziehen? Die SED-Anhänger fühlten sich als Sieger, obwohl sie dabei waren, die letzten Sympathien der Bevölkerung zu verspielen.

Innerhalb Berlins wurde der Güterverkehr eingestellt. Berlin war nun politisch gespalten, wurde formal aber immer noch von einem Gesamt-Berliner Magistrat regiert. Diesen Zustand wollte die SED beseitigen und organisierte am 6. September 1948 einen Aufmarsch, in dessen Verlauf Demonstranten in den Plenarsaal der Stadtverordnetenversammlung eindrangen, Abgeordnete bedrohten und mit Gewalt versuchten, Entscheidungen herbeizuführen. Schauplatz dieser und der folgenden Schlachten war das Neue Stadthaus in der Parochialstraße. Da die Polizei kommunistisch unterwandert war, organisierte der Parlamentspräsident 200 Magistratsangestellte als Ordner. Trotzdem drangen Demonstranten in den Sitzungssaal ein. Anwesende westliche Journalisten wurden tätlich bedrängt, ohne dass die Polizei einschritt. Sie führte Pressevertreter in Handschellen ab. Vertreter der SED eroberten das Mikrofon und eröffneten eigenmächtig eine Sitzung des Demokratischen Blocks, das heißt der SED und der ihr hörigen Gruppierungen. Die nichtkommunistischen Abgeordneten begaben sich in das Studentenhaus am Steinplatz im britischen Sektor. Drei Tage später demonstrierten auf dem Platz vor dem zerstörten Reichstag rund 300 000 Berliner gegen die Willkürmaßnahmen der SED und der Sowjets. Bei dieser Gelegenheit sprach Ernst Reuter am 9. September die berühmten Worte: »Ihr Völker der Welt (...)! Schaut auf diese Stadt und erkennt, dass ihr diese Stadt und dieses Volk nicht preisgeben dürft und nicht preisgeben könnt!«

Nun ging endgültig auseinander, was nicht mehr zusammengehörte und im Grunde nie zusammengehört hatte. Am 30. September 1948 fanden sich im Admiralspalast die 23 Stadtverordneten der SED und 1593 willkürlich ausgewählte Vertreter von Parteien und Massenorganisationen zusammen, proklamierten sich selbst zum Abgeordnetenhaus und wählten Friedrich Ebert zum Oberbürgermeister von Berlin sowie einen neuen Magistrat, in dem nur die SED und ihre Marionetten vertreten waren. Auf die Komödie folgte die Posse. Nach der rechtlich irrelevanten Abstimmung einer zufällig zusammengefügten Versammlung ließ man eine große Menschenmenge vor der Humboldt-Universität per Handzeichen abstimmen. Natürlich gab es auch hier keine Gegenstimmen. Die Gesamtberliner Wahl vom 5. Dezember 1948 fand ohne den Osten statt. Die Berliner gaben der SPD mit 64,5 Prozent ein überzeugendes Vertrauensvotum, 19,4 Prozent stimmten für die CDU und 16,1 Prozent für die Liberaldemokraten. Beide Parteien hatten inzwischen eigene West-Landesverbände gebildet. Sie wurden vom Regierenden Bürgermeister Ernst Reuter in den neuen Senat aufgenommen, um diesem in seiner gefährdeten Position eine möglichst breite Legitimationsbasis zu geben.

Der Versuch, durch eine Blockade West-Berlins die Bevölkerung in die Knie zu zwingen und die Westmächte zum Abzug zu bewegen, misslang gründlich. Den Amerikanern gelang es, über die »Luftbrücke« West-Berlin wenigstens notdürftig zu versorgen. Am 12. Mai 1949 gingen die Schlagbäume hoch, und der Güterverkehr auf der Straße und der Schiene konnte wieder aufgenommen werden.

Eine Torte für 100 Mark

Bereits während der Blockade normalisierte sich die Versorgungssituation in Ost-Berlin allmählich. Am Montag, dem 15. November 1948, eröffnete in der Frankfurter Allee 304 unweit des U-Bahnhofs Samariterstraße die erste Verkaufsstelle der neu gegründeten Handelsorganisation (HO). Bereits im Morgengrauen hatte sich eine Käuferschlange gebildet, die immer länger wurde. Die Zeitungen hatten 9 Uhr als Öffnungszeit angekündigt. Als um

11 Uhr die Schutzgitter endlich hochgingen, brach Panik aus. Tausende Menschen drängten in den Laden. Sie kreischten, schrien und schimpften durcheinander. Glas splitterte. Die Eingangstür ging krachend zu Bruch. Polizei rückte an und versuchte, die Menschen zurückzudrängen. Die Rollläden vor dem Eingang wurden wieder heruntergelassen. Doch der erste Schub Kunden konnte nun einkaufen.

»In dem strahlend erleuchteten Innenraum standen die Ankömmlinge einen Augenblick erstaunt still«, schrieb der Reporter des *Neuen Deutschland.*[63] »Wo sollte man sich zuerst hinwenden? Zu den riesigen Ballen mit Mantelstoffen? In jene Ecke, wo Schuhe aller Größen aufgestapelt waren? Zu den hohen Regalen, in denen Damenwäsche, Pullover und – oh' Wonne! unzählige Kästen mit Strümpfen lagerten? Sehr schnell hatten sich die Punkte des ›brennendsten‹ Bedarfs herauskristallisiert: Schuhe, Strümpfe, Stopfgarn.«[64]

»Markenfreier Einkauf« lautete das Zauberwort. Seit dem Kriegsausbruch 1939 herrschte in Deutschland eine Zwangsbewirtschaftung, sodass die Vergabe von Waren über Marken reglementiert war, die letztendlich wichtiger als Geld waren. Und auch die Marken waren keine Garantie, dass man etwas bekam.

Mit der Eröffnung von HO-Geschäften gab es ein Warenangebot, für das es sich lohnte, Geld zu verdienen. Der Zeitungsreporter schilderte die Szenerie sehr lebendig. »›Bitte, meine Damen, Schuhe in drei Sorten für 160, 190 und 230 DM. Für die Herren 240 Arbeitsstiefel für 180 und 210 DM.‹ Schon saßen vier, fünf Frauen auf den kleinen Schemeln und probierten an. Auffallend war, wie wenig nach dem Preis gefragt wurde, denn gerade Schuhe sind noch verhältnismäßig teuer und liegen nur wenig unter dem Schwarzmarkt-Niveau.« Der Berichterstatter der SED-Zeitung fügte erklärend hinzu: »Damit sich die Schieber dadurch nicht sanieren können!«[65] Dann erfahren wir einige Preise: Damenpullover 98 und 110 DM, Nachthemden mit Spitzeneinsatz 45 DM, Schlüpfer 15 und 20 DM, Garnituren 50 DM. »Auch den Männern werden von zarter Hand Garnituren und Unterhosen für 50 und 25 DM vorgelegt. ›Bitte, zwei von jeder Sorte!‹ Eine Frau sieht erstaunt auf den schäbig angezogenen Mann. Der lacht. ›Da staunen Sie, Frollein, wat? Ja, Jeld habe ick jenug verdient und drei Jahre lang gespart. Aber es jab ja nischt zu koofen. Jetzt soll Se mal sehen, wie schnieke Pappi wird!‹ So wie ihm geht es den meisten. ›Darauf haben wir gewartet!‹ sagt ein junges Mädchen. ›Viel Geld ist es ja - dreißig DM für ein Paar Strümpfe - aber nun bekommt man sie doch wenigstens.‹«[66]

Im Geschäft für Schuhe und Textilien in der Frankfurter Allee wurden am ersten Verkaufstag rund 1300 Kunden bedient. Rund 2000 Kassenzettel wurden ausgeschrieben, und der Durchschnittswert des Einkaufs betrug 60 DM.[67]

Am folgenden Tag eröffnete in der Nähe des Alexanderplatzes, in der Neuen Königstraße, der »Süße Laden« mit einem reichen Angebot an Backwaren und Süßigkeiten. Butterkremtorten mit einem Gewicht von 1,5 Kilogramm kosteten 100 DM, das 75-Gramm-Stück 5 DM; ein Stück Blätterteiggebäck 3 DM; Butterbrötchen 1,50 DM; Amerikaner, Marmeladenkuchen, beides in 50-Gramm-Stücken, zum gleichen Preis. Butterkekse kosteten 12,50 DM das halbe Pfund; Zwieback 5 DM das halbe Pfund. Für Fondants mit Obstfüllung waren 48 DM pro Kilogramm zu bezahlen, es gab auch Viertelpfund-Packungen für 6 DM. Das Kilogramm Bonbons kostete 40 DM. Für das Kilogramm Kunsthonig musste man 26 DM bezahlen, es gab auch Halbpfundpackungen für 6,50 DM.

Lukullische Herrlichkeiten

Am folgenden Tag, dem 16. November 1948, eröffnete die HO-Gaststätte »Lukullus« in der Französischen Straße 47. Bevorzugt wurden Speisen ohne Markenabgabe, etwa Aal in Öl mit Bratkartoffeln. Die kleinen und großen Gedecke zu 6,30 und 10,60 DM erforderten noch eine Fleischmarkenabgabe von 100 Gramm, doch wurden dazu markenfrei gereicht: 400 Gramm Kartoffeln, 15 bzw. 20 Gramm Fett, 250 Gramm Gemüse sowie Süßspeise und Torte.[68]

Natürlich erregte diese Preispolitik böses Blut bei der Bevölkerung, für die sich die Zeitungsberichte wie Märchen aus Tausendundeiner Nacht anhören mussten. »Nur Schieber und Bonzen« könnten dort einkaufen, war eine weitverbreitete Meinung, die sogar von der Ostpresse aufgegriffen wurde – um ihr zu widersprechen.[69]

In der Tat sind die Preise der HO-Geschäfte und -Gaststätten in Relation zum durchschnittlichen Monatseinkommen zu sehen. Die ersten vom Ost-Magistrat veröffentlichten Statistiken enthielten keine Angaben zu Löhnen und Gehältern.[70] Die frühesten Angaben finden sich im *Statistischen Jahrbuch der DDR* von 1955.[71] Das monatliche Bruttoeinkommen von Arbeitern und Angestellten wurde rückblickend für das Jahr 1950 mit 241 DM angegeben. Wenn man die in den folgenden Jahren übliche jährliche Steigerung von etwa 5 Prozent zurückrechnet und berücksichtigt, dass in Berlin Löhne und Gehälter stets höher waren als im Rest der SBZ, dürfte ein Durchschnittslohn von etwas mehr als 200 DM für vollbeschäftigte Werktätige 1948 zutreffen. Renten, Stipendien und andere Zuwendungen lagen weit darunter. Mit anderen Worten: Die 1,5 Kilogramm schwere Butterkremtorte kostete fast die Hälfte eines guten Monatsgehalts.

Hinzu kam, dass für die Bewohner der Westsektoren aufgrund des günstigen Umtauschkurses von eins zu vier bis eins zu fünf das HO-Angebot sehr günstig war. Die Ostbehörden hatten nicht die Mittel, den Warenabfluss zu unterbinden, obwohl dadurch der Blockade West-Berlins durch die sowjetische Besatzungsmacht teilweise die Wirkung genommen wurde. Manche Historiker vermuten, die eigenartig inkonsequente Politik sollte die Einwohner der Westsektoren politisch beeinflussen und reif machen für eine Übernahme ganz Berlins durch die Russen und ihre ostdeutsche Gefolgschaft.[72]

Parallel zu den HO-Verkaufsstellen gab es weiterhin die normalen Läden, die teils privat, teils staatlich geführt wurden, sowie die Verkaufsstellen der Konsum-Genossenschaft. Überall dort gab es billige Produkte auf Marken, allerdings oft in sehr eingeschränktem Umfang und nach schier endlosem Anstehen. Zum

Vergleich sei angeführt: Ein Kilogramm Kunsthonig kostete im November 1948 auf Marken 1,66 Mark, im erwähnten »Süßen Laden« hingegen stolze 26 Mark; ein Kilogramm Kekse im normalen Laden 1,89 Mark, im HO-Geschäft 6,25 Mark, ein Brötchen gegen Lebensmittelmarken 60 Pfennig, in der HO 1,50 Mark.[73] Wichtiger noch als der Preisunterschied war die Tatsache, dass in normalen Geschäften einige Waren gar nicht im Angebot waren. Der Wunsch nach einer Butterkremtorte hätte dort vermutlich große Heiterkeit ausgelöst.

Trotzdem war die Einrichtung der freien HO-Läden eine wirtschaftspolitisch richtige Entscheidung. Die Schlangen vor den freien Geschäften und Restaurants bewiesen es. Hohe Preise waren das einzige Mittel, um den Sumpf des Schwarzmarkts trockenzulegen. Denn dort hatten sich die Preise nach den Gesetzen von Angebot und Nachfrage auf ein reales Niveau eingepegelt. Polizeikontrollen oder gar moralische Appelle waren gegen die Gesetze des Marktes wirkungslos. Arbeit musste sich wieder lohnen – jedenfalls mehr, als den lieben langen Tag auf dem Schwarzmarkt herumzulungern.

ZWEITER TEIL

Der Demokratische Sektor von Groß-Berlin 1949 bis 1961

Jugendliche während der Massenkundgebung anlässlich der Gründung der Deutschen Demokratischen Republik auf dem August-Bebel-Platz, 11. Oktober 1949

Erstes Kapitel
Staatsgründung

In der Kälte der Oktobernacht

»Die Nacht des zwölften zum dreizehnten Oktober schwieg in den deutschen Wäldern; ein müder Wind schlich über die Äcker, schlurfte durch die finsteren Städte des Jahres vier nach Hitler, kroch im Morgengrauen ostwärts über die Elbe, stieg über die Erzgebirgskämme, zupfte an den Transparenten, die schlaff in den Ruinen Magdeburgs hingen, ging behutsam die Buchenwälder des Ettersberges hinab zum Standbild der beiden großen Denker und den Häusern der größeren Vergesser, kräuselte den Staub der Braunkohlengruben, legte sich einen Augenblick in das riesige Fahnentuch vor der Berliner Universität Unter den Linden, rieselte über die märkischen Sandebenen und verlor sich schließlich in den Niederungen östlich der Oder.«[1] So beginnt der Roman *Rummelplatz* von Werner Bräunig. Ein Vorabdruck des Buches war 1965 ins Visier der Ideologiewächter der Partei geraten und auf dem 11. Plenum des Zentralkomitees der SED, das als Kahlschlagplenum in die Geschichte eingehen sollte, öffentlich niedergemacht worden. Während andere Schriftsteller durch solche Angriffe erst populär wurden, zerbrach Werner Bräunig daran, schrieb fast nichts mehr, versank im Alkoholismus und starb 1976 mit 42 Jahren. Als der Roman schließlich 2007 erschien, wurde er ein Bestseller.

»Es war eine kühle Nacht«, schrieb Bräunig weiter, »und die Menschen in den schlecht geheizten Wohnungen fröstelten. Die Herbstkälte schlich sich in ihre Umarmungen und ihr Alleinsein, ihre Hoffnungen und ihre Gleichgültigkeit, ihre Träume und ihre Zweifel. Nun waren die Reden verstummt, die Kundgebungen geschlossen, die Proklamationen rotierten zwischen den Druckzylindern der Zeitungsmaschinen. Straßen und Plätze dampften im Morgenlicht. Die ersten Schichtarbeiter zogen in die Fabriken. Die Plakate welkten im Wind.«[2]

Nüchterner und distanzierter lässt sich der Geburtstag der DDR kaum schildern. Es war ein wichtiges Datum in der deutschen Geschichte und der Biografie Berlins.

Am 7. Oktober 1949 hatte sich der 2. Deutsche Volksrat selbst zur Provisorischen Volkskammer, also zum Parlament, erklärt und die Gründung der Deutschen Demokratischen Republik verkündet. Vier Tage später kamen die Abgeordneten erneut im Festsaal des Hauses der Deutschen Wirtschaftskommission, dem ehemaligen Gebäude des Reichsluftfahrtministeriums, zusammen. Gemeinsam mit den Delegierten der fünf Länderkammern wählten sie Wilhelm Pieck einstimmig zum Präsidenten der DDR. »Jubelnder Beifall durchtönt in diesem Augenblick das Hohe Haus. Und wir wissen, dass Millionen, die diese Stunde am Lautsprecher mit uns erleben, in diesen Beifall einfallen werden«, verkündete der Rundfunkreporter mit feierlich gesenkter Stimme.[3]

Es folgten Erklärungen des Präsidenten und des provisorischen Volkskammerpräsidenten Johannes Dieckmann. Dann machte sich die Führungsspitze auf den Weg zur Demonstration. »Der Präsident verlässt den Raum«, setzte der Rundfunksprecher fort, »die Bevölkerung erwartet ihn hier vor den Toren und die Straße hinunter bis zum August-Bebel-Platz, von wo aus Wilhelm Pieck als Präsident der Deutschen Demokratischen Republik zu allen Deutschen sprechen wird.«[4]

Am Vormittag des 11. Oktober 1949 rüstete sich Ost-Berlin zur großen Manifestation der Jugend. »Die Straßen der Innenstadt haben ein festliches Kleid angelegt«, schrieb die *Tägliche Rundschau.*[5] »(...) große Transparente an den Häuserfronten, besonders ›Unter den Linden‹ und am Kundgebungsplatz, weisen auf die Bedeutung des heutigen Tages hin. Großlautsprecheranlagen werden eingesetzt, damit die Teilnehmer die Vorgänge auf dem Platz verfolgen können.«[6]

Die Kinder hatten schulfrei, waren aber angewiesen worden, sich pünktlich auf den Schulhöfen zu versammeln. Die Funktionäre der SED und der FDJ erklärten die Bedeutung der historischen Stunde. Feierlich beschworen wurden der Wille des Volkes, das niemand gefragt hatte, und die Einheit des Vaterlandes, die in ebendiesen Tagen in die Brüche ging. Danach wurden die Schüler in Gruppen eingeteilt. Sie befestigten an den Schulgebäuden Losungen, Friedenstauben und Bilder, oder sie schmückten die Porträts von Josef Stalin mit herbstlichem Laub. Auch die Betriebe und Behörden in Ost-Berlin stellten schon am Nachmittag die Arbeit ein, damit die Belegschaften sich geschlossen zur Demonstration begeben konnten.

Das ganze Berlin soll es sein

Morgens standen die Sammelpunkte für die Großdemonstration in den Zeitungen.[7] Für den Stadtbezirk Mitte gab es drei Stellplätze: den Rosenthaler Platz, die Hannoversche Straße, Ecke Friedrichstraße und den Dönhoffplatz. In Mitte befanden sich die Behörden und Verwaltungen, deren Mitarbeiter einigermaßen vollzählig zum Aufmarsch erwartet wurden. Von den drei Sammelpunkten aus sollten die Marschblocks zwischen 15.25 und 16.30 Uhr in Richtung August-Bebel-Platz marschieren. Der Stadtbezirk Prenzlauer Berg formierte sich am Senefelderplatz, Weißensee am Antonplatz und Köpenick im Köllnischen Park. Die Bewohner von Wedding und Reinickendorf sollten ab 16.30 Uhr von der Chausseestraße, Ecke Kesselstraße losziehen. Die traditionsreichen Stätten der Berliner Arbeiterbewegung lagen im französischen Sektor. Auf den »Roten Wedding« setzte man große Hoffnungen. Als Sammelpunkt für die »Bezirke des britischen und amerikanischen Sektors« war der Gendarmenmarkt vorgesehen. Auf die Teilnahme von Demonstranten aus den Westsektoren legte die SED großen Wert. Durch die Verkündung der Verfassung der DDR am 7. Oktober 1949 war staatsrechtlich eine Merkwürdigkeit entstanden, die politisch durchaus gewollt war. Dem Buchstaben der Verfassung nach bezog diese sich nicht auf den realen Machtbereich der neuen Regierung, sondern auf ein Gesamtdeutschland, das nur als propagandistische Fiktion existierte. Hauptstadt des imaginären

Staatswesens war laut Artikel 2 der neuen Verfassung Berlin, und zwar ganz Berlin. Unter den 330 Abgeordneten der Provisorischen Volkskammer waren 66 Berliner, von denen einige sogar eine SPD-Fraktion bildeten. Sie hingen wie alle anderen Abgesandten in dem Pseudoparlament an der Leine der SED, waren aber wichtig, um den Gesamt-Berliner Anspruch zu betonen.

Es dauerte nicht lange, bis auch die andere Seite faktisch mit dem gleichen Anspruch an die Öffentlichkeit trat. Bereits am 8. Oktober 1949 hatten die Abgeordneten aller Fraktionen der West-Berliner Stadtverordnetenversammlung ein Telegramm an den neuen Bundespräsidenten Theodor Heuss geschickt. Darin hieß es: »Angesichts der Gründung eines Sowjetprotektorats im Osten Deutschlands erneuert die Stadtverordnetenversammlung von Groß-Berlin ihr Bekenntnis zur Bundesrepublik Deutschland.«[8] An die Westalliierten ging am selben Tag ein Schreiben, in dem die Konstituierung Berlins als Bundesland und die Verlegung wichtiger Bundesinstitutionen nach Berlin gefordert wurden. Auch die West-Berliner Abgeordneten gingen von einem imaginären Groß-Berlin aus, das Bundesland und Hauptstadt sein sollte. Bundeskanzler Konrad Adenauer begrüßte dieses Ansinnen im Bewusstsein der Tatsache, dass es rein deklamatorischen Charakter hatte. Der Bundestag hatte bereits am 7. September 1949 gegen das Votum der Bayernpartei und des CSU-Abgeordneten Franz Josef Strauß beschlossen, dass Berlin die Hauptstadt Deutschlands »sein soll«.[9] Die Westalliierten lehnten den Anschluss Berlins an die Bundesrepublik mit Rücksicht auf die Sowjetunion ab. Dabei sollte es bis 1990 bleiben.

Eine Rede Wilhelm Piecks

Gegen 16 Uhr füllten sich der Platz vor der Humboldt-Universität und die umliegenden Straßen mit Menschen. Um 17.40 Uhr erklang, begleitet von einem Blasorchester, das »Weltjugendlied«: »Jugend aller Nationen, uns vereint gleicher Sinn, gleicher Mut! / Wo auch immer wir wohnen, unser Glück auf dem Frieden beruht.« Immer wieder gefolgt von dem mitreißenden Refrain: »Unser Lied die Ländergrenzen überfliegt: / Freundschaft siegt! Freundschaft siegt!« Das Lied gehörte seit dem Weltjugendtreffen im Sommer 1949 in Budapest zum Repertoire der FDJ. Es folgte ein Arbeiterkampflied: »Wann wir schreiten Seit an Seit und die alten Lieder singen / und die Wälder widerklingen, / fühlen wir, es muss gelingen: / Mit uns zieht die neue Zeit, mit uns zieht die neue Zeit!«

Dann erschien Wilhelm Pieck, stehend in einer offenen Horch-Limousine, begleitet von einer Abteilung Motorradfahrer der Deutschen Volkspolizei. Friedrich Ebert, Oberbürgermeister von Groß-Berlin, das bedeutet von Ost-Berlin, ging dem Fahrzeug entgegen, gefolgt von »zwei Jungpionierinnen, zwei Mädels«, wie der Reporter des Demokratischen Rundfunks sich ausdrückte. Sie überreichten Wilhelm Pieck »zwei riesige Sträuße Chrysanthemen«.[10] Dann erklommen Pieck und Ebert unter dem Jubel der Menge die Tribüne vor der Humboldt-Universität. Nach Eberts Begrüßung ergriff der Präsident das Wort. Er gab sich betont parteiübergreifend, volkstümlich und patriotisch. »Berliner! Liebe Freunde!«, begann er. »Es stehen dem deutschen Volke und seiner Regierung große Aufgaben bevor, und wir sind alle fest davon überzeugt, daß sie in engstem Einvernehmen mit dem schaffenden deutschen Volke erfüllt werden können.«[11] Seine Rede setzte er mit einem Bekenntnis zur Einheit fort: »Wir sind fest davon überzeugt, daß es uns gelingen wird, das große Band vom Osten nach dem Westen unter den werktätigen Massen zu spannen und so die große Nationale Front des demokratischen Deutschland zu schaffen, mit deren Kraft Ihr die Spaltung Deutschlands beseitigen und das einige demokratische und friedliche Deutschland schaffen werdet.«[12] Die Rede enthielt kein Bekenntnis zur ruhmreichen Sowjetunion, keine Huldigung an Stalin, kein Wort über die künftige Ordnung des neuen Staates, schon gar keine Verkündung des Sozialismus, keine Angriffe auf die Sozialdemokratie – nur an einer Stelle gab es einen Verweis auf »Spalter und Kriegshetzer«. Wer glauben mochte, dass Pieck das bessere Deutschland repräsentierte, konnte sich durch die Rede bestätigt fühlen. Und schließlich war auch die füllige Erscheinung des weißhaarigen Mannes mit dem gütigen Lächeln geeignet, Vertrauen zu erwecken.

Der Fackelzug

Es wurde früh dunkel an jenem Herbsttag. Bereits gegen 17 Uhr stand die Abendsonne über dem Brandenburger Tor, auf dem statt der Siegesgöttin in ihrem vierspännigen Wagen noch die rote Fahne wehte. Die letzten Strahlen der untergehenden Oktobersonne ließen die rußgeschwärzten Steinfiguren auf den Brandmauern der Ruinen noch einmal golden aufleuchten. Dann verschwand die Sonne hinter den Fassaden der ausgebrannten Prachtbauten.

»Inzwischen hat sich die Dämmerung über den Platz gelegt, der jetzt von 22 großen Scheinwerfern (...) erhellt ist«, beschrieb der Rundfunkreporter die Szenerie.[13] Von Lastkraftwagen herab wurden Fackeln ausgegeben. Es waren einfache mit öl- und fettgetränktem Werg umwickelte Fichtenstöcke. Von Fackel zu Fackel wurde das Feuer weitergereicht. Die Luft war voller Qualm, der die Konturen verschwimmen ließ. »Ein breiter Demonstrationszug der Freien Deutschen Jugend in Reihen zu 16 in ihren blauen Hemden, mit blauen, schwarz-rot-goldenen und weißen Fahnen des Weltjugendbundes marschiert jetzt an der Tribüne vorbei. (...) Sie tragen die Fahnen mit erhobenen Armen (...) und bringen Hochrufe auf den Arbeiterpräsidenten Wilhelm Pieck auf (...)«.[14] An dieser Stelle stockte der Rundfunksprecher und wusste wohl einen Augenblick nicht mehr, ob man Hochrufe auf- oder ausbringt. Doch er fing sich schnell und setzte mit vor Ergriffenheit zitternder Stimme fort: »Und jetzt – soweit das Auge sehen kann, bis hinters Brandenburger Tor ein einziger Strom von leuchtenden Friedensfackeln! Vor dem großen FDGB-Mal, unweit der Ehrentribüne, sind die Züge noch geteilt, dann, kurz vor der Ehrentribüne, fließen sie zu einer gewaltigen, breiten Demonstration zusammen.«[15]

Der Freie Deutsche Gewerkschaftsbund (FDGB) war die an der Leine der SED hängende Gewerkschaft. Mit FDGB-Mal meinte der Radiosprecher das während des Krieges zum Schutz mit einer Ziegelmauer umbaute Reiterdenkmal Friedrichs des Großen.[16] Der gemauerte Splitterschutz wurde in der Nachkriegszeit mit einer zusätzlichen Hülle aus Sperrholz umgeben. Darauf standen nun Losungen des FDGB: »Über die Gewerkschaftseinheit zur Einheit Deutschlands«, »FDGB – Ein Helfer im Kampf um die Verbesserung Deiner Lebensverhältnisse« sowie »Für friedlichen Aufbau zum Wohle der Hauptstadt Berlin«. So hatte man auf einfache Art das Denkmal des vorläufig wenig gefragten Preußenkönigs zur Plakatsäule umfunktioniert.

Werner Bräunig schildert in *Rummelplatz* die widersprüchlichen Gefühle eines Demonstrationsteilnehmers: »Er ging nahe am Straßenrand und sah nun schon die Fahnen vor dem Portal und die Absperrung. Der Wind kam in Böen, fuhr über die Reihen hin, es war schneidend kalt. (...) Und Nickel sang nun doch mit, ohne die Lippen zu öffnen, stumm, merkte auch nichts, hatte nur solche Erinnerungen. Wie er heimgekommen war, kahlgeschoren, und fand die Straße noch, fand das Haus nicht mehr, ein Haufen Schutt, ein Mauerrest, fand keinen, der ihm Auskunft gab, kein Freund, keine Mädchen, keine Antwort. Irrte umher, tagelang (...)«.[17] Nachdem der Held des Romans aus der Kriegsgefangenschaft heimgekehrt war, hatte er beim Uranbergbau im Erzgebirge, bei der Sowjetisch-Deutschen Aktiengesellschaft »Wismut«, Arbeit gefunden. Nun war er von der FDJ zum Aufmarsch der Jugend nach Berlin delegiert worden.

»Die Reihen strafften sich. Trommelschläge dröhnten. Wann wir schreiten Seit an Seit. Viele marschierten jetzt im Gleichschritt. Nickel sang mit, er mußte singen, was alle sangen. Das Stalinporträt schwankte nach links und gab den Blick zur Tribüne frei; Nickel sah den Präsidenten. Hochrufe kamen herübergeweht. Fanfarenstöße hallten. Tausende drängten nach, aber vorn ging es nicht weiter. Die Menge dröhnte, die Menschen schienen mit aller Kraft bemüht, eine unsichtbar über ihnen liegende Last hochzuheben. Alles Einzelne schwieg. Alle Stimmen hoben sich auf. Nickel stand eingekeilt, die Gesichter verschwammen. Der Lärm brodelte über den Köpfen und schwoll an, ebbte ab, hallte wider; Fahnen wurden geschwenkt, Lautsprecher krächzten. Nickel hatte keine Vorstellung mehr vom Ausmaß dieser Demonstration. Er sah weder Anfang noch Ende. Er sah Menschen, wohin er auch sah: auf Mauersimsen und Laternenmasten, an Eisenzäune gepreßt, die Absperrung hatte nicht standgehalten.«[18]

So erreichten die Kundgebungsteilnehmer den zentralen Ort. Aus den dunklen Fensterhöhlen der Ruinen und Halbruinen starrte gespenstische Leere. Im flackernden Licht der Fackeln und der über den dunklen Nachthimmel gleitenden Scheinwerferkegel hätte man meinen können, einem düsterem Ritual in einer zerstörten Stadt des Altertums beizuwohnen, wären nicht überall die Fahnen, die Losungen und die Porträts der neuen Führer des Volkes gewesen.

Die Zeremonienmeister der nächtlichen Weihestunde hatten an dem Säulenportal der von Granatsplittern und Schüssen zerfressenen Fassade der Staatsoper ein riesiges Stalin-Porträt aufhängen lassen. Links davon, deutlich kleiner, hing ein Bildnis von Wilhelm Pieck und rechts, in gleicher Größe, das Bild des neuen Ministerpräsidenten Otto Grotewohl. Darunter baumelte etwas schlaff auf rotem Fahnentuch in weißer Schrift die Losung: »Am Schraubstock, auf dem Bau, im Kontor und Schule – allzeit bereit zur Arbeit und zur Verteidigung des Friedens!«

Die Zahl von einer Million Teilnehmern, die das Zentralorgan der FDJ *Junge Welt* am 19. Oktober 1949 in die Welt posaunte, mag übertrieben gewesen sein,[19] aber es waren erstaunlich viele. Damals schon gab es den allgegenwärtigen »freiwilligen Zwang«, hatten Schulklassen, Studentengruppen und Betriebsbelegschaften geschlossen anzutreten. Doch ist die »organisierte Begeisterung« eine hinreichende Erklärung? Gab es nicht auch echte Zustimmung, sogar Enthusiasmus? Der Rundfunkbericht wurde immer wieder durch Interviews unterbrochen. Die Reporter baten bekannte Persönlichkeiten ans Mikrofon, aber auch einfache Kundgebungsteilnehmer kamen zu Wort. Allen Beiträgen gemeinsam ist die Freude über die hohe Teilnehmerzahl. Es scheint, als staunten die Organisatoren des Aufmarsches selbst darüber, wie viele gekommen waren.

Mit der hereinbrechenden Dämmerung war es kühl geworden. Der Wetterbericht hatte für die Nacht vom Dienstag zum Mittwoch fünf Grad angekündigt und auf die Gefahr von Bodenfrösten hingewiesen.[20] Gegen neun Uhr abends wurde die Manifestation Unter den Linden mit einem gemeinsamen Gesang abgeschlossen:[21] »›Brüder zur Sonne, zur Freiheit‹ (…) erklingt es aus mehr als hunderttausend Kehlen«, schrieb die *Junge Welt.*[22] Das Kampflied der Arbeiterbewegung stieg auf in den nächtlichen Himmel über Berlin: »Brüder zum Lichte empor! / Hell aus dem dunklen Vergangnen / leuchtet die Zukunft hervor.« Dann wurde es dunkel im weiten Rund des Platzes. Die Flakscheinwerfer wurden abgeschaltet, und die Feuerwehrleute traten die letzten Funken der verglimmenden Fackeln aus, die die Demonstrationsteilnehmer beim Verlassen des Sicherheitsbereichs auf einen riesigen Haufen geworfen hatten. Aus einem Hydranten entnahm das Feuerschutzkommando mittels eines Benzinmotors Wasser und besprengte damit den qualmenden Haufen verkohlter Fichtenstäbe und verbrannten Wergs. Finsternis senkte sich über das Zentrum der kriegszerstörten Stadt. Die sich auflösenden Kolonnen strebten in kleinen Gruppen zu den angewiesenen Sammelplätzen, um von dort die Rückfahrt anzutreten.

Nickel, die Hauptfigur des Romans *Rummelplatz,* »(…) stand allein auf dem breiten Gehstreifen der Straßenmitte. Links marschierte eine geordnete Kolonne vorbei. Rechts kam einer ganz allein mit einer Fahne. (…) Er fröstelte wieder. Er sah auf die Uhr: Es blieben zwei Stunden. Er ging langsam durch die Nebenstraßen. Er ging zum S-Bahnhof. Immer noch gingen viele in den Straßen, in dieser Richtung, in Grüppchen und einzeln. Die Abendschatten krochen aus den Ruinen, es wurde sehr schnell dunkel. Es gab kaum Wohnhäuser in dieser Gegend, überhaupt kaum Häuser, keine Straße war beleuchtet. Manchmal finstere Fassaden. Manchmal Geräusche. Vor einer Toreinfahrt patrouillierte ein sowjetischer Soldat (…)«.[23]

Lehrlinge der volkseigenen Mechanik-Astra-Werke in Chemnitz an einem selbstgebastelten Modell der Ost-Berliner Stalinallee und des Strausberger Platzes, im Vordergrund die zu den Weltfestspielen 1951 errichtete, 1972 abgerissene Deutsche Sporthalle, März 1953

Zweites Kapitel
Die Stalinallee

»Wäre es nicht schön? Es wäre schön!«

Im Jahr 1951 wurde ein Nationales Aufbauprogramm ins Leben gerufen. Jedermann war aufgerufen, drei Prozent seines Monatseinkommens für die Dauer eines Jahres auf ein Aufbausparbuch einzuzahlen. Dafür gab es drei Prozent Zinsen und zusätzlich ein Los der Aufbaulotterie, in deren Rahmen Zwei- und Drei-Zimmer-Wohnungen sowie Geldbeträge verlost wurden. Der Maurer in weißer Montur und Schirmmütze mit einem Ziegelstein und der Maurerkelle in der Hand war neben dem Traktoristen und dem Stahlarbeiter am glühenden Hochofen beliebte Bildmotive der Plakate.

Stalin, der so viele Menschen in den Tod und ins Vergessen gestürzt hatte, fiel nun selbst einer Damnatio memoriae zum Opfer. Doch wie bei den römischen Caesaren, deren Namen die Nachfolger aus dem Marmor kratzen ließen, blieb Stalins Name in den Bauwerken erhalten, die ihm zu Ehren errichtet worden waren. Die Berliner nannten diesen Teil der Frankfurter Allee mit ihren Arbeiterpalästen seit 1949 »alte Stalinallee«. Und der Name hatte keinen schlechten Klang. Wer hier eine Wohnung mit Parkett, Doppelfenstern und gefliestem Bad bekam, durfte sich glücklich schätzen.

Am 25. November 1951 stellte das Zentralorgan der SED in der Überschrift zum Leitartikel die rhetorische Frage: »Wäre es nicht schön?« und lieferte die mit einem Ausrufezeichen versehene Antwort gleich mit: »Es wäre schön!« Der Rest der großformatigen Titelseite des *Neuen Deutschland* war gefüllt mit einem »Vorschlag des Zentralkomitees der Sozialistischen Einheitspartei Deutschlands für den Aufbau Berlins«. Natürlich war der Begriff Vorschlag in diesem Zusammenhang rhetorisch gemeint. Das Aufbauprogramm für Berlin war zu diesem Zeitpunkt längst beschlossene Sache. Nach einer kurzen und intensiven Diskussionsphase hatte die Parteiführung verfügt, die Stalinallee im Osten der Stadt gigantisch auszubauen. In einem internen Diskussionspapier hieß es: »Die Planung und Rekonstruktion Berlins und der Aufbau im Jahre 1952 sind eine politische Aufgabe von besonderer Bedeutung. Sie schaffen das begeisternde Beispiel des friedlichen Aufbaus und zeigen der Bevölkerung Westberlins und Westdeutschlands, zu welchen Leistungen die Werktätigen fähig sind, die von der Herrschaft der Imperialisten befreit und nicht dem Kommando der anglo-amerikanischen Gouverneure unterworfen sind.«[24]

In dem Aufruf wurde an das Nationalgefühl appelliert: »Die Geschichte zeigt, daß auch das deutsche Volk imstande ist, große Leistungen im Namen der Nation zu vollbringen.«[25] Den Menschen wurden geräumige, moderne Wohnungen in neuen Stadtteilen versprochen. Von »Aufbaufieber« war die Rede, das die Menschen in Ost und West erfassen würde.

Von nun an überschlug sich die Propaganda über den Bau der Stalinallee. In Zeitungen, auf Plakaten und im Rundfunk wurde die Bevölkerung aufgerufen, sich am Aufbauprogramm zu beteiligen. Bereits wenige Wochen nach der öffentlichen Verkündung des Vorschlags der Partei meldete das Nationale Aufbaukomitee zahlreiche Selbstverpflichtungen und Ideen für die Realisierung der hochgesteckten Ziele. In den Kinos lief seit Ende November 1951 der DEFA-Film *Die neue Wohnung,* in dem die Aufbaupläne thematisiert wurden. Überall in der Republik fanden Versammlungen zur Information und zur Propagierung der Spendenaufrufe statt. In Betrieben, Schulen und Wohngebieten wurden Komitees gebildet, die freiwillige Verpflichtungen übernahmen. Die Werktätigen standen Schlange, um die begehrten Aufbausparbücher zu bekommen und drei Prozent ihres Lohnes abzuführen – jedenfalls wurden Pressefotos mit solchen Szenen veröffentlicht. In der anlässlich der Weltfestspiele im Sommer 1951 aus dem Boden gestampften Sporthalle an der Stalinallee öffnete eine Bauausstellung ihre Pforten. Dort konnten die Berliner ein Modell der geplanten Allee bewundern. Die Begeisterung war riesengroß. Auch

Musikschaffende wollten ihren Beitrag leisten und komponierten den »Aufbau-Walzer«, der von nun an oft im Demokratischen Rundfunk zu hören war. »Weit wie der Himmel, hell wie die Sonne schön, baun wir Häuser, schnell solln die Kräne sich drehn. Wir rufen: Hau ruck! Hau ruck! Wir packen zu, und die Häuser erblühn! Hau ruck! Hau ruck! Für unser junges Berlin!«[26]

Einer der von der sowjetischen Besatzungsmacht zur Niederschlagung der Unruhen am 17. Juni 1953 eingesetzten T34-Panzer, Schützenstraße

Drittes Kapitel
17. Juni 1953

Frühsommer in Berlin

Pfingsten fiel 1953 auf den 24. und 25. Mai. Es herrschte herrliches Ausflugswetter, auch wenn am Pfingstmontag Sonnenschein und Regengüsse wechselten. Eine Dampferfahrt über die Seen im Osten der Stadt und ein Besuch in einem der Ausflugslokale gehörten seit jeher zu den beliebten Vergnügungen der Berliner. Für ein Bier, ein Kännchen Kaffee oder ein Stück Kuchen reichte es auch in Notzeiten. 1953 waren solche Verköstigungen bereits markenfrei und für jedermann erschwinglich. Doch gab es in den gastronomischen Einrichtungen der HO auch unerfreuliche Begebenheiten, die geeignet waren, die gute Laune zu verderben. In erstaunlicher Offenheit berichten darüber die in den Zeitungen abgedruckten Leserbriefe: »Bei dem schönen Pfingstwetter war vorauszusehen, daß das ›Alte Eierhaus‹ viele Besucher haben würde«, schrieb ein empörter Gast. »Trotzdem war Bier nur mit Schwierigkeiten zu bekommen, da Gläser fehlten. Später gab es überhaupt keins mehr. Die Bedienung war schlecht, da zu wenig Kellner eingesetzt waren. Unsaubere Tische und ungestrichene Stühle trugen dazu bei, einem das Pfingstfest zu vermiesen. Kaffee war wegen Geschirrmangel nicht erhältlich, und die angekündigte Möglichkeit, ›Familien können Kaffee kochen‹, erwies sich als Illusion, sofern Mutter keine Kaffeekanne von zu Hause mitgebracht hatte.«[27] Charlotte S. aus Berlin N 4 – N stand für Norden, das Postamt N 4 befand sich am Nordbahnhof – schrieb an die *Berliner Zeitung:* »Das so schön gelegene Lokal ›Haus am Flakensee‹ machte einen schmutzigen, ungepflegten Eindruck. Ein recht salopp aussehender, unfreundlicher Kellner meinte zu einer Familie, die vor mir das Lokal betrat: ›Haben Se Ihre Stull'n bei sich? Denn müssen Se sich in' Jarten setzen und sich allene bedienen! Ick bediene Ihn' da nich. Bloß uff de Terrasse.‹ Tische und Stühle waren kaum sauber abgewischt, keine Gartendecke zierte sie. Alles sah schmutzig und unfreundlich aus, wie eben aus einer Ecke hervorgeholt.«[28]

Doch es ging nicht nur um unfreundliche Kellner und schmuddelige Tischdecken. Die neueste Kampagne der SED war 1953 die Wahl von Hausgemeinschaftsleitungen, die überall im »demokratischen Sektor« von Berlin kleine Zellen der Aufbaubewegung bilden sollten. Um dies durchzusetzen, schwärmten SED-Funktionäre aus, die ihrer Aufgabe aber offenbar sehr lustlos nachgingen. Dazu äußerte sich ein Zeitungsleser: »Erwartungsvoll hatten sich am Montagabend die Bewohner des Hauses Dunckerstraße 83 im Hausflur versammelt, um ihre Hausgemeinschaftsleitung zu wählen. ›Wo bleibt die Magermilch?‹ – ›Warum gibt es so wenig Käse?‹ – ›Weshalb ist das Gemüse noch rar und teuer?‹ So fielen die Fragen schnell hintereinander. Die Antworten kamen genauso rasch (...), aber auf jeden Fall hat es der Referent W. unterlassen, der Aussprache ein höheres Niveau zu geben und die Hausbewohner an die brennenden Fragen der deutschen Nation heranzuführen.«[29]

Der kommende Ärger deutete sich bereits an. Doch niemand sah das frühsommerliche Unwetter vorher, das in den folgenden Tagen über die DDR hereinbrechen sollte – weder die sonst allwissende Staatssicherheit noch die Funktionäre der SED. So glich es einem Donnerschlag, als am 11. Juni 1953 die Zeitungen der DDR ein Kommuniqué des Politbüros des Zentralkomitees der SED veröffentlichten.

Der Neue Kurs

Die SED-Führung war für den 2. Juni 1953, nach Stalins Tod am 5. März 1953, nach Moskau beordert worden. Dort konfrontierten die neuen Kremlherrscher Ulbricht, Pieck, Grotewohl und Fred Oelßner mit einer außerordentlich scharf formulierten Kritik. Sie betraf fast alles, was die SED seit der 2. Parteikonferenz im Juli

1952 auf den Weg gebracht hatte: den einseitigen Ausbau der Schwerindustrie auf Kosten der Produktion von Verbrauchsgütern, die Benachteiligung des Mittelstandes, die Vertreibung der Bauern durch die Gründung von Landwirtschaftlichen Produktionsgenossenschaften (LPG) und den Feldzug gegen junge Christen. Die Sowjetführung diktierte ihren kleinlauten ostdeutschen Lakaien eine Entschließung in die Feder, die sie zu Hause im Politbüro zu beschließen und zu veröffentlichen hatten. Dies geschah am 11. Juni 1953.

Erstmals in ihrer Geschichte räumte die Partei, die einem Lied mit dem Text von Louis Fürnberg zufolge immer recht hat – »Die Partei, die Partei, die hat immer recht ...« –, ausdrücklich »eine Reihe von Fehlern« ein. Die Versorgung der Bevölkerung sollte verbessert, die Maßnahmen gegen den Mittelstand zurückgenommen werden. In den Westen geflohene Bauern könnten zurückkehren und würden sogar ihr Eigentum zurückerhalten; Westreisen sollten erleichtert werden; wegen ihres christlichen Glaubens von den Oberschulen und Universitäten relegierte Schüler und Studenten könnten in die Bildungseinrichtungen zurückkehren und die versäumten Prüfungen nachholen. Die Preiserhöhungen für Marmelade, Kunsthonig und andere Süßwaren wurden zurückgenommen.

An alles war gedacht worden, nur eine Kleinigkeit fehlte. Von den im Mai beschlossenen Arbeitsnormerhöhungen war in dem Kommuniqué vom 11. Juni 1953 keine Rede. Dies sollte der Funken im Pulverfass sein, der eine Explosion von gewaltiger Sprengkraft auslöste.

Baustelle Krankenhaus Friedrichshain

Am Freitag, dem 12. Juni 1953, fanden auf den Berliner Baustellen Belegschaftsversammlungen statt – auf einigen wurde die Normenerhöhung mehrheitlich beschlossen. Dort, wo die Funktionäre auf Widerstand stießen, vertagten sie die Entscheidung. Die Verunsicherung der Vorgesetzten und der Funktionäre war beträchtlich, und in der Führungsetage des SED-Apparates herrschte Schweigen. Angesichts dieser Situation brach sich die lange aufgestaute Wut der Arbeiter Bahn – sie wagten Dinge, die noch einige Tage zuvor undenkbar waren.

Wie sich aus späteren Untersuchungen der Staatssicherheit ergab, wurde auf der Baustelle Krankenhaus Friedrichshain bereits am 12. Juni über einen Streik diskutiert. Dies meldete Gewerkschaftssekretär Max Fettling ordnungsgemäß nach oben, doch entweder herrschte in der Verwaltung des Baubetriebes bereits Wochenendstimmung oder die Verunsicherung war so groß, dass die brisante Meldung nicht weitergereicht wurde. Jedenfalls blieben die Dinge liegen, und am nächsten Tag, am Sonnabend, dem 13. Juni, fand die lange geplante Dampferfahrt der Bauarbeiter vom VEB Industriebau Berlin statt.

Bereits am 23. Mai hatte die Gewerkschaftsleitung bei der Weißen Flotte zwei Dampfer gebucht. Der Termin stand seit dem 12. Mai fest. Es war eine fünfköpfige Kommission gebildet worden, welche die Vorbereitung der Dampferfahrt in die Hand nahm. Von jedem Teilnehmer wurden drei Mark für die Fahrt einschließlich Speisen und Getränke kassiert. Dazu gab es einen Zuschuss des FDGB in Höhe von 1050 Mark und weitere 350 Mark für eine kleine Kapelle und einen Akkordeonspieler.

Um 7.30 Uhr ging es am Sonnabend bei strahlendem Sonnenschein von der zentralen Anlegestelle am S-Bahnhof Jannowitzbrücke los. Die 500 bis 600 Mitarbeiter des VEB Industriebau und ihre Familien verteilten sich auf die beiden Motorschiffe »Seid bereit!« und »Triumph«. Dass die späteren Wortführer der Streikbewegung absichtlich auf einem Ausflugsdampfer zusammenkamen, ist eine nachvollziehende Fiktion der Staatssicherheit, die nach einer Verschwörung suchte, die es allerdings nicht gab. Von Planung oder Organisation konnte bei dem spontanen Ausbruch des Unwillens der Bauarbeiter keine Rede sein.

Zunächst fuhren die beiden Motorschiffe die Spree entlang, vorbei an Oberschöneweide, Köpenick und Friedrichshagen bis zum Müggelsee, an dessen Südufer sich die Ausflugsgaststätte »Rübezahl« befand. Am Nachmittag wurde an einigen Tischen heftig politisiert und wohl auch tief ins Bierglas geschaut. Gegen 19 Uhr stieg der Brigadier Alfred Metzdorf auf den Tisch und verkündete lautstark: »Kollegen, wir gehen am Montag um 7 Uhr nicht aus den Baubuden. Wir streiken.« Einer der Teilnehmer sagte während seiner Vernehmung durch das Ministerium für Staatssicherheit (MfS) aus: »Durch die umstehenden Kollegen wurde Metzdorf sofort vom Tisch gezogen und am Weitersprechen gehindert. Ebenso ertönten Zurufe der Empörung über das Verhalten des Metzdorf.«[30] Andere Teilnehmer hatten von dem Vorfall nichts bemerkt oder wollten sich während der Vernehmungen nicht erinnern. Gegen 20 Uhr erfolgte die Rückfahrt mit den beiden Dampfern. Um 21.30 Uhr erreichte man die Anlegestelle Jannowitzbrücke, und die Kollegen begaben sich nach Hause.

Der Zug der Bauarbeiter

Am Montagmorgen spitzte sich die Situation auf der Baustelle des Krankenhauses Friedrichshain zu. Um 7 Uhr versammelten sich die Arbeiter wie angekündigt in der Baubude und forderten die Einberufung einer Versammlung. Alfred Metzdorf soll sich bei dieser Gelegenheit noch einmal lautstark hervorgetan haben. Daraufhin wurde für 9 Uhr eine Belegschaftsversammlung einberufen. Max Fettling versuchte seiner eigenen Schilderung nach, die Leute zu beruhigen, und schlug vor, zwei, drei Tage zu warten, bis die neuen Regierungsbeschlüsse vorliegen. Doch währenddessen rief der Materialverwalter auf anderen Baustellen an, um über den Streik zu informieren. Gegen 8 Uhr tauchten zwei Mitglieder der Betriebsgewerkschaftsleitung (BGL) von der Baustelle Staatsoper auf und erklärten, ihnen sei zu Ohren gekommen, hier werde gestreikt. Auch vom Block 40 der Stalinallee und dem VEB Berliner Metallhütten und Halbzeugwerke (BMHW) in der Schnellerstraße waren Vertreter anwesend.

Den Aussagen Max Fettlings bei der Vernehmung durch die Stasi zufolge stellte sich folgende Situation dar: »Die Brigadiere teilten mit, daß die Brigaden nicht arbeiten wollen und eine

Betriebsversammlung verlangen, an der die Betriebs- und Bauleitungen und Vertreter vom FDGB-Kreis Friedrichshain teilnehmen sollten. In der Produktionsbesprechung wurde beschlossen, die Betriebsversammlung für 9 Uhr einzuberufen. Zunächst sprachen Roepke und Sprafke über die Normerhöhung und forderten zur Aufnahme der Arbeit auf. Dann sprach der Sekretär der IG Bau-Holz Kreis Friedrichshain, Bienicke. Von ihm forderten die Bauarbeiter, daß er Maßnahmen treffen solle, daß die zehnprozentige Normerhöhung rückgängig gemacht werden solle, was Bienicke ablehnte. Daraufhin forderte ein Bauarbeiter, daß ich eine Resolution verfassen solle, sie der Versammlung vorlegen und damit zur Regierung gehen solle. Darauf ging ich mit der BGL zum Kulturraum, wo sich Mitglieder des SED-Kreissekretariats Friedrichshain befanden. Einer der SED-Funktionäre, Baum, formulierte dann eine Resolution an den Ministerpräsidenten, in der gebeten wurde, die zehnprozentige Normerhöhung zurückzunehmen. Die Resolution wurde der Versammlung vorgelegt. Die Resolution wurde abgelehnt, weil darin vorgesehen war, daß der Ministerpräsident sich innerhalb von vier Tagen äußern solle. Es wurde verlangt, daß die Antwort bis zum nächsten Morgen erfolgen solle und das Wort ›bitten‹ gestrichen und an dessen Stelle ›fordern‹ geschrieben wird.«[31]

Äußerlich gleicht die im Archiv überlieferte Resolution unzähligen anderen Amtsschreiben. Im Briefkopf ist als Absender vermerkt »VEB Industriebau – Baustelle Bettenhaus Friedrichshain«, dazu die Adresse mit Fernsprechnummer und das Datum vom 15. 6. 1953. Dann heißt es: »Wir Kollegen der Grossbaustelle vom VEB-Industriebau wenden uns an Sie, Herr Ministerpräsident, mit der Bitte, von unseren Sorgen Kenntnis zu nehmen. Unsere Belegschaft ist der Meinung, dass die 10%ige Normenerhöhung für uns eine große Härte ist. Wir fordern, dass von dieser Normenerhöhung auf unserer Baustelle Abstand genommen wird. Wir haben aus dem Ministerrats-Beschluss zur Kenntnis genommen, dass alle republikflüchtigen Grossbauern und Gewerbetreibenden ihr Eigentum zurückerhalten werden, so dass wir Werktätigen demzufolge unsere Normen, wie sie vorher bestanden, beibehalten wollen. In Anbetracht der sehr erregten Stimmung der gesamten Belegschaft fordern wir, zu diesen schwerwiegenden Punkten unverzüglich befriedigend Stellung zu nehmen und erwarten Ihre Stellungnahme bis spätestens morgen Mittag. Für die Belegschaft der Baustelle: B.G.L.«[32]

Darunter befinden sich die Unterschrift Max Fettlings und der blaue Stempel der Betriebsgewerkschaftsleitung des VEB Industriebau sowie die Adresse: »An den Minister-Präsidenten Otto Grotewohl, Berlin W. Leipziger Strasse«.

Es wurde beschlossen, die Resolution dem Ministerpräsidenten durch eine Delegation der Arbeiter zu überbringen. Der Abordnung gehörten neben Max Fettling der Brigadier Kurt Bluhm, der Bauarbeiter Rathey und ein namentlich nicht bekannter Maurer an. Materialverwalter Rösner, der gleichzeitig Einsatzleiter für Kraftfahrzeuge war, stellte einen kleinen dreirädrigen Lieferwagen zur Verfügung. Gegen 13.15 Uhr machte sich die vierköpfige Delegation auf den Weg und erreichte um etwa 14 Uhr das Haus der Ministerien in der Leipziger Straße, Ecke Wilhelmstraße. Sie fragten beim Pförtner nach dem Büro des Ministerpräsidenten und erhielten die Auskunft, sie mögen den Eingang Potsdamer Platz benutzen. Die Delegation meldete sich bei der Einlasskontrolle. Nach kurzem Telefonat erklärten die Mitarbeiter des Wachschutzes, die Bürger könnten nicht vorgelassen werden, da sich der Herr Ministerpräsident nicht im Hause befinde. Doch die Delegation der Bauarbeiter wollte sich nicht so einfach wegschicken lassen. Nach weiteren Telefonaten führte ein Mann vom Wachschutz die Arbeiter über den Hof in ein Zimmer im zweiten Stock. Dort wurden sie von zwei Mitarbeitern des Ministerpräsidenten empfangen. Es handelte sich um den damals erst 22-jährigen Genossen Ambré und die nur etwas ältere Genossin Plaschke. Beide schilderten in einem nach den Ereignissen erstellten ausführlichen Bericht das Gespräch mit den Arbeitern.[33] Sie nahmen den Brief der Gewerkschaftsleitung entgegen und unterhielten sich etwa zwei Stunden mit den Arbeitern. Die vier Bauarbeiter erklärten noch einmal ihr Anliegen, und die Mitarbeiter des Ministerrates machten sich Notizen.

Obwohl im Laufe des Nachmittags weitere Nachrichten von Arbeitsniederlegungen im Büro des Ministerpräsidenten eintrafen, scheiterten am 15. Juni alle Versuche, den Ministerpräsidenten oder Oberbürgermeister Friedrich Ebert zu erreichen. Die Genossen Ambré und Plaschke informierten zwar ihren Vorgesetzten Tzschorn, doch dieser war der Meinung, die Verantwortung liege beim Magistrat von Berlin. Auch die Bezirksleitung der SED erklärt sich für nicht zuständig. Immerhin wurde der verantwortliche Genosse vom Ministerium für Bauwesen informiert. Dieser versprach, am folgenden Morgen einige Instrukteure auf die Baustelle zu schicken. Dennoch blieben alle Warnungen bei untergeordneten Instanzen hängen. So verstrich das Ultimatum der Arbeiter, ohne dass die Regierung den Versuch unternahm, das schwelende Feuer auszutreten.

Streik

Am Morgen des 16. Juni 1953 erschien der Vorsitzende des Zentralvorstandes der IG Bau-Holz begleitet von 15 Instrukteuren auf der Baustelle des Krankenhauses Friedrichshain und erklärte, dass an dem Beschluss des Ministerrates der DDR zur Erhöhung der Normen nicht zu rütteln sei, allerdings sei die Art der Durchführung des Beschlusses auf dieser Baustelle nicht richtig gewesen. Er befand sich mit diesen Äußerungen auf der politischen Linie des Artikels im *Neuen Deutschland* vom Sonntag, dem 14. Juni: »Es ist Zeit, den Holzhammer beiseite zu legen.« Die Grundtendenz dieses Berichts über die Stalinallee lautete: Die Normensteigerung sei notwendig, dürfe aber nicht »mit dem Holzhammer« durchgesetzt werden. Insofern gebe es, so meinten die FDGB-Funktionäre, keinen Grund mehr zur Arbeitsverweigerung. Zur selben Zeit tagte die Bezirksleitung der SED von Groß-Berlin. Sie schlug die Rücknahme der Normenerhöhung vor und wendete sich an das Politbüro, das sich im Laufe des Vormittags dieser Ansicht anschloss. Über Rundfunk und Lautsprecherwagen sollte die Mitteilung in der Bevölkerung verbreitet werden. Doch es war zu spät. Inzwischen waren die Ereignisse auf den Baustellen Berlins eskaliert.

Die Bauleitung verfügte, die Tore der Baustelle des Krankenhauses zu schließen, um die Arbeiter daran zu hindern, den Arbeitsplatz zu verlassen. Doch die Maßnahme erreichte das Gegenteil: Auf der Baustelle des Blocks 40 an der Stalinallee verbreitete sich die Nachricht, die Kollegen seien eingesperrt, und man zog los, um sie zu »befreien«. So geschah es. An normale Arbeitsabläufe war nicht mehr zu denken. Die Frist, die die Arbeiter Otto Grotewohl gestellt hatten, war abgelaufen. Auf die Rückseite eines Transparents, das am 1. Mai dem Demonstrationszug vorangetragen worden war, schrieben die Arbeiter: »Wir fordern Normensenkung«. Dann formierte sich auf dem Baustellengelände ein Demonstrationszug von ungefähr 2000 Arbeitern und marschierte, das Transparent vorantragend, die Stalinallee entlang zum Haus der Ministerien in der Leipziger Straße. Die Arbeiter riefen: »Kollegen, reiht euch ein! Wir wollen freie Menschen sein!« Arbeiter von der Baustelle Staatsoper und Tausende Berliner schlossen sich dem Zug an.

Der Aufstand

Was nun folgte, ist oft erzählt worden. Vor dem Haus der Ministerien bildete sich eine große Menschenmenge, die Grotewohl zu sprechen wünschte. Industrieminister Fritz Selbmann kletterte auf einen Tisch und versuchte, die Arbeiter zu beruhigen, wurde aber niedergeschrien. Dann stieg ein Bauarbeiter in weißer Kluft auf den Tisch und meinte, es gehe nicht mehr allein um die Normen, sondern um den Rücktritt der Regierung. Er forderte für den nächsten Tag zum Generalstreik auf. Während des Rückmarsches bemächtige sich der Zug der Bauarbeiter am Rosenthaler Platz eines Lautsprecherwagens der FDJ, über den bis zum Strausberger Platz zum Generalstreik aufgerufen wurde.

Viel diskutiert wurde in den folgenden Jahren die Rolle des RIAS in diesen entscheidenden Stunden. Er war eine wichtige

Informationsquelle der Ost-Berliner und darüber hinaus in der gesamten DDR. Entsprechend groß war der Hass der SED auf diese Sendeanstalt, die als Agentenzentrale bezeichnet wurde. Die Ironie der Geschichte wollte es, dass der RIAS gleichzeitig ins Visier amerikanischer »Kommunistenfresser« geriet, die den Sender linker Tendenzen verdächtigten. Um dies zu überprüfen, befand sich in jenen Tagen eine Abordnung aus Washington im Haus des RIAS am Kufsteiner Platz in Berlin-Schöneberg.

Dorthin hatte sich eine Gruppe der Bauarbeiter von der Stalinallee begeben. Sie forderten, dass die Streikparolen über den Sender gehen sollten. Dies geschah nicht, doch berichtete der RIAS ab 18.30 Uhr in den stündlichen Nachrichten über die Vorgänge im Ost-Berlin. Zudem gab es Kommentare zu den Ereignissen, die eher versuchten abzuwiegeln, als Öl ins Feuer zu gießen. »Verlangt das Mögliche«, hieß es in einem Kommentar. In einem anderen fiel die Bemerkung: »Tretet der Bewegung der Ostberliner Bauarbeiter (...) bei und sucht eure Strausberger Plätze überall auf!« Das wurde später von der DDR-Propaganda als Aufruf zur Rebellion interpretiert.

In der Nacht kam es in mehreren Berliner Betrieben zu Arbeitsniederlegungen. Zu Beginn der Frühschicht am 17. Juni 1953 traten in Tausenden Betrieben des Landes die Belegschaften in den Streik, zogen in die Stadtzentren, versuchten, die Gefängnisse der Staatssicherheit zu stürmen, und verwüsteten Dienststellen der Partei. In einigen Städten ergriffen die Streikkomitees regelrecht die Macht.

In Berlin bot sich im Grunde das gleiche Bild wie überall in der DDR. Als die Menschen auf dem Weg zur Frühschicht oder zum Dienstbeginn waren, hatten die meisten schon im RIAS von den Ereignissen gehört. Die Frühschicht nahm in vielen Betrieben die Arbeit nicht auf, und die Mitarbeiter versammelten sich, um die Lage zu diskutieren. Besonnene Gewerkschaftsfunktionäre mahnten zur Ruhe. Zunächst sollten Streikkomitees gebildet, die Forderungen gesammelt und zu Papier gebracht werden. Doch die Lawine war nicht mehr aufzuhalten. Seit 6 Uhr sammelte sich auf dem Strausberger Platz eine riesige Menschenmenge. Die großen Betriebe im Osten der Stadt streikten. Alles strebte in Richtung Zentrum. Die Bewegung war von elementarer Wucht, aber sehr diszipliniert. Nirgendwo kam es zu Gewalttätigkeiten. Die Vertreter der SED wurden einfach zur Seite geschoben. Auch die Volkspolizei unternahm keine Versuche, ins Geschehen einzugreifen.

Aus der Bewegung für bessere Arbeitsbedingungen war innerhalb weniger Stunden ein Volksaufstand geworden. Die Massen forderten den Rücktritt der Regierung und freie Wahlen. Die Tatsache, dass der Ministerrat die Normerhöhung bereits am Nachmittag des 16. Juni zurückgenommen hatte, spielte keine Rolle mehr.

Als sich im Stadtzentrum von Berlin eine unübersehbare Menschenmasse gesammelt hatte, wurde die Führungslosigkeit deutlich. Was sollte geschehen? Jetzt fehlte es auch nicht an Radaubrüdern, die ihre Wut gegen die Symbole der SED-Herrschaft richteten. Jugendliche holten die rote Fahne vom Brandenburger Tor und versuchten sie anzustecken, was misslang, da das Fahnentuch nach einem Gewitterguss klitschnass war. Nun aber fielen scharfe Schüsse. Sowjetische Soldaten eröffneten das Feuer auf die Menschen, die auf das Brandenburger Tor geklettert waren, um dort eine Berlinfahne hochzuziehen. So blieb das weiße Banner mit den roten Streifen und dem schwarzen Bären auf Halbmast stehen.

Gegen Mittag erreichten sowjetische Panzer das Stadtzentrum und fuhren mit ohrenbetäubendem Getöse die Straße Unter den Linden entlang. Ein Demonstrant kam unter die Panzerketten. Der Aufstand forderte das erste Todesopfer. In der Leipziger Straße gaben die Sowjetsoldaten scharfe Schüsse ab. Die Menschen rannten in Panik über die Sektorengrenze. Andere stellten sich den Panzern entgegen. Doch was können Steinwürfe und Holzlatten gegen die geballte Macht der Roten Armee bewirken. Seit 13 Uhr herrschte im sowjetischen Sektor von Berlin der Ausnahmezustand. Die Sowjetsoldaten sperrten die Sektorengrenze ab, an den zentralen Punkten der Stadt standen gepanzerte Fahrzeuge und Geschütze, überall zogen Posten auf, die wie in Kriegszeiten ihr

Lager auf der Straße aufschlugen. Als sich der regnerische Frühsommertag dem Ende zuneigte, war der Aufstand in Berlin zusammengebrochen.

Ein Menetekel für die SED-Diktatur

Die Tatsache, dass die demokratische Massenbewegung im Juni 1953 von den Bauarbeitern der Stalinallee und benachbarter Baustellen ausging, war von kaum zu überschätzender symbolischer Bedeutung für den Gang der Ereignisse und für deren spätere Rezeption.

Für alles andere hätte die SED-Propaganda Begründungen finden können. Hätten die Studenten rebelliert, wären sie verzogene Bürgersöhnchen und arrogante höhere Töchter gewesen, denen der intellektuelle Hochmut zu Kopfe gestiegen war. Wären es die Kleinbürger gewesen, hätte sich in den Augen der Ideologen einmal mehr die marxistische Theorie des Klassenkampfes bestätigt. Wäre die Bewegung aus der Kirche gekommen, wäre dies dem Staat willkommener Anlass gewesen, die Daumenschrauben gegen den »reaktionären Klerus« anzuziehen. Aber ausgerechnet die Bauarbeiter der Stalinallee – das ging mitten ins Herz. Nie wieder ist die Theorie von der Herrschaft der Arbeiterklasse im Sozialismus überzeugender und nachhaltiger widerlegt worden als von den Ost-Berliner Bauarbeitern.

Einige Tage nach den Ereignissen schrieb der Arbeiterdichter Kurt Barthel alias Kuba einen Aufruf, der als Flugblatt verteilt und im *Neuen Deutschland* abgedruckt wurde: »Sonnengebräunte Gesichter unter weißleinenen Mützen, muskulöse Arme, Nacken – gut durchwachsen, nicht schlecht habt Ihr Euch in Eurer Republik ernährt. Man konnte es sehen. Vierschrötig kamt Ihr daher. Ihr setztet Euch in Marsch, um dem Ministerium zu sagen, daß etwas nicht stimmt. Es stimmte etwas nicht, nämlich im Lohnbeutel; dagegen setzt man sich zur Wehr, das ist richtig. Dazu hattet Ihr Euer gutes, durch Gesetze festgelegtes Recht auf freie Meinungsäußerung. Ein wenig wachsamer hättet Ihr zwar sein können. Was hat schließlich ein amerikanisches Auto bei einer Demonstration Berliner Bauarbeiter zu suchen? (...) Ihr zogt in schlechter Gesellschaft durch die Stadt. Ihr zogt mit dem Gesindel, das von den großen Weltbrandstiftern gedungen, schon die Benzinflaschen in der Tasche trug, mittels denen sie morgen Eure Baugerüste anzünden würden.«[34]

Bertolt Brecht verfasste daraufhin sein giftiges Epigramm »Die Lösung«, in der er das viel zitierte Wort von der Regierung aussprach, die sich ein neues Volk suchen möge.[35] Doch er ließ das Gedicht unveröffentlicht in der Schublade liegen. Es wurde erst nach seinem Tod bekannt und 1964 im Westen publiziert. In der DDR erschien das Gedicht erst 1969 als Teil der *Buckower Elegien.*

Hochbetrieb im Ausflugslokal »Zenner« im Treptower Park, 1. Mai 1955

Viertes Kapitel
Alltag in der Viersektorenstadt

Nach dem Aufstand

Die SED-Führung zog aus dem Aufstand vom 17. Juni 1953 ihre Schlussfolgerungen. Einerseits verstärkte sie den Sicherheitsapparat – nie wieder sollte die Staatsmacht derartig vom Unwillen des Volkes überrascht werden. Andererseits kam sie den Bedürfnissen der Bevölkerung nun in stärkerem Maße entgegen, jedenfalls soweit es die ökonomischen Ressourcen erlaubten. Wenigstens eine Zeit lang waren Kritik und Selbstkritik gefragt. Auch Humor und Satire sollten helfen, Hemmnisse beim Aufbau des Sozialismus zu überwinden. Am Bahnhof Friedrichstraße eröffnete am 2. Oktober 1953 das Kabarett »Die Distel« mit dem Programm *Hurra! Humor ist eingeplant!* seine erste Spielzeit. Über die Eröffnung eines Kabaretts war allerdings bereits seit 1952 nachgedacht worden.

Auch das satirische Stück *Shakespeare dringend gesucht* von Heinar Kipphardt war schon vor dem 17. Juni fertig. Am 28. Juni wurde es in den Kammerspielen des Deutschen Theaters uraufgeführt, und Henryk Keisch schrieb begeistert im *Neuen Deutschland:* »Die aufgeblasenen Pfuscher, die sich spreizenden Dilettanten, die Handelsreisenden in Zeitgeist, all die üblen Bürokraten unserer guten Sache werden zerrupft und zerrissen, verprügelt und blamiert, daß es nur so eine Art hat.«[36] Ob es auch in der SED-Führung Pfuscher, Dilettanten und Bürokraten gab, mag sich der Leser angesichts solchen Überschwangs gefragt haben. Doch die Grenzen zwischen vorwärtsweisender Kritik und staatsfeindlicher Hetze waren in der DDR fließend.

Die vorsichtigen Änderungen hatten durchaus Folgen im Alltagsleben, die in Berlin besonders sichtbar waren, kam hier doch das Bestreben hinzu, dem Westen ein Schaufenster der blühenden

Republik zu bieten. Der pseudoproletarische – in Wirklichkeit kleinbürgerlich-provinzielle – Puritanismus verschwand allmählich aus der Alltagskultur. Man billigte den Menschen zu, sich nach Feierabend zu amüsieren, schicke Kleidung und andere Verbrauchsgüter zu erwerben und in der Freizeit ein bisschen Spaß zu haben.

Vorwärts ins sozialistische Nachtleben

Im Januar 1954 verabschiedete die Bezirksleitung der SED einen Beschluss mit dem Titel: »Unser Berlin, voran im neuen Kurs«.[37] Die Handelsorganisation (HO) richtete nun in fast allen Stadtbezirken Nachtlokale ein und beschloss, die Öffnungszeiten der Gaststätten zu verlängern, »um den Werktätigen an allen Tagen der Woche Gelegenheit zu geben, bei Tanz und Unterhaltung Entspannung zu finden«.[38] Laut einer Werbung der *Berliner Zeitung* öffnete das Lokal »Rheinterrassen« in der Friedrichstraße nun jeden Tag – besser gesagt: jede Nacht – von 20 bis 4 Uhr morgens. Im Gebäude des Friedrichstadtpalastes wurden das Nachtlokal »Casino« und die Tanzgaststätte »Melodie« eröffnet. Einige Schritte weiter am Schiffbauerdamm blieb das Speiserestaurant »Ganymed« nunmehr bis 3 Uhr morgens offen, ebenso die »Bärenschenke« und der »Meisterkrug« in der Wilhelm-Pieck-Straße. Das Tanzcafé »Clou« in der Chausseestraße sollte sogar bis 5 Uhr morgens geöffnet haben. Wollte man den Werktätigen die Möglichkeit geben, direkt von dort zur Schicht zu fahren?

Doch die eigentliche Sensation war die Ankündigung, dass ein Vertrag mit der Deutschen Konzert- und Gastspieldirektion es schon in der laufenden Woche ermöglichen sollte, in den genannten gastronomischen Einrichtungen bekannte Künstler mit 30-minütigen kabarettistischen Einlagen zu erleben. Bisher waren die Kellner und das Küchenpersonal für kabarettistische Einlagen zuständig, werden sich die erstaunten Zeitungsleser gedacht haben.

Auch der Satiriker Henryk Keisch konnte davon ein Lied singen. Im kalten Januar 1954 begab er sich auf Entdeckungsfahrt durch das Ost-Berliner Nachtleben. Er fasste nach seinem späten Feierabend den kühnen Entschluss, »seine Eingeweide mit einigen Kaffees aufzutauen sowie sie mittels zweier Schnäpse wieder funktionsfähig zu machen«, wie er in einem Beitrag für die *Weltbühne* schrieb.[39] »So betritt er frohen Mutes den anheimelnden Tokaier-Keller des Restaurants ›Budapest‹ an der Stalinallee. Hier ist es warm und lustig. Ein trefflicher Rastplatz für Nachtwanderer. Zwar sind die Herren Oberkellner streng und unnachsichtig, aber nicht unaufmerksam. Liebevoll beobachten ihrer zwei, wie er mit klammen Fingern einen Teelöffel aufzuheben trachtet, der ihm unter den Tisch gefallen ist. Glücklicherweise gelingt es ihm nach fünf Minuten, den Ausreißer wieder nach oben zu holen; und befriedigt entfernen sich die beiden Beobachter-Kellner.« Dann will er ein Bier bestellen und wird darauf hingewiesen, hier sei ein Tokaier-Keller und kein Bier-Keller.[40] Auch der Hinweis, er habe neulich erst ein Bier hier getrunken, hilft ihm nicht. »Ja neulich! Abends! Aber nicht nachts. Schlag zwölf Uhr wird der Bierhahn abgesperrt. Denn von dieser Stunde ab sollten die Gäste froh sein, überhaupt noch ein Lokal gefunden zu haben, das sie aufnimmt. Und dann wollen sich die Kerle auch noch Bier aussuchen! Das würde ja an Anarchie grenzen.«[41] Weiter geht die nächtliche Expedition durch die Unwägbarkeiten der hauptstädtischen Gastronomie: »Am Bahnhof Friedrichstraße leuchtet freundlich ein Licht. Die Mitropa-Gaststätte heißt den Ahasver des Berliner Nachtlebens aus der Ferne willkommen. Im Eingang hat ein gutes Dutzend Eisenbahner Aufstellung genommen, um Schneidern voller Mißtrauen darüber zu befragen, was er hier wolle. Großes Erstaunen bei den Kontrolleuren, als er von Kaffee spricht. Ob er denn eine Fahrkarte habe? Nein, aber es sei doch reichlich Platz im Restaurant! Das täte nichts zur Sache; entweder er hätte eine Fahrkarte, oder er möge sich gefälligst den Hintern abfrieren. Hierauf hat er die Kühnheit, dunkel anzudeuten, er sei eine staatswichtige Einrichtung, und er wird eingelassen. Drinnen herrscht strenge Prohibition, die erst jeweils um acht Uhr früh aufgehoben wird.«[42] Der genervte Nachtschwärmer kauft sich an einem Kiosk – inzwischen ist es schon früher Morgen – ein Reisefläschchen Quedlinburger Branntwein. Doch nun bricht ein Unwetter über ihn herein. »Es naht die Kellnerin, unheilschwangeren Blicks, mustert ihn wie einen mittelschweren Sittlichkeitsverbrecher und sagt: ›Das kommt ja nun *gar nicht* in Frage!! Sie sind beobachtet worden. (...) Nee, nee, nee! Damit wolln wir erst gar nich anfangen!! Sie haben ja schließlich dieses Schild hier gelesen, nicht wahr!!!!‹ Und sie deutet auf ein Schildchen an der Wand, das auch hier Abstinenz gebietet.«[43] So wurde der *Weltbühnen*-Redakteur Henryk Keisch von der »Kneipen-Kommandantin«, wie er sie nennt, zu früher Stunde abgekanzelt.

Chi-Chi

Auch an die Vergnügungen der kleinen Leute, die weder Zeit noch Geld hatten, sich morgens um fünf mit Kellnerinnen herumzuärgern, wurde gedacht. Am 12. August 1958 meldete das *Neue Deutschland:* »Die schöne Umgebung Berlins war auch am vergangenen Sonntag das Ziel Tausender erholungsuchender Berliner. Die ›Weiße Flotte‹ zählte, wie bereits vor acht Tagen, etwa 25000 Fahrgäste. Im Strandbad Müggelsee tummelten sich etwa 3000 Badelustige bei einer Wasser- und Lufttemperatur von 24 Grad. Der Bambusbär ›Chi-Chi‹, der attraktive Gast des Berliner Tierparks, konnte sich der vielen Besucher kaum erwehren. Über 25000 Berliner besuchten den Tierpark und standen zeitweise in langer Schlange vor dem Gehege des schwarzweißen Teddys, um ihm im Schaumbad, bei den Mahlzeiten oder beim Spiel zuzusehen.«

Die Pandabärin Chi-Chi absolvierte seit dem 2. August 1958 einen Gastaufenthalt im Tierpark Berlin-Friedrichsfelde. Das exotische Tier gehörte einem Österreicher, der es durch die Zoologischen Gärten der Welt schleppte. Doch das süße Bärenfräulein brachte auch eine politische Botschaft in das vom Kalten Krieg zerrissene Berlin. Mit der Begründung, sie stamme aus Rot-China, hatten ihr die US-amerikanischen Behörden die Einreise verweigert. So fand der umtriebige Schausteller die Zeit, das Tier in

Berlin-Friedrichsfelde zu präsentieren. Chi-Chi war laut Presseberichten eines von insgesamt vier in Gefangenschaft lebenden Exemplaren der streng geschützten Art. Die Bärin war mit einer Tu-104 von Peking nach Moskau und von dort mit der Lufthansa der DDR nach Berlin-Schönefeld transportiert worden. Botanische Gärten in der DDR sorgten mit zarten Bambusspitzen für ihre Nahrung. Doch da das nicht ausreichte, kamen zusätzliche grüne Blättchen per Flugzeug aus Peking.

Die Berliner strömten nach Friedrichsfelde in Prof. Dr. Heinrich Dathes Reich, um den Gast aus China zu bewundern. »Unter einer Riesenwolke weißen Seifenschaums war gestern früh der Bärenzwinger im Friedrichsfelder Kinder-Tierpark fast bedeckt. Mit tollem ›Hallo‹ und viel Aufwand nahm der derzeit prominenteste Tierpark-Gast Chi-Chi sein allwöchentliches Bad in einem Waschzuber. Und obwohl Chi-Chi eigentlich kein Waschbär, sondern ein Riesenpanda ist, hatte er sichtlich genauso viel Spaß an der Sache wie ein solcher.«[44]

Bis zum 26. August 1958 besuchten 200 000 Menschen den schwarz-weißen Teddy aus China, dann ging dessen Reise weiter in andere europäische Zoos.

Selbstbedienungsläden

Vor allem sollte sich die Versorgung der Bevölkerung mit Lebensmitteln und anderen Waren des täglichen Bedarfs verbessern. Ein Weg zu diesem Ziel war die Einrichtung von Selbstbedienungsläden, die Personal sparen und durch eine Beschleunigung der Abläufe die Wartezeiten verringern sollten. Neben den praktischen Vorteilen der Selbstbedienung gab es eine ideologische Dimension: Der Anspruch lautete, dass die Menschen im Sozialismus ehrlicher als im Kapitalismus sind. Darauf geht ein Bericht über die ersten Selbstbedienungsläden der DDR in Chemnitz (ab 1953 Karl-Marx-Stadt), Annaberg, Waren (Müritz) und Forst ein: »Im Mittelpunkt des Selbstbedienungsproblems steht die Frage, ob dem Käufer so viel Vertrauen entgegengebracht werden kann, wie es die Einführung der Selbstbedienung voraussetzt. Weder im Selbstbedienungsgeschäft des Konsums in Chemnitz, noch in den HO kamen seit Einführung dieser Methode Diebstähle vor. Sie ist ohne Zweifel ein nicht unbedeutender Ausdruck eines gehobenen Bewußtseins der Bevölkerung.«[45]

Auch in der Berliner Andreasstraße 44 richtete die HO am 18. August 1951 versuchsweise einen Selbstbedienungsladen ein. »Der Laden ist nicht allzu groß, immerhin führt ein bequemer Gang zwischen den Regalen durch, an dessen Ende die Verkäuferin die eingekauften Waren nachprüft und kassiert. Da liegen sie, sauber, appetitlich und übersichtlich aufgebaut, die Kekse mit Marmorfüllung in Zellophanbeuteln, Datteln, Bonbons, Konfekt, in langer Reihe Mehl, Hülsenfrüchte, Grieß, Schnellgerichte in Büchsen, Oelsardinen. Nein, es läßt sich nicht alles aufzählen. Nur einige Artikel wie Kuchen, Brot, Brötchen, Käse und Wurst sind noch von der Selbstbedienung ausgenommen. Auch die freundliche Verkäuferin nötigt immer wieder dazu, denn der Berliner, sonst keineswegs schüchtern, muß sich erst an diese Neuerung gewöhnen, die so völlig auf Vertrauen zur Kundschaft aufgebaut ist. Trotzdem ist der Umsatz in der kurzen Zeit des Bestehens bereits auf das Doppelte gestiegen.«[46]

Ob der erhöhte Umsatz nicht im Sinne des Erfinders war oder ob die Berliner Kundschaft sich als des Vertrauens nicht würdig erwiesen hat, ist nicht bekannt. Jedenfalls verschwanden die ersten Selbstbedienungsgeschäfte zunächst wieder, um 1956 mit großem Propagandaaufwand wiederzuerstehen.

Am 13. Dezember 1956 eröffneten der Minister für Handel und Versorgung Curt Wach sowie zwei Stellvertreter des Oberbürgermeisters von Groß-Berlin in der Klement-Gottwald-Allee 100 im Stadtbezirk Weißensee den ersten, wie es ausdrücklich hieß, Selbstbedienungsladen der HO. »Schon lange vor der Eröffnung hatten sich vor den zehn repräsentativen, mit Neon-Leuchten ausgestatteten Schaufenstern Hunderte neugierige Berliner eingefunden. Unmittelbar nach der Eröffnung herrschte daher in dem großzügig angelegten, lichtdurchfluteten Verkaufssaal Hochbetrieb. Die Zählwerke der sieben Registrierkassen standen von nun an nicht mehr still. Die Berlinerinnen griffen zu den leichten Metallkörben, um von dem reichhaltigen Angebot auszuwählen. In den blinkenden Verkaufsgondeln, den Kühlregalen und offenen Tiefkühltruhen präsentieren sich den Kunden in Zellophan oder Perfol verpackte Lebens- und Genußmittel. Auf jeder dieser Packungen sind der Preis und das Gewicht vermerkt, und der Kunde hat auch die Möglichkeit, an aufgestellten Waagen noch einmal die Richtigkeit der Angaben nachzuprüfen. Der Verkauf geht schnell und reibungslos vor sich. Dieser erste Selbstbedienungsladen im demokratischen Berlin kann sich sehen lassen. Die Innenausstattung hat schlechthin weltstädtisches Format. Auf der annähernd 500 qm großen Verkaufsfläche sind nach den modernsten Gesichtspunkten übersichtlich die Regale, Verkaufsgondeln, Kühltruhen und Vitrinen angeordnet. Da ist zunächst der Wurstwarenstand, an dem die in Zellophan verpackten Bockwürste oder Wiener lachen, da finden wir die verschiedensten Sorten Wurst, von der Teewurst bis zum Lachsschinken, alles fein geschnitten und verpackt. Jeweils 150 bis 200 Gramm pro Päckchen Wurst dürfte dem Appetit der Berliner wohl entsprechen. Die Hausfrau kann zwischen bereits gewickelten Rouladen, geklopften Schnitzeln oder geschnittenem Gulasch wählen. Ein Teil dieser Ware ist bereits verpackt, kann aber auch am Fleischverkaufsstand gekauft werden. (...) Beim Einkauf von Bohnenkaffee hat der Kunde Gelegenheit, den Kaffee an Ort und Stelle mahlen zu lassen. (...) Verkaufskultur, dieser Begriff gewinnt hier wirklich erstrebenswerte Gestalt. In diesem glänzenden, spiegelhellen, zum Teil mosaikgetäfelten Geschäft wurde dem hauptstädtischen Handel endlich eine erste repräsentative Einkaufsstätte gegeben. Weltniveau, hier sollte man genau dieses Prädikat zuerkennen.«[47]

Wie lange die gewickelten Rouladen und die geklopften Schnitzel reichten, sei dahingestellt. Auf jeden Fall solange der Minister und mit ihm Presse und die *Wochenschau* anwesend waren. Doch das Prinzip der Selbstbedienungsläden begann sich durchzusetzen. Der erste, wie auch hier ausdrücklich gesagt wurde, Konsum-Selbstbedienungsladen wurde am 15. Dezember 1956 in der Stalinallee, Ecke Koppenstraße eröffnet.

Offene Grenze

Doch immer noch rumpelten die Züge des Stadtverkehrs im Minutentakt über die Sektorengrenze. Täglich wechselten Zehntausende Berliner und Bewohner der Randgebiete von Ost nach West, um zur Arbeit oder zur Schule zu kommen, einzukaufen, ins Kino zu gehen oder Freunde und Verwandte zu besuchen. In der S-Bahn und an den Kontrollstellen für Autos warfen die Grenzposten einen flüchtigen Blick in den Ausweis. Gelegentlich kontrollierten sie Taschen auf der Suche nach Schieberware oder verbotenem Schriftgut, doch zu Fuß konnte man die Demarkationslinie unkontrolliert überqueren.

Viele Berliner hatten Ost- und Westgeld in der Tasche. Der Kurs wechselte täglich und lag ungefähr bei eins zu vier. Man konnte das Geld in zahllosen Wechselstuben auf der Westseite der Sektorengrenze oder in den West-Berliner Bahnhöfen umtauschen. Um es den West-Berlinern schwerer zu machen, den günstigen Kurs zum Einkauf im Osten zu nutzen, verfügte der Magistrat, dass beim Einkauf der Personalausweis der DDR vorzuzeigen war. Diese Weisung wurde nicht überall streng eingehalten, zudem saßen vor den Markthallen und Kaufhäusern in Ost-Berlin sogenannte Einkaufsrentner, die für ein geringes Entgelt in die Geschäfte gingen und die von den West-Berlinern gewünschten Waren erwarben und sie ihnen brachten.

Mitarbeiter des Amtes für Zoll und Kontrolle des Warenverkehrs (AZKW) machten sogenannte Schieber dingfest. Diese mussten im Wiederholungsfall mit mehrmonatigen Gefängnisstrafen rechnen. Seit 1959 waren die Zeitungen voller Schiebergeschichten. So berichtete die *Berliner Zeitung:* Eine Einwohnerin Birkenwerders im Kreis Oranienburg kaufte in der Ackerhalle in der Invalidenstraße ein und wurde am Nordbahnhof von Kontrolleuren des AZKW aufgehalten. Sie interessierten sich für die Einkaufstasche. Sie enthielt drei Kilogramm Fleisch und Wurst, 500 Gramm Butter und zehn Eier. Die Frau beteuerte, die Lebensmittel seien für ihren 1954 »unbekannt nach Westberlin ›verzogenen‹ Ehemann Otto bestimmt (...). Weitere 500 g Schabefleisch, 500 g Hackepeter, 250 g Schmalz, 250 g Butter, 150 g gekochten Schinken und ein Kilo Zucker bezeichnete Frau K. als persönlichen Mundvorrat. Bei genauer Überprüfung stellte sich heraus, daß Frau K. seit 1955 allwöchentlich ihren republikflüchtigen Mann sowie ihre in Westberlin (...) wohnende Tochter Inge M. mit Lebensmitteln belieferte. Nach ihrem eigenen Geständnis verschob sie insgesamt 147 Kilo Butter, 297 Kilo Fleisch und 147 Kilo Wurstwaren - das sind Lebensmittel im Werte von etwa 7620 DM.«[48] Weitere Fälle wurden geschildert, stets mit genauen Angaben über Warenmengen und Preise, sowie der Kommentar: »Getrennte Ehen - vereinter Betrug, auf unsere Kosten. Auch diese Gattung von Schiebern wird man zur Verantwortung ziehen. Sie zeigen erneut, wie notwendig Kontrollen sind.«[49]

Grenzgänger

Viele Ost-Berliner und DDR-Bürger gingen im Westen arbeiten: manche in dem Betrieb, in dem sie schon vor 1945 tätig gewesen waren, andere lockten die hohen Stundenlöhne, die anteilmäßige Westgeldauszahlung und der Umtauschkurs von eins zu vier.

Eine Analyse des Staatsapparates der DDR vom 10. Januar 1961, die an Walter Ulbricht weitergereicht wurde, enthält das Eingeständnis, dass die Behörden von Groß-Berlin und der Randgebiete über keine genauen Zahlen verfügten würden.[50] Die Angaben beruhten also auf westlichen Veröffentlichungen. Der West-Berliner Statistik zufolge arbeiteten Ende der fünfziger Jahre 41131 Personen aus Ost-Berlin und der DDR in West-Berlin. Zu Recht wurde in dem Bericht bemerkt, dass die zitierte Zahl nicht der Realität entspreche, »da es eine große Anzahl sogenannter ›nichtregistrierter Arbeitsverhältnisse‹ gibt«. Hierzu wurde die Sendung *Welt der Arbeit* des Senders Freies Berlin (SFB) vom 18. Juni 1959 zitiert: »Das sind die Gesamtzahlen, in denen aber viele Aufwartefrauen und andere Hilfskräfte aus Ost-Berlin fehlen, die ohne besondere Beschäftigungsgenehmigungen des Landesarbeitsamtes in Westberlin tätig sind.«[51] In einem Artikel der

Nachtdepesche vom 28. Februar 1958 wurde die Zahl der Putzfrauen auf 3000 beziffert.

Insgesamt waren bei den West-Berliner Behörden 56 283 Einwohner Ost-Berlins und der DDR gemeldet, die in West-Berlin tätig waren.[52] Hinzu kam eine unbekannte Zahl von nichtgemeldeten Arbeitsverhältnissen. Die Schätzungen reichen bis zu 40 000. Walter Ulbricht sagte am 1. August 1961 in einem Gespräch mit dem sowjetischen Staats- und Parteichef Nikita Chruschtschow: »Offiziell sind es in Berlin 75 000, tatsächlich sind es mehr.«[53]

Die Abwanderung von Arbeitskräften aus Ost-Berlin und der DDR nahm der erwähnten Analyse zufolge im Jahr 1960 dramatische Formen an. 250 Arbeiter aus dem VEB Elektro-Apparate-Werke (EAW) »J. W. Stalin« in Treptow seien nach West-Berlin gewechselt. Im VEB Bergmann-Borsig seien es 95 und im VEB Werk für Fernsehelektronik (WF) ebenfalls 95 Mitarbeiter gewesen, die im Osten gekündigt hatten, um im Westsektor eine neue Beschäftigung aufzunehmen.

»Im Demokratischen Sektor und in den Randbezirken«, musste Walter Ulbricht lesen, »herrscht an Arbeitskräften spürbarer Mangel. Nach Auskünften des Leiters der Abteilung Arbeit beim Magistrat von Groß-Berlin hat fast kein Betrieb seinen Arbeitskräfteplan erfüllt. Im Kreis Fürstenwalde/Frankfurt fehlen im VEB Reifenwerk u. a. 100, im VEB Rüdersdorfer Kalk- und Zementwerk 100 und im VEB Gaselan 70 Arbeitskräfte.«[54]

Gegen die Anziehungskraft West-Berlins war kein Kraut gewachsen. Im Westen herrschte Hochkonjunktur und ein großer Bedarf an Arbeitskräften. Die Betriebe lockten mit hohen Stundenlöhnen und 40 Prozent Westgeldanteil. Seitens des West-Berliner Landesarbeitsamtes war die Westgeld-Auszahlung folgendermaßen geregelt: Die Grenzgänger erhielten bis 1955 zehn Prozent ihres Gehalts in Westgeld, von 1955 bis 1956 erhöhte sich der Anteil auf 15 Prozent und ab 1956 auf 40 Prozent des Nettoeinkommens. Hinzu kamen die Auszahlung des Kindergeldes, des Ehegattenzuschlags, des Urlaubsgeldes und der Weihnachtszuwendungen in Höhe von 150 DM komplett in Westgeld. Allein das Weihnachtsgeld betrug nach dem sogenannten Schwindelkurs 600 Ostmark, also das Doppelte eines durchschnittlichen Ostgehaltes. Gegen solche Verlockungen waren moralische Appelle fast wirkungslos, zumal die Arbeit im Westsektor keineswegs verboten, sondern durch alliierte Abmachungen geregelt war.

Die Putzkolonnen, die im Westen Büros und viele Privatwohnungen reinigten, kamen fast komplett aus dem Osten, ebenso die Hilfskräfte in Krankenhäusern und Altersheimen. Auch die leichten Mädchen, die allnächtlich auf dem Kurfürstendamm und dem Tauentzien nach Kundschaft Ausschau hielten, rekrutierten sich – glaubt man dem allgemeinen Gerede von damals – in nicht unerheblichem Maße aus dem Osten.

Auch Schüler aus dem Osten besuchten Westschulen, insbesondere konfessionelle oder sprachlich ausgerichtete wie das Französische Gymnasium. Andere studierten an der Freien Universität oder der Technischen Hochschule. Die West-Berliner Studentenschaft kam zu einem guten Drittel aus Ost-Berlin und der DDR. Einige wohnten im Westen, andere im Ostsektor.

Wachsender Druck

Die SED führte seit 1960 eine heftige Kampagne gegen die Grenzgänger. Sie wurden beschuldigt, im Westen gut zu verdienen, den Westanteil ihres Lohnes zum Schwindelkurs umzutauschen und die niedrigen Mieten und die Sozialleistungen im Osten zu nutzen. Das war nicht von der Hand zu weisen. Es blieb nicht bei moralischen Appellen. Nach einer am 11. Juli 1961 veröffentlichten Weisung des Ost-Berliner Magistrats durften hochwertige Konsumgüter wie Autos, Motorräder, Fernsehgeräte, Kühlschränke, Waschmaschinen nur noch an Einwohner des »demokratischen Sektors« verkauft werden, die dort auch arbeiteten.[55]

Bereits im Juni 1961 hatten die DDR-Behörden begonnen, Grenzgänger zu registrieren. Die Personen sollten zunächst in Listen erfasst werden. Dann sollte unter Missachtung der Privatsphäre und des Persönlichkeitsrechtes Druck ausgeübt werden. Die Partei schickte Agitationstrupps aus, die Grenzgänger zu Hause besuchten. Grenzgänger, die im Osten schulpflichtige Kinder hatten, wurden in die Schulen einbestellt, um sie im Gespräch mit dem Direktor dazu zu bewegen, ihre Arbeit in West-Berlin aufzugeben. Mitarbeitern von Behörden, deren Ehepartner oder erwachsene Kinder in West-Berlin tätig waren, wurde mit Entlassung gedroht.

Stolz wurde in einem Bericht vom 22. Juli 1961 vermeldet, dass seit dem 13. Juni des Jahres sechs Grenzgänger zur Aufgabe ihrer Arbeit im Westen veranlasst werden konnten.[56] Angesichts der rund 75000 oder mehr Personen war das nicht gerade ein durchschlagender Erfolg. Um den Druck zu erhöhen, organisierten die Ost-Berliner SED-Kreisleitungen Hausversammlungen, auf denen die Grenzgänger Stellung nehmen sollten. Sehr gefährlich war der Vorwurf, die »Grenzgänger unterstützen den westdeutschen Militarismus«. Dies war ein Straftatbestand, für den viele Jahre Zuchthaus drohten. In der Tat kam es zu Verhaftungen von Personen, die angeblich oder tatsächlich für einen Betrieb im Westen geworben hatten. Dies wurde juristisch als Unterstützung von Menschenhandel interpretiert.

Am 4. August 1961 erließ der Magistrat die Bestimmung, dass alle DDR-Bürger, die in West-Berlin arbeiteten, rückwirkend ab 1. August ihre Miete, Grundstückspacht, Strom, Gas, Wasser und andere Gebühren in Westmark zu bezahlen hatten. Doch die Bemühungen der Partei liefen weitgehend ins Leere. Unter der Rubrik »Die Erfahrungen aus den ersten Gesprächen in Berlin« heißt es in dem zitierten Bericht kleinlaut: »Im Kreis Friedrichshain wurden bisher 71 Gespräche geführt, bei denen 12 Grenzgänger zu einer Arbeitsaufnahme bei uns gewonnen wurden. Im Kreis Pankow wurden bei ca. 60 Aussprachen nur 4 von der Arbeitsaufnahme bei uns überzeugt. (...) Ein Teil der Grenzgänger versucht, den Gesprächen auszuweichen. So wird z. B. aus dem Kreis Treptow berichtet, daß sie sich zum Teil in ihren Wohnungen verleugnen lassen. Die Angehörigen behaupten, nicht zu wissen, wo der Betreffende arbeitet, und in Einzelfällen wurden falsche Arbeitsstellen angegeben.« Die Reaktionen der belästigten Arbeiter waren offenbar zum Teil recht deutlich. Einer von ihnen wird mit folgender Äußerung zitiert: »Was man hier macht, ist Erpressung.

Drüben werden die SED-Leute auch nicht aus ihren Wohnungen geworfen. So treibt man die Leute zur Republikflucht. Er werde die ganze Sache der Westpresse übergeben. Ein sachliches Gespräch mit ihm war nicht möglich.«[57]

Der zitierte Arbeiter traf den Nagel auf den Kopf. Kaum jemand ließ sich von den Agitationstrupps überzeugen. Oft waren die Vorladungen und Drohungen der Tropfen, der das Fass zum Überlaufen brachte. Es ist auch keineswegs erwiesen, dass jene 16 anscheinend erfolgreich agitierten Werktätigen nicht am nächsten Tag ihre Koffer packten, um der DDR für immer den Rücken zu kehren.

Der Flüchtlingsstrom wollte nicht abreißen. Insgesamt wurden zwischen der Staatsgründung und dem Mauerbau 2686402 Flüchtlinge registriert. Das Rekordjahr war 1953 mit 331390 Flüchtlingen. Im Jahr 1960 waren es 199188, und 1961 stieg die Zahl weiter: Bis zum 13. August 1961 verließen 155402 Menschen die DDR. Die Auswirkungen waren schwerwiegend und im Alltag spürbar. Wenn morgens in der Schule einer fehlte, wurde gemunkelt: »getürmt«, und nur allzu oft stimmte es. Oft saß eine Klasse ohne Lehrer da, und es hieß: »abgehauen«. Dann erschien der Direktor und verkündete, dass der Kollege oder die Kollegin schon immer ein Feind des Friedens gewesen sei und sich nur verstellt habe. Oder es hing zu Beginn der Sprechstunde ein Schild an der Tür der Arztpraxis, und die Patienten schüttelten den Kopf: Der Doktor ist »rübergegangen«. Ganze Abiturklassen oder Jahrgänge von Universitätsabsolventen »machten rüber«, wie der sächsische Ausdruck lautete.

Die DDR-Führung hatte die Wahl, entweder Verhältnisse zu schaffen, die die Menschen zum Bleiben veranlassen, oder die Abwanderung mit Gewalt zu unterbinden. Sie entschied sich für die letztere Variante.

Angehörige von »Betriebskampfgruppen der Arbeiterklasse« sperren auf Weisung der SED-Führung am 13. August 1961 das Brandenburger Tor.

Fünftes Kapitel
Mauerbau

Als die Lichter verlöschten

In der Nacht vom 12. zum 13. August 1961 schnappte die Mausefalle zu. Es geschah, was wohl alle erwartet und niemand für möglich gehalten hatte. Um 1.05 Uhr erloschen die Lichter am Brandenburger Tor. Die einstige Prachtstraße Unter den Linden lag im Dunkeln. »Wieder mal Stromsperre im Osten«, dachten die wenigen Passanten, die hier noch zu später Stunde unterwegs waren. Die West-Berliner Bereitschaftspolizisten auf der Westseite des Brandenburger Tores notierten den Vorfall in ihr Wachbuch, ohne ihm große Aufmerksamkeit zu schenken. Doch dann tat sich Seltsames. Aufgeregte Gruppen von Spätheimkehrern näherten sich laut schimpfend der Kontrollstelle der Volkspolizei. Auf dem Bahnhof Friedrichstraße hatte man die Fahrgäste aus dem Zug geworfen. Die Lautsprecher auf den Bahnsteigen verkündeten seit 1 Uhr morgens, der S-Bahnverkehr zwischen dem »demokratischen Sektor« und den Westsektoren sei auf unbestimmte Zeit unterbrochen. Auch die U-Bahn fuhr nicht mehr. Auf den anderen Grenzbahnhöfen spielten sich ähnliche Szenen ab. Zwischen den West-Berlinern, die nun mit ihren Ausweisen die Sektorengrenze passierten, befanden sich nicht wenige verunsicherte und auffallend stille Reisende aus den DDR-Bezirken. Sie mussten sich nun entscheiden, ob sie das Risiko eingingen, im letzten Moment durch die aufziehenden Postenketten zu schlüpfen, oder unauffällig die Heimreise antraten.

An der Sektorengrenze fuhren Panzerspähwagen, Wasserwerfer und Lastkraftwagen mit aufgesessenen Grenzpolizisten und Kampfgruppenangehörigen auf. Eilig wurden Spanische Reiter und Stacheldrahtverhaue von den Lastern geladen und aufgestellt. Andere Soldaten bildeten Postenketten. Im Kommandoton wiesen sie Passanten und einige neugierige Nachtschwärmer zurück.

Um 1.10 Uhr meldete sich der Rundfunk der DDR mit einer Erklärung. Gebetsmühlenartig wurden Floskeln von der Kriegsvorbereitung durch die westdeutschen Revanchisten, der Gefährdung des Weltfriedens und dem Verrat an den nationalen Interessen des deutschen Volkes wiederholt. Nach dieser Polemik folgte eine gewundene Mitteilung über die Schließung der Grenze: »Zur Unterbindung der feindlichen Tätigkeit der revanchistischen und militaristischen Kräfte Westdeutschlands und Westberlins wird eine solche Kontrolle an den Grenzen der Deutschen Demokratischen Republik einschließlich der Grenzen zu den Westsektoren von Groß-Berlin eingeführt, wie sie an der Grenze jeden souveränen Staates üblich ist. Es ist an den Westberliner Grenzen eine verlässliche Bewachung und eine wirksame Kontrolle zu gewährleisten, um der Wühltätigkeit den Weg zu verlegen. Diese Grenzen dürfen von Bürgern der Deutschen Demokratischen Republik nur noch mit besonderer Genehmigung passiert werden. Solange Westberlin nicht in eine entmilitarisierte, neutrale, freie Stadt verwandelt ist, bedürfen Bürger der Hauptstadt der Deutschen Demokratischen Republik für das Überschreiten der Grenzen nach Westberlin einer besonderen Bescheinigung.«[58]

Der Rest der Erklärung ist dem Versuch einer gewissen politischen Entschärfung geschuldet: »Der Besuch von friedlichen Bürgern Westberlins in der Hauptstadt der Deutschen Demokratischen Republik, das demokratische Berlin, ist unter Vorlage des Westberliner Personalausweises möglich. Revanchepolitikern und Agenten des westdeutschen Militarismus ist das Betreten der Hauptstadt der DDR, demokratisches Berlin, nicht erlaubt. Für den Besuch von Bürgern der westdeutschen BRD im Demokratischen Berlin bleiben die bisherigen Kontrollbestimmungen in Kraft. Die Einreise von Bürgern anderer Staaten in die Hauptstadt der Deutschen Demokratischen Republik wird von diesen Bestimmungen nicht berührt.«[59] Damit signalisierte die DDR, dass sie nicht die Absicht – oder besser gesagt: nicht die Erlaubnis aus Moskau hatte, ihre Finger nach West-Berlin auszustrecken. Auch für den Transitverkehr sollten die bisherigen Vereinbarungen gelten. Insofern waren die allliierten Rechte bezüglich Berlins nicht berührt, und es gab für die Westmächte keinen Grund, die Sperrung und Befestigung der DDR-Grenze zu unterbinden.

Berlin erwacht

Als der graue gewitterschwüle Morgen des 13. August 1961 über Berlin dämmerte, war die Stadt geteilt. Erst in den Morgenstunden wurden die Anwohner vom Rattern der Presslufthämmer wach, die das Straßenpflaster aufrissen, um Pfähle für den Stacheldraht in die Erde zu bringen. Mit lautem Getöse dröhnten Schützenpanzerwagen durch die Straßen in Richtung Innenstadt. Die Berliner waren vor Schreck wie gelähmt.

Auch entlang des Außenrings um Berlin hatten militärische Kräfte der DDR umfangreiche Sicherungsmaßnahmen eingeleitet. In den Zügen nach Berlin kontrollierte die Transportpolizei die Ausweise, nahm Verdächtige fest und schickte andere zurück nach Hause. Die Zufahrtsstraßen und S-Bahnstationen an der Stadtgrenze zum Bezirk Frankfurt (Oder) waren ohnehin durch Posten gesichert, die die Ausweise kontrollierten. Am 13. August 1961 wurden die Kontrollen verschärft. Zusätzlich zu den Grenzpolizisten und Angehörigen der Kampfgruppen hatte die SED ihre Mitglieder mobilisiert. Sie schwärmten in kleinen Gruppen aus, um jeglichen feindlichen Äußerungen sofort begegnen zu können.

Einige Tage lang geisterten imaginäre Arbeiterfäuste durch die Medien der DDR. Die SED propagierte offen eine Art Selbstjustiz. In einem in der *Berliner Zeitung* vom 18. August veröffentlichten Leserbrief schrieb ein Arbeiter: »Wir werden uns nicht scheuen, von unserer Arbeiterfaust Gebrauch zu machen, wenn es ein Unbelehrbarer versuchen sollte, gegen unseren Arbeiter-und-Bauern-Staat zu hetzen.«[60] Zwei Tage später zitierte das *Neue Deutschland* unter der Überschrift »Zuchthaus für Provokateure« einen Staatsanwalt: »Jeder der es wagt (…) als Provokateur und Hetzer für Brandt und Konsorten unseren Staat anzugreifen und insbesondere die Maßnahmen der Regierung anzutasten, wird schonungslos den Strafverfolgungsbehörden übergeben und wird eine harte Strafe zu erwarten haben. Er muß außerdem damit rechnen, Arbeiterfäuste zu spüren zu bekommen.«[61] Offen bleibt, ob die Arbeiterfäuste vor oder nach dem Gerichtsurteil tätig werden sollten. An anderer Stelle wurde empfohlen, Provokateure erst die Fäuste spüren zu lassen und sie dann den Sicherheitsorganen zu übergeben.

Berlin soll sauber sein

In der Nacht zum 14. August 1961 kündigte der Radiosprecher eine musikalische Neuschöpfung an: »Radio DDR sendet für die Angehörigen der bewaffneten Organe der Deutschen Demokratischen Republik, die seit der vergangenen Nacht die Grenze zu den Westsektoren von Berlin schützen. In den heutigen Vormittagsstunden schufen Redakteure und Komponisten von Radio DDR den Song ›Berliner Geschichte‹.«

»Unser schönes Berlin wird sauber sein.
Denn wir haben den kalten Kriegern am Rhein
Ihre Menschenfalle verriegelt
Und mit rotem Wachs versiegelt.

Ja, ja der helle Berliner sagt: Prima!
Das reinigt so dufte das Klima.
Es ziehen jetzt Ruhe und Frieden ein.
Und sauber, ja sauber wird unsere Hauptstadt sein.

Und zieht das Agentengelichter
Dort in Schöneberg lange Gesichter.
Und es jammern die Schwindelkursdrohnen:
Nun will das Geschäft nicht mehr lohnen.

Ja, ja der helle Berliner sagt: Prima! (...)«[62]

Die SED wollte nicht die komplette Schuld an der Grenzsperrung dem Westen anlasten, sondern auch Normalität demonstrieren – und appellierte an deutsche Tugenden. Noch deutlicher trat diese Tendenz im Frühkommentar von Radio DDR am 13. August zutage. Der Chefkommentator des Deutschen Fernsehfunks der DDR Karl-Eduard von Schnitzler versuchte der Absurdität der Grenzsperrung den Schein von Normalität zu verleihen: »Einen schönen Sonntag wünsche ich Ihnen, meine Hörerinnen und Hörer«, begann er. Das sollte gelassen klingen und wirkte angesichts der allgemeinen Erregung zynisch. Schnitzler schilderte die morgendliche Szenerie an der Sektorengrenze aus seiner Sicht: »›Herrschaften, seid nicht so laut! Die Bürger schlafen noch.‹ Das rief heute früh um sechs der Diensthabende am Kontrollpunkt Sonnenallee, als fünf junge Westberliner ihre Ausweise vorgezeigt hatten und dann mit ihren Fahrrädern ungehindert und fröhlich weiterfuhren, um an unserem Müggelsee ihren Sonntag zu verbringen. Ein anderer Volkspolizist harkte derweil vor dem Wachhäuschen den Weg.«

So friedvoll stellte sich die Situation an der Grenze dar: keine Aufmärsche von bewaffneten Formationen, keine Panzerfahrzeuge, keine Straßensperrungen, meinte Schnitzler. Die politische Absicht dieser Darstellung war klar und wurde von Schnitzler noch einmal ausdrücklich dargelegt: »Unsensationell. Dieses Wort kennzeichnet wohl am besten die Maßnahmen, die wir in Übereinstimmung mit den anderen Staaten des Warschauer Pakts heute Nacht ergriffen haben. ›In welcher Angelegenheit kommen Sie, Genosse Schnitzler?‹, fragte mich der Wachhabende der Volkspolizei am Brandenburger Tor, als ich dort um 7 Uhr sehen wollte, wie sich die Maßnahmen auswirken. Es war überall dasselbe: Ruhe. Westberliner, die herüberwollten, wiesen sich aus und konnten passieren. Westdeutsche erhielten ihren Passierschein. Grenzgänger, die auch heute in Westberlin arbeiten wollten, nahmen davon Abstand und werden sich morgen eine anständige Arbeit suchen. Bei uns natürlich. In Schönefeld brauchte aus dem Leipziger D-Zug zum ersten Mal keiner herausgeholt und wieder nach Hause geschickt zu werden, der sich hatte verrückt machen lassen. Die Westberliner fuhren wie bisher durch unseren Sektor mit unserer billigen S-Bahn und U-Bahn. Am Bahnhof Friedrichstraße setzten sich ein paar Leute mit viel Gepäck und etwas bedepperten Mienen in den Zug, der sie wieder nach Hause brachte. In Wohnungen, die nun dummerweise allerdings leer sind. Weil diese Neunmalklugen ihre Radios, Fernsehgeräte, Kühlschränke und Möbel verkauft hatten, bevor sie sich als arme, versklavte Flüchtlinge auf den Weg nach Westberlin gemacht hatten. Pech, so was.«[63]

DRITTER TEIL
Metropole des Sozialismus 1962 bis 1970

Wiedersehensfreude nach dem Passierscheinabkommen 1964: Frau K. aus dem West-Berliner Bezirk Kreuzberg wird am Bahnhof Friedrichstraße von ihrem Sohn und ihrem kleinen Enkel, die im Ostteil der Stadt leben, abgeholt, 30. Oktober 1964.

Erstes Kapitel
Nach dem Mauerbau

Todesschüsse an der Grenze

Rund um West-Berlin zog sich nun eine Grenze von großer Brutalität. Einigen Ost-Berlinern gelang im Durcheinander der ersten Tage die Flucht in den Westen. Doch schnell wurde klar, dass die DDR-Führung gewillt war, die Sperrungen mit aller Konsequenz durchzuführen. Die Mauer erfüllte ihren Sinn nur durch die unmittelbare Todesdrohung.

Das erste Maueropfer war die Rentnerin Ida Siekmann. Sie verunglückte am 23. August 1961 beim Sturz aus dem Fenster ihrer Wohnung in der Bernauer Straße 48. Seit längerer Zeit wohnte die alleinstehende Frau in der Bernauer Straße 48. Das Haus gehörte zum Ostsektor, der Bürgersteig bereits zum Westen. Bis zum 13. August war die tägliche Überschreitung der Demarkationslinie eine Selbstverständlichkeit, zumal das Haus nur vom Westsektor aus betreten werden konnte. Nun gab es täglich neue Schikanen. Fenster und Türen wurden zugemauert. Im Treppenhaus standen bewaffnete Posten. Am frühen Morgen des 22. August warf Ida Siekmann Bettzeug und andere Habseligkeiten aus dem Fenster. Dann sprang sie aus dem dritten Stock auf die Straße. Beim Aufprall zog sie sich tödliche Verletzungen zu. »Die S. wurde durch die Westfeuerwehr abtransportiert«, vermerkte die Volkspolizei lapidar in ihrem Tagesrapport. »Die Blutlache wurde mit Sand abgedeckt.«[1]

Günter Litfin war elf Tage nach dem Mauerbau das erste Todesopfer der Mauer, das im Kugelhagel der Ostgrenzer starb. Er stammte aus einer katholischen Familie und wurde 1957 Mitglied der West-Berliner CDU. Auch Arbeit fand der gelernte Schneider in West-Berlin. Zunächst pendelte er täglich zwischen Ost- und West-Berlin, dann nahm er sich ein Zimmer in Berlin-Charlottenburg, allerdings ohne sich polizeilich anzumelden. In der Nacht vom 12. zum 13. August 1961 besuchte er seine Familie im Ostteil der Stadt. Wegen der Grenzsperrung saß er im Osten fest. Am 24. August versuchte er an den Gleisanlagen zwischen Bahnhof Friedrichstraße und dem Lehrter Bahnhof in den Westen zu gelangen. Die Posten entdeckten ihn und gaben Warnschüsse ab. Günter Litfin sprang ins Becken des Humboldthafens. Dort traf ihn ein tödlicher Schuss. Drei Stunden später wurde vor den Augen Hunderter West-Berliner die Leiche von der West-Berliner Feuerwehr aus dem Wasser geborgen.[2]

Fünf Tage später, am 29. August, kam es zu einem ähnlichen Vorfall im Teltowkanal. Der Name des Mannes, der an diesem Tag starb, wurde erst nach dem Mauerfall aus den Akten bekannt. Allerdings wurde sein Tod sowohl von der West- als auch von der Ostseite aus beobachtet und löste heftige Reaktionen aus. Roland Hoff war erst im Juni 1961 aus Hannover in die DDR übergesiedelt. Nun bereute er diesen Schritt. Am Tag seines Todes war es ihm gelungen, sich am Teltowkanal unter Arbeiter zu mischen, die an der Uferböschung Bäume rodeten. Die Ost-West-Grenze verlief an dieser Stelle in der Kanalmitte. Als Hoff plötzlich ins Wasser sprang, eröffneten Grenzpolizisten das Feuer, bis der Flüchtling tödlich getroffen im Wasser versank. Die anwesenden Arbeiter beschimpften die Todesschützen als Mörder und KZ-Wächter, bis einer von ihnen festgenommen und abgeführt wurde. Auch in einem nahe gelegenen Teltower Betrieb gab es heftige Diskussionen. Die Werksleitung sah sich veranlasst, ein Flugblatt zu veröffentlichen. Darin heißt es: »Eine Laus am Körper unseres Arbeiter- und Bauernstaates wurde zerdrückt (...)«.[3]

Nach dem Tod von Peter Fechter am 17. August 1962 erreichte die Erregung ihren vorläufigen Höhepunkt. Der Mord geschah am helllichten Tage vor den Augen der Öffentlichkeit. Zwei 18-jährige Bauarbeiter versuchten in der Mittagszeit, über die Mauer zu klettern. Einem von ihnen gelang im Kugelhagel die Flucht. Der andere, Peter Fechter, blieb fast eine Stunde schwer verletzt im Grenzstreifen liegen. Erst rief er noch um Hilfe, dann wurde er still. Die West-Berliner Polizei wagte es nicht, auf Ostgebiet vorzudringen, um den Verletzten zu bergen. Die US-Soldaten vom nahe gelegenen Checkpoint Charlie erklärten sich für nicht zuständig. Als Grenzpolizisten der DDR Peter Fechter aus dem Grenzstreifen schleppten, wirkte sein Körper bereits leblos. Er starb auf dem Weg ins Krankenhaus.[4]

Die Westmedien überschlugen sich vor Empörung, die sich auch gegen die Amerikaner richtete. Doch der Tod des 18-jährigen Bauarbeiters zeigte einmal mehr die Wirkungslosigkeit von verbalen Protesten. Die Antwort des Ostens war Häme und Zynismus. Wer es wagte, die Grenze anzutasten, riskierte sein Leben – dies war die Botschaft der Ostpropaganda nach innen und außen. So schaukelte sich der Kalte Krieg der Gefühle hoch.

Doch gerade in Berlin wurde deutlich, das papierene Proteste und moralische Empörung die Mauer nicht beseitigen würden. Es kam darauf an, Mittel und Wege zu finden, die Grenzsperren durchlässiger zu machen. Dazu musste man mit den Machthabern im Osten reden. So war es kein Zufall, dass im Umfeld des Regierenden Bürgermeisters von West-Berlin Willy Brandt die Strategie des Wandels durch Annäherung konzipiert wurde, die 1969 zur Neuen Ostpolitik führte und zwei Jahrzehnte später die friedliche Beseitigung der Mauer möglich machte.

Wandel durch Annäherung

Am 15. Juli 1963 hielt Egon Bahr, einer der engsten Mitarbeiter von Willy Brandt, in der Evangelischen Akademie in Tutzing am Starnberger See einen Vortrag, der deutschlandpolitisch die Weichen vollkommen neu stellte und auch für Berlin die größten Auswirkungen haben sollte. Er sagte unter anderem: »Wenn es richtig ist, und ich glaube, es ist richtig, daß die Zone dem sowjetischen Einflußbereich nicht entrissen werden kann, dann ergibt sich daraus, daß jede Politik zum direkten Sturz des Regimes drüben aussichtslos ist. Diese Folgerung ist rasend unbequem und geht gegen unser Gefühl, aber sie ist logisch. Sie bedeutet, daß Änderungen und Veränderungen nur ausgehend von dem zur Zeit dort herrschenden verhaßten Regime erreichbar sind. (...) Wir haben gesagt, daß die Mauer ein Zeichen der Schwäche ist. Man könnte auch sagen, sie war ein Zeichen der Angst und des Selbsterhaltungstriebes des kommunistischen Regimes. Die Frage ist, ob es nicht Möglichkeiten gibt, diese durchaus berechtigten Sorgen dem Regime graduell so weit zu nehmen, daß auch die Auflockerung der Grenzen und der Mauer praktikabel wird, weil das Risiko erträglich ist. Das ist eine Politik, die man auf die Formel bringen kann: Wandel durch Annäherung.«[5]

Es ist kein Zufall, dass diese Einsichten, die damals geradezu umstürzlerisch wirkten, zunächst aus der Berliner Perspektive formuliert wurden. Gerade angesichts der Mauer war offensichtlich geworden, wie sehr sich die Politik der Nichtanerkennung der DDR in der Sackgasse befand. Wer auf lange Sicht die Mauer durchlässiger machen wollte, musste sie als Faktum zur Kenntnis nehmen. Die Einheit der Nation konnte auf lange Sicht nur gewahrt werden, wenn man ihre Teilung faktisch anerkannte.

Eine Art Probelauf für die künftige Entspannungspolitik wurde das Passierscheinabkommen. Es zeigte deutlich die Möglichkeiten, aber auch die Gefahren der Entspannung für beide Seiten des innerdeutschen Dialogs. Am 22. August 1961 hatte die DDR für alle West-Berliner den Zugang zum Ostteil der Stadt gesperrt. Die zurückhaltende Reaktion der drei westlichen Schutzmächte auf den Mauerbau vom 13. August 1961 hatte den Machthabern in Ost-Berlin offenbar Mut gemacht, die Einheit der Stadt weiter zu untergraben. Trotz aller westlichen Erregung blieb es dabei. Hunderttausende Familien waren nun gänzlich getrennt. Es kam zu rührenden wie – für den Osten – peinlichen Szenen, wenn Ehepaare an der Mauer ihre Babys hochhielten, damit Oma und Opa wenigstens aus der Ferne einen Blick auf ihre Enkel werfen konnten. Braut und Bräutigam winkten einander über die Sperranlagen zu. Dies alles wurde von der aufgeregten Boulevardpresse des Hauses Springer tränenreich begleitet.

Passierscheinabkommen

An zumindest partiellen Verbesserungen der Lage waren also beide Seiten interessiert, die statusrechtlichen Hürden aber erschienen unüberwindlich. Die SED-Führung verlangte direkte Verhandlungen zwischen der DDR und West-Berlin. Sie wollte damit im Sinne der sogenannten Drei-Staaten-Theorie den Status der drei Westsektoren als »selbständige politische Einheit« unterstreichen. Langfristig plante die DDR, die Bindungen der Stadt an die Bundesrepublik abzuschnüren. Aus diesem Grund war es für den Westen schwer, in direkte Verhandlungen einzuwilligen. Vor allem wollte die Westseite alles vermeiden, was die DDR als Staat erscheinen ließ. Deswegen definierte der West-Berliner Senat die im Dezember 1963 beginnenden Verhandlungen als »humanitär-technische Treffen auf der Ebene weisungsgebundener Beamter«.

Trotz Bedenken der Bonner Regierung unterzeichneten der DDR-Staatssekretär Erich Wendt und der West-Berliner Senatsrat Horst Korber am 17. Dezember 1963 das erste Passierscheinabkommen. Erstmals seit August 1961 sollte es den West-Berlinern gestattet sein, über die Feiertage ihre Verwandten in Ost-Berlin zu besuchen. Um alle Statusfragen zu umgehen, wurden die Passierscheine von Ost-Berliner Postangestellten ausgegeben – jedenfalls trugen die Stasi-Mitarbeiter Postuniformen. Es gab viel Durcheinander und eine Menge Ärger. Doch pünktlich am 19. Dezember 1963 begann der Ansturm an den Grenzübergangsstellen. Trotz des eisigen Wetters strömten die West-Berliner zu den provisorisch eingerichteten Passierscheinstellen. Meist waren es wegen der Weihnachtsferien leerstehende Schulgebäude. Man hüllte sich in Pelzmäntel und warme Decken und stellte sich, ausgerüstet mit Stullenbüchse und Thermosflasche, in die endlosen Schlangen. Am Bahnhof Friedrichstraße sammelten sich die Ost-Berliner, um ihren Verwandten beim Tragen der Geschenke zu helfen. Da auch die Einreise mit dem Auto erlaubt worden war, füllten sich die Straßen des Ostteils von Berlin mit Westautos. Ost-Berlin war wie verwandelt.

Für die DDR-Führung war dies alles nicht ohne Risiko. Doch die Bereitschaft, in jedem Fall Ruhe und Ordnung zu wahren, war stärker als der Unmut über die Mauer. Die Wiederbegegnungen fanden hinter verschlossenen Türen im Familienkreis statt. Insgesamt 730 000 West-Berliner kamen nach Ost-Berlin, einige von ihnen mehrfach, sodass insgesamt 1,2 Millionen Passierscheine ausgestellt werden mussten. Das Gemeinschaftsgefühl der Berliner war trotz Mauer lebendig geblieben.

Am 9. Januar 1964 kritisierte Bundeskanzler Ludwig Erhard (CDU) im Bonner Bundestag das Passierscheinabkommen, weil es der »Drei-Staaten-Theorie« des Ostens Vorschub leiste. Dennoch gingen die Verhandlungen in Berlin weiter. Am 24. September 1964 wurden für Anfang November 1964, für die Jahreswende 1964/65 sowie für Ostern und Pfingsten 1965 Besuche in Ost-Berlin möglich gemacht. Die Westbesucher mussten allerdings diesmal eine bittere Pille schlucken. Erstmals führte die DDR einen Zwangsumtausch ein. Jeder Besucher musste 5 Westmark zum Kurs eins zu eins in Ostmark umtauschen. Die SED-Führung wollte, wenn sie schon die Peinlichkeiten der gesamtdeutschen Wiedersehensfreude auf sich nahm, wenigstens daran verdienen. Vielleicht hatte sie auch die heimliche Hoffnung, die geizigen Westler würden auf den Besuch der armen Ostverwandtschaft verzichten und dadurch die zwischenmenschliche Kälte des Kapitalismus unter Beweis stellen. Das Gegenteil passierte: Trotz Zwangsumtausch nutzten 1,1 Millionen West-Berliner die Besuchsmöglichkeiten.

Es folgten ein drittes Passierscheinabkommen für die Weihnachtstage und den Jahreswechsel 1965/66 und ein viertes für Ostern und Pfingsten 1966. Dann fiel der Vorhang. Lediglich eine Stelle für Härtefälle, die bereits 1964 eingerichtet worden war, setzte ihre Tätigkeit fort. West-Berliner konnten bis zum 29. März 1972, also für fast sechs Jahre, nur über den Umweg eines Zweitwohnsitzes im Bundesgebiet und mit einem entsprechend ausgestellten Personalausweis Ost-Berlin oder die DDR besuchen.

Besoffen von Berlin

Trotz aller politischen Verwerfungen ging in Ost-Berlin das Leben weiter. »Die Mauer hob den Schnapskonsum«, meint die Titelheldin des Romans *Maria Morzeck oder Das Kaninchen bin ich* von Manfred Bieler.[6] Sie arbeitet als Serviererin im »Café Clou« in der Chausseestraße, in einem Lokal, das es tatsächlich gab und nicht den besten Ruf genoss. »Selbst die Kränzchenschwestern, die sich sonst nur Edelkirsch genehmigten, kippten jetzt drei doppelte Wodka«, lässt Manfred Bieler seine Ich-Erzählerin munter plaudern.[7] »›Wegen dem fetten Krem‹, sagten sie, aber's war wohl mehr der Ärger. Ich halte ja nun diesen antifaschistischen Schutzwall wirklich nicht für 'ne architektonische Meisterleistung, aber manch einer, der hier (...) monatlich fünfzehnhundert Piepen aus der Wechselstube mitbrachte, weil sie bei 'nem Zahnarzt in Zehlendorf das Parkett bohnerte, der tat's ganz gut. Ich weiß, ich sehe das aus der Froschperspektive, aber da war eben 'ne Mark plötzlich wieder eine Mark wert und nicht diese Woche fünfundzwanzig Pfennig und nächste 'nen Groschen und die Woche drauf vielleicht dreißig.«[8]

Der trotzige West-Berliner Slogan »Berlin bleibt Berlin« galt unausgesprochen auch für den Osten. Jenseits der Maßnahmen von Partei und Staat und unabhängig von der Politik und der Ideologie war Ost-Berlin ein aufregendes Pflaster. Manfred Bieler legt seiner Heldin eine Art Liebeserklärung an Ost-Berlin in den Mund: »Ich war so besoffen von Berlin«, erzählt sie nach einem Urlaub an der Ostsee, »daß ich meinen Koffer auf'm Bahnhof Friedrichstraße ließ und zu Fuß nach Hause ging. Am Alex war der Zeitungsverkäufer eingestiegen, so'n kleiner Mann mit Nickelbrille, der vier Stunden am Tag ›BZ am Abend‹ ruft, aber so schüchtern ist, daß er keinen ansieht dabei. In der ›Distel‹ verdrehten sie immer noch Sprichwörter, ich weiß nicht mehr, wie das Programm hieß, ›Viele Köche haben kurze Beine‹ oder ›Wer einmal schläft, dem glaubt man nicht‹. Im Pressecafé palaverten die Araber und Afrikaner mit den Nutten über Zigarettenpreise und Strumpfgrößen, und der Rest der Kundschaft sah so aus, als ob er hier schon seit dem dreizehnten August säße, weil man ihm auf der Berufsberatung vorgeschlagen hatte, Zootechniker zu werden. Die Tschechen und die Polen hatten Schallplatten, Keramik, Vögel aus Glas und Teppiche in die Schaufenster gelegt, die Verkäuferinnen griffen mit langen spitzen Fingern in die Regale und sagten den Kunden die Preise ins Ohr. Die Möwen auf der Weidendammer Brücke hatten sich verzogen, waren abgewandert nach Rügen oder Helgoland oder zur Pfaueninsel. Am ›Sofia‹ wurde immer noch gebaut oder schon wieder. Zirkus Busch war auf Tournee, die ›Kleine Melodie‹ und das ›Grand-Café‹ waren noch geschlossen, in der ›City-Klause‹ grölten sie aber schon. Im Schaufenster der ›Bärenschenke‹ lagen Mayonnaisebrötchen, der Friseur an der Ecke Oranienburger Straße war zum elften Mal Bezirkssieger im Dauerwellenwickeln geworden, und ich war zu Hause.«[9]

Schöner ist dieser Teil Berlins wohl selten beschrieben worden. Manche Anspielung bedarf nach einem halben Jahrhundert der Erläuterung, zum Beispiel die »Tschechen und Polen«. Damit sind die Kulturzentren Polens und der Tschechoslowakei gemeint, die in einem Flachbau am Bahnhof Friedrichstraße manche begehrten Dinge anboten, die in der DDR kaum zu kriegen waren, wie Schallplatten mit Jazzmusik, Bildbände mit abstrakter Kunst oder Vasen aus böhmischem Glas. Wie auf einem pointillistischen Gemälde fing Bieler den Geist Ost-Berlins jener Jahre nach dem Mauerbau ein. Selbstbewusst, mitunter überheblich, aber niemals bösartig, jedenfalls unbeeindruckt von der Politik, die ihm bestenfalls einen Witz wert war, und immer »uff'n Kien«, was so viel bedeutete wie hellwach oder gewitzt und bestrebt, überall irgendwie durchzukommen, so wie die graubraunen Berliner Spatzen, die immer einen Krümel finden, oder das Unkraut, das niemals vergeht.

Auch im Inneren der DDR vollzogen sich unmerkliche Wandlungen. Man richtete sich ein im Alltag und im Beruf und konnte und wollte nicht Tag für Tag mit der geballten Faust in der Tasche herumlaufen. Seit 1962/63 machte die SED-Führung nach einer Phase äußerster Repressionen Angebote an die Bevölkerung. Ein

Hauch von Aufbruch, Reform und Erneuerung ging durchs Land. Die Partei gab die Losung aus: »Der Sozialismus ist so gut, wie wir ihn machen«. Sie baute auf moderne Wissenschaft und Technik und wollte die Jugend und die Intelligenz – verstanden als die soziale Schicht der Hoch- und Fachschulabsolventen – für den Marsch in die Zukunft mobilisieren.

Vermutlich nicht die Mehrheit, aber ein wichtiger Teil der jungen Generation meinte, man solle die Partei beim Wort nehmen. Das hieß, Kritik an den realen Zuständen zu üben, Ideen einzubringen, Zukunftsentwürfe zu entwickeln, die den Sozialismus nicht abschaffen, sondern vollenden sollten. Wolf Biermann brachte es 1963 in seinem Lied »Warte nicht auf bessre Zeiten« auf die Formel: »Und das beste Mittel gegen / Sozialismus, sag ich laut / ist daß ihr den Sozialismus / aufbaut, aufbaut, aufbaut«.[10]

Eine Jugendbrigade bei der Montage der Leuchtschrift auf dem Dach des »Hauses der Statistik«. Im Hintergrund der in diesen Tagen fertiggestellte Fernsehturm und das Hotel »Stadt Berlin«, 13. August 1969

Zweites Kapitel
Das sozialistische Stadtzentrum

Ausbau des Stadtzentrums

Das beginnende Tauwetter der Entstalinisierung kündigte sich 1955 in der Sowjetunion mit Kritik an der Baupolitik der Stalinzeit an. Auf Geheiß Nikita Chruschtschows sollten keine Arbeiterpaläste mit Marmortreppen und antiken Säulen mehr entstehen, sondern ausreichend Wohnraum. Auch die SED-Führung schwenkte auf den neuen Kurs ein. Die Bauakademie der DDR war gehalten, Selbstkritik zu üben, und verkündete: »Wir haben in der Architekturtheorie den Fehler begangen, der Kunst in der Architektur das Primat zu geben, und haben dabei die Funktion des Bauwerkes und seine zweckmäßige, konstruktive, technische Durchbildung nur am Rande berücksichtigt. Wir haben somit die ideelle Seite, die künstlerische Seite in der Architektur überbetont.«[11]

Gefragt war nun die Blockbauweise aus serienmäßig gefertigten Bauteilen, die insbesondere im Wohnungsbau Anwendung fanden. Bald begannen die Diskussionen um die Schließung der großen Baulücke zwischen dem Strausberger Platz und dem Alexanderplatz. Außerdem nahmen Pläne für die Gestaltung des Raumes in Richtung Marx-Engels-Platz und Brandenburger Tor Gestalt an. Trotz aller wirtschaftlichen Schwierigkeiten wollte die SED-Führung nicht auf großflächige Gesamtlösungen im Zentrum ihrer Hauptstadt verzichten. Dafür nahm sie auch den Abriss von intakten Gebäuden in Kauf.

Im Februar 1960 begann die Plattenmontage des ersten fünfgeschossigen Wohnblocks auf der neuen Großbaustelle westlich des Strausberger Platzes. Die Bauweise und das städtebauliche Konzept unterschieden sich grundsätzlich von der alten Stalinallee. Auf eine geschlossene Straßenfront wurde zugunsten einzeln stehender Baukörper verzichtet. Außerdem gab es eine Trennung zwischen Wohn- und Funktionsgebäuden. Das Prinzip, in den Erdgeschossen der Wohngebäude Geschäfte und Gaststätten einzurichten, wurde verworfen. Gerade in der Stalinallee gab es immer wieder Probleme mit zu kleinen Geschäften und fehlenden Lagerräumen. Zudem hatte sich die Einrichtung von Restaurants mit Küchen sowie von Lebensmittelläden mit Obst-, Fleisch- oder Fischangebot in Wohngebäuden als nicht sonderlich hygienisch erwiesen. Dazu kamen die Geruchs- und Lärmbelästigung der Anwohner.

Die Verkaufseinrichtungen sollten großzügig geschnitten sein und rundum verglast werden. In dieser Phase wurden bereits das Kino International, das »Café Moskau« und das 13-geschossige Hotel Berolina konzipiert. Die Straßenbreite sollte auf 120 Meter erweitert werden. Zwar schaffte man die Fertigstellung der Wohnbebauung nicht wie angekündigt bis Ende 1961, doch bis 1965 entstanden in dem Gebiet 4674 Wohnungen mit Fernheizung in Häusern mit Fahrstuhl und Müllschlucker.

Die neue Richtung des Städtebaus, die prägend für die Ulbricht-Zeit war, gruppierte die Wohnhäuser um hohe, repräsentative Gebäude. Deren Nutzung war durchaus programmatisch zu verstehen. Universitätsbauten, wie später in Leipzig und Jena, sollten Kathedralen des Fortschritts sein. Nicht mehr die Beseitigung des Wohnungselends stand, wie noch in den fünfziger Jahren, im Mittelpunkt der Stadtplanung, sondern Stätten der Bildung, der kulturvollen Freizeitgestaltung, des gehobenen Konsums. Architektonisch fand die DDR den Anschluss an die internationale Moderne. Hermann Henselmann, Architekt der in den frühen fünfziger Jahren im Zuckerbäckerstil errichteten Stalinallee, kehrte künstlerisch zu seinen Wurzeln zurück und knüpfte an die Tradition des Bauhauses an – allerdings ohne diese deutlich zu benennen. Ihren spezifischen Stil erhielt die DDR-Architektur durch große Wandmosaike und andere Kunst am Bau.

Das 1961 bis 1964 errichtete »Haus des Lehrers« stand am Beginn der städtebaulichen Euphorie. Lehrer hatten als Erzieher der künftigen Generation, die einst im Kommunismus leben sollte, eine zentrale Stellung. Der zwölfgeschossige Stahlskelettbau steht für den Beginn einer neuen Periode in der DDR-Geschichte. Das betrifft die Bautechnik, den Architekturstil, die künstlerische Gestaltung der Fassade und die Innenausstattung ebenso wie das Nutzungskonzept. Erstmals in der DDR erprobten Architekten die industrielle Bauweise. Wie Teile eines Baukastens sollten genormte und in Serie produzierte Betonteile für verschiedene Gebäude verwendet werden. Dadurch wurden die Baukosten erheblich gesenkt und ein grandioser Aufschwung des Städtebaus erst möglich gemacht. Die Vorhangfassade – auch dies war eine Neuheit in der DDR – bestand ausschließlich aus Glas- und Aluminiumteilen.

Der 125 Meter lange und sieben Meter hohe Wandfries aus Glas-, Email-, Keramik- und Metallelementen entstand nach einem Entwurf von Walter Womacka. Er legt sich um das Haus wie eine Bauchbinde um ein hochgestelltes Buch – ein durchaus naheliegendes Symbol für ein »Haus des Lehrers«. In simpler und einprägsamer Bildsprache propagiert der Fries Optimismus, Zukunftsglauben, Wissenschafts- und Technikeuphorie, Jugendlichkeit und Schönheit, den Glauben an den Sozialismus und die Arbeiterklasse.

Der neue Alexanderplatz

Noch ehe die Bauten der Karl-Marx-Allee fertig waren, begann ein ehrgeiziges Bauprogramm rund um den Alexanderplatz. Das gesamte Stadtzentrum Ost-Berlins einschließlich der Straßen und Verkehrswege wurde umgekrempelt. Vier Tangentialstraßen mitsamt Unterführungen waren geplant. Das eigentliche Zentrum, der Alexanderplatz mit seinen Bauten, wurde stillgelegt und war nur noch zu Fuß oder mit S- und U-Bahn zu erreichen. Die Gesamtkomposition störende Bauwerke wurden abgerissen, so ein Textilkaufhaus direkt am Bahnhof Alexanderplatz und die gesamte Rathausstraße mit Wohnhäusern und Geschäften.

Der neue Alex war ein Lieblingsprojekt von Walter Ulbricht, der gern persönlich ins Baugeschehen eingriff. Überliefert ist, dass er es liebte, am Stadtmodell zu stehen und zum Ärger der Fachleute die Bauwerke wie Riesenspielzeuge hin und her zu schieben.

In Klaus Schlesingers Roman *Trug* besucht »der erste Mann«, in dem man durchaus Walter Ulbricht erkennt, den Planungsstab einer Großbaustelle. »Noch einmal schreitet er die Arbeitsplatte mit dem Modell ab, geht – um die Perspektive seines Blicks zu ändern – in die Hocke, steht wieder auf, beugt sich hinüber, um irgendetwas näher in Augenschein zu nehmen, sieht kurz auf die Uhr, streckt die Hand in die städtische Kunstlandschaft, greift das aus Sperrholz gebastelte Modell des Kulturzentrums (...), löst es mit leicht rüttelnder Handbewegung von der großen Platte und stellt es mitten, indem er einige andere Modelle wie Post, Zeitungskiosk und Kaufhalle auf gleiche Weise entfernt und beiseite schiebt, ins geographische Zentrum des Modells, ruft mit seiner nuschelnden, hohen Stimme: Das Wichtige muß in die Mitte, ja!? und gibt das Zeichen zum Aufbruch. Die Zurückbleibenden stehen in stummer Fassungslosigkeit, ja mit Entsetzen geschlagen.«[12]

Die zusätzlichen Kosten der Neuplanung sind immens, aber das Wort des »ersten Mannes« ist Gesetz. Einige Zeit später kündigt er erneut seinen Besuch an. Der Hauptheld des Romans befestigt vorsichtshalber die Sperrholzhäuser mit Schrauben fest an die Platte. »(...) als der spitzbärtige Staatsmann wie zum Abschied und beinahe liebevoll mit der Rechten über die Häuserreihe streicht, einen Moment stutzt, mit dem Blick über das Modell gleitet, an dem nun doch nicht ganz in der örtlichen Mitte stehenden Modell des Kulturzentrums hängenbleibt, den Finger darauf legt und eine Bewegung macht, als wolle er es ganz leicht ankippen«, stellt er fest, dass sich das Holzmodell nicht bewegen lässt. »(Er) läuft (...) rot an, dreht sich im gleichen Moment schroff um und verläßt die Baracke grußlos.«[13]

Für den Romanhelden hat dieser Streich bittere Konsequenzen. Er wird strafversetzt in den Gemüsehandel. Die Geschichte ist Fiktion, doch überliefert ist, dass Ulbricht persönlich entschieden hat, den Fernsehturm weder in den Müggelbergen noch im Volkspark Friedrichshain, sondern als gigantisches Wahrzeichen im Herzen von Ost-Berlin zu errichten.[14] Das östliche Stadtzentrum rund um den Alexanderplatz ist, so wie es sich bis heute dem Betrachter darbietet, Ulbrichts Schöpfung.

Als im September 1965 die alte Verkehrsstruktur aufgehoben wurde, herrschte tagelang ein Verkehrschaos in Berlin. Keine Straßenbahn und kein Bus fuhren mehr pünktlich. Die Berliner hatten viel zu meckern. Den vorbeirasenden schwarzen Limousinen, die auf dem Weg von der Waldsiedlung Wandlitz, wo ab 1960 die Mitglieder des Politbüros des Zentralkomitees (ZK) der SED wohnten, zur Parteizentrale, dem Staatsratsgebäude und den Ministerien über die Protokollstrecke rasten, schickten sie manch hämische Bemerkung hinterher. Die Entscheidung, die Straßenbahn vom Alex zu verbannen, müssen Leute gefällt haben, die nie zu Fuß vom Bahnhof Alexanderplatz bis zur Straßenbahnhaltestelle Mollstraße gelaufen waren.

Nur das Berolina- und das Alexanderhaus überlebten die Abrisswut der Stadtgestalter. Rund um den Alex entstanden repräsentative Großbauten wie das Centrum-Warenhaus, das Hotel Stadt Berlin, das Haus der Statistik, Wohngebäude in der Rathausstraße und der Karl-Liebknecht-Straße. 1965 begannen die Bauarbeiten, und bis 1967 verwandelte sich das Stadtzentrum in eine einzige Baugrube. Die Straßenbahn- und Buslinien, die bisher vom Bahnhof bequem erreichbar waren, erreichten die Fahrgäste erst nach längeren Wanderungen. Wer zwischen Alex und Karl-Marx-Allee zu Fuß unterwegs war, musste sich zwischen schlecht beleuchteten Unterführungen und dem lebensgefährlichen Gang über die Schnellstraße entscheiden.

Der neue Alex wurde eine Art Utopie aus Glas, Stahl und Beton, ein Stadtraum für Großinszenierungen, wo der Einzelne in der Masse unterging. Für Jugendtreffen und Volksfeste war er ein idealer Ort. Von den Aufmarschplätzen der fünfziger Jahre, wie dem Marx-Engels-Platz, unterschied sich der neue Alex wesentlich. Hier sollten die Menschen nicht in Reih und Glied marschieren, sondern einkaufen gehen, Kaffee trinken, am Brunnenrand sitzen und Eis essen. Das Stück trug den Titel »Sozialistische Menschengemeinschaft« und machte jeden Passanten zum Komparsen einer großen Inszenierung.

Eine Studentin der Agrarpädagogik im Lesesaal der Pädagogischen Fakultät der Humboldt-Universität. Sie arbeitet an ihrer Diplomarbeit zum Thema »Wissensspeicherung für die landwirtschaftliche Berufsausbildung«, 15. März 1968.

Drittes Kapitel
Jugendkultur

Der Jugend mehr Vertrauen

Vermutlich verblüfft entnahm die Leserschaft dem *Neuen Deutschland* vom 21. September 1963, dass die Jugend ohne »Gängelei, Zeigefingerheben und Administrieren« erzogen werden sollte. Das waren für DDR-Verhältnisse erstaunliche Ankündigungen. Welche praktischen Folgen das vom Politbüro des ZK der SED verabschiedete Jugendkommuniqué auch haben sollte, es war ein deutliches Signal in Richtung eines offeneren Umgangs mit der Jugend. In dem Dokument wurden die Bereitschaft zum Aufbau und die Verteidigung des Sozialismus gefordert, doch die Parteiobrigkeit warb gleichzeitig für mehr Toleranz, Offenheit und Individualität. Die Verfasser betonten den Unterschied zwischen einer Diskussionsveranstaltung und einem Tanzabend und wollten künftig hinsichtlich Musikrichtungen keine Vorschriften mehr machen. »Welchen Takt die Jugend wählt, ist ihr überlassen«, heißt es in der SED-Entschließung. »Hauptsache, sie bleibt taktvoll!« Damit war der damals populäre Twist parteiamtlich zugelassen, und der 1. Sekretär des Zentralrates der FDJ Horst Schumann legte vor den klickenden Kameralinsen der Reporter eine »flotte Sohle« aufs glatte Twistparkett.

Der bislang offiziell verpönten westlichen Schlagermusik waren nun Tür und Tor geöffnet. Insbesondere die Beat-Musik zog in die DDR ein. Auf den Tanzabenden in den Jugendklubs oder in Gaststätten erklangen die Songs der Beatles vom Tonband oder von den wenigen Schallplatten, die ihren Weg in die DDR gefunden hatten. 1965 erschienen beim DDR-Plattenlabel Amiga sogar eine Langspielplatte und drei Singles von den Beatles. Zunehmend wurde die Musik von DDR-Bands nachgeahmt. Sowohl die Musiker als auch das jugendliche Publikum wollten ihren Idolen aus Liverpool möglichst ähnlich sein und ließen sich zum Entsetzen der älteren Leute die Haare über die Ohren wachsen.

Die Haare wurden länger und die Röcke kürzer. Nach dem Jugendkommuniqué war es für Eltern, Lehrer und Vorgesetzte nicht mehr ganz so einfach, mit Verboten auf die neuen Moden zu reagieren. Bald schon zeigte sich, dass die Partei der Geister, die sie gerufen hatte, nicht mehr Herr wurde.

»Damals begann, was gute Genossen ›die ideologische Aufweichung des Sozialismus‹ nannten«, schrieb Hans Noll. »Der spürbare Erfolg dieser Aufweichung wurde mit der ›raffinierten Demagogie des Gegners‹ begründet. Aber daran lag es nicht. Wir hatten einfach das Gefühl, daß die Zentrale auf unsere alltäglichen Lebensprobleme nicht reagierte (...). Wie war es mit Disko-Musik, modischer Kleidung, mit Freizeit und Sex? Die Angebote der Zentrale, geprägt vom hausbackenen, prüden und verlogenen Geschmack der alten Genossen, fanden wir insgeheim lächerlich. Als es nicht mehr anders ging, wurden in den DDR-Diskotheken die Beatles und BeeGees gespielt. Doch konnten wir uns dieser kindlichen Genüsse ungestört erfreuen? Die Zentrale schien zu denken: Da sei Gott vor! Die Jugend, diese Reserve, dieses Material, durfte nicht vom Gegner verdorben werden. Man schirmte uns ab und steuerte gegen, vor allem, indem man die ›Taktik des Gegners‹ entlarvte. Wir erfuhren, daß die Musik der Beatles und der BeeGees nicht nur unmoralisch war, sondern auch ein Vehikel der ›ideologischen Diversion‹. Vorsorglich wurde alles unterdrückt und für unerwünscht erklärt: lange Haare, zu enge oder zu weite Hosen, bunte Plastiktüten und Kaugummis, Anglizismen oder gar Amerikanismen. Jede harmlose Mode, Mini-Röcke, Maxi-Röcke, gestreifte Hemden, diese Art zu tanzen und jene, bestand einen langen Kampf, ehe sie von der Zentrale notgedrungen hingenommen wurde. Und einige besonders verhärtete Genossen führten nach wie vor ihren Privatkrieg dagegen, mit heimlichem Wohlwollen der Zentrale, und in dem beglückenden Gefühl, in einer vom Westen aufgeweichten Welt als sozialistischer Partisan ›unwandelbare Treue zur Sache‹ unter Beweis zu stellen. Es war nicht weiter bemerkenswert, wenn junge Leute wegen unerwünschten

Tragens von Blue Jeans oder Vollbärten folgenschwere Eintragungen in ihre Kaderakten erhielten, auch nicht, wenn man sie deshalb von Oberschulen und Universitäten relegierte. Sie konnten sich ›in der Praxis bewähren.‹«[15]

Das Dilemma der Parteiführung war offensichtlich: Verwehrte sie den Jugendlichen das bisschen Freiheit, sich modisch zu kleiden, die Beatles zu hören und Twist zu tanzen, schuf sie ein Unruhepotenzial. Öffnete sie dagegen der imperialistischen »Unkultur« die Türen, konnte es passieren, dass diese sich nicht wieder schließen ließen und mit den Beat-Rhythmen und Blue Jeans freiheitliches Gedankengut in die ummauerte DDR eindrang.

Feldzug gegen die Gammler

»Ihr Anblick bringt das Blut vieler Bürger in Wallung: verwahrlost, lange, zottlige, dreckige Mähnen, zerlumpte Twist-Hosen. Sie stinken zehn Meter gegen den Wind. Denn Waschen haben sie ›freiheitlich‹ aus ihrem Sprachschatz gestrichen. Und von einer geregelten Arbeit halten die meisten auch nichts«, schimpfte das *Neue Deutschland* am 17. Oktober 1965.[16] Die SED-Propaganda hatte ein neues Feindbild entdeckt – die Gammler. Das Zentralorgan zog auch gleich einen treffenden Vergleich: »Ein hübsches Mädchen oder ein frischer Junge ärgert sich über einen Pickel auf der Nase oder über Mitesser im Gesicht. Verständlich. Die Jugend unserer Republik ärgert sich auch über ›Mitesser‹, die das Antlitz der Jugend verunstalten.«[17]

In Ost-Berlin war der Bahnhof Lichtenberg der bekannteste Treffpunkt der Gammler. Im stickigen, halbdunklen Zwischengeschoss zwischen S- und U-Bahnsteigen sammelten sich die »Lichtenberger Bahnhofbeatles«. Sie hörten Musik, und wenn einer ihrer Lieblingssongs erklang, sangen sie laut mit. Da half nur die zupackende Kraft des Kollektivs, und das war wörtlich gemeint. In einer zehnten Klasse der Ernst-Wildangel-Oberschule im Stadtbezirk Mitte gab es auch so einen Gammler. »Und die Klasse handelte! Als er der Aufforderung, sich die Haare schneiden zu lassen, nicht nachkam, besorgten das seine Klassenkameraden – bei dieser langen, fettigen, strähnigen Mähne nicht ohne Ekel.«[18] In einer anderen Schule gab es einen »Leitgammler«. »Der Schüler roch nicht, er stank (...). Einige FDJ-Mitglieder halfen dem ab. Nach dem Motto ›Greif zur Seife, Kumpel‹ wurde er geschrubbt und seinem Kopf ein menschenwürdiges Aussehen gegeben.«[19]

Eine offenbar inszenierte Leserbriefkampagne nahm diskriminierende Züge an. Eine Schülerin schrieb – oder es wurde ihr in die Feder diktiert: »In unserer Klasse wurde in den letzten Tagen natürlich auch viel über die Gammler gesprochen. Ich finde sie abscheulich. Wer so herumläuft, ist auch geistig zurückgeblieben!«[20] Ein anderer Schüler kam mit der Bemerkung zu Wort: »Jetzt weiß ich wenigstens, wie die Neandertaler mal aussahen.« Gaby S. meinte: »›Wie können Mädchen mit solchen Typen rumlaufen! Ich würde ihnen zwei Mark in die Hand drücken und sie zum Friseur schicken.‹«

In der Kampagne ging es nicht wirklich um die Gammler vom Bahnhof Lichtenberg. Sie richtete sich gegen die Jugendpolitik, die seit 1963 ein wenig Öffnung geduldet hatte. Damit sollte Schluss sein. »Es geht nicht nur um Haarmoden, Hosenformen, auch nicht um äußere Unsauberkeit«, schrieb eine Frau in der *Neuen Zeit,* dem Organ der CDU, über einen Gammlerprozess, »es geht um den Schutz der Gesellschaft und damit des einzelnen vor Gewalt, vor Zersetzung der Moral. Wer las, worüber verhandelt werden mußte: über Landfriedensbruch, Vergewaltigung, Überfall, der sagte nicht mehr: ›Laßt doch der Jugend ihren Lauf!‹ (...) Wir wissen, daß unser Gegner, nachdem ihm der antifaschistische Schutzwall das unmittelbare Einwirken auf unsere Entwicklung unmöglich gemacht hat, Mittel der ideologischen Diversion gegen uns einzusetzen versucht: Die Propagierung des Skeptizismus, der ›Sex-Kultur‹, die Verherrlichung einer Lebenshaltung, die durch Triebenthemmung, Brutalität und Anarchismus gekennzeichnet ist. Gegen das Leitbild der ›verlorenen‹ Generation, wie es in imperialistischen Ländern von den Massenmedien (...) aufgebaut wird, ist ein cordon sanitaire, ein cordon humanitaire notwendig.«[21]

Auch Oberschüler und Studenten gerieten ins Visier der Obrigkeit. Die »Mokka-Milch-Eisbar« in der Karl-Marx-Allee war einer ihrer Treffpunkte. In einem MfS-Bericht heißt es: »Die Zusammensetzung und die Anzahl der Gruppen hat sich in der Vergangenheit ständig verändert, man kann aber feststellen, daß ein gewisser Stamm von Jugendlichen jeweils bestehen blieb. Die in der Milchbar zusammentreffenden Jugendlichen kommen aus allen acht Stadtbezirken der Hauptstadt. Sie haben einen Altersdurchschnitt von 17 bis 18 Jahren. In diesem Jahr haben sich in der ›Mocca-Milch-Eisbar‹ fünf Gruppen gebildet. (...) Die Jugendlichen (...) tragen überwiegend lange Haare. Sie sind fast alle mit ›Parkern‹ (Kapuzenmänteln, Kutten) westdeutschen oder amerikanischen Ursprungs bekleidet. Ein Teil dieser Jugendlichen besucht Polytechnische oder Erweiterte Oberschulen, andere sind Lehrlinge oder Facharbeiter. (...) Fast alle Jugendlichen dieser Gruppierung haben eine negative Einstellung zu den gesellschaftlichen Verhältnissen in der DDR.«[22]

Das Misstrauen der Stasi sollte sich als berechtigt herausstellen. Als am 21. August 1968 Panzer des Warschauer Pakts in die Tschechoslowakei einrollten, um das Experiment einer Verbindung von Freiheit und Sozialismus, den »Prager Frühling« zu beenden, entschlossen sich einige Jugendliche zu Protestaktionen. Einige kannten sich aus der »Mokka-Milch-Eisbar«. Sie malten mit Filzstiften Parolen gegen den Einmarsch auf Zettel und warfen diese in Hausbriefkästen. Andere schrieben im Schutz der Dunkelheit den Namen des tschechoslowakischen Reformpolitikers Alexander Dubček an Häuserwände. Sie wurden verhaftet und zu Gefängnisstrafen verurteilt, die meisten davon wurden allerdings schon vor Jahresende zur Bewährung ausgesetzt. Doch der Geist der versäumten Rebellion von 1968 blieb bis in den Herbst 1989 lebendig. Die mit grüner Farbe an die Universitätsbibliothek in der Clara-Zetkin-Straße gemalte Inschrift »Dubček« wurde sorgfältig übermalt. Nach einigen Jahren schlug die grüne Ölfarbe wieder durch – und wenigstens jene Passanten, denen der Name noch etwas sagte, konnten die verschwommene Schrift an der Wand deuten.

Die zwei X überfluten 1969 zum 20. Jahrestag der DDR das Land. Hier eine Installation auf dem neu gestalteten Berliner Alexanderplatz kurz vor dessen Fertigstellung, links der Fernsehturm, davor das Berolinahaus, rechts das Hotel »Stadt Berlin«, 1. Oktober 1969

Viertes Kapitel
XX. Jahrestag der DDR

Zwei Kreuze für die DDR

Die SED-Führung liebte Jubiläen und Jahrestage. Je mehr sie in der Ereignislosigkeit der Diktatur versank, desto aufwendiger wurde die Geschichte zelebriert. Erbarmungslos rollten Gedenkjahre zur Erinnerung an die Große Sozialistische Oktoberrevolution oder an Karl Marx über das Land. Am meisten aber liebte man die runden Republikgeburtstage. Die Zahlen wurden wie die fortlaufenden Nummerierungen von Kaisern, Päpsten und kommunistischen Parteitagen in römischen Ziffern geschrieben, um damit Würde und Ewigkeit zu symbolisieren. Zum 20. Jahrestag der DDR wurde das Land mit den römischen Zahlzeichen geradezu überflutet. Auf Plakaten, an Häuserwänden, in Druckschriften aller Art und im Fernsehen waren die beiden Kreuze zu sehen.

Die wirtschaftliche Situation war wieder sehr angespannt. Der Volksmund reimte ironisch: »Keine Kohlen im Keller, keine Kartoffeln im Sack – es lebe der zwanzigste Jahrestag!« Für die Partei- und Staatsführung war dies ein Grund mehr, die Feierlichkeiten gigantisch zu inszenieren. Kulisse für das zentrale Volksfest sollte der neu gestaltete Alexanderplatz sein. Hastig wurde ihm der letzte Schliff verliehen. Bautrupps der Nationalen Volksarmee verlegten Gehwegplatten und stellten Blumenkübel auf. Schließlich war die Fassade am 7. Oktober 1969 notdürftig fertig.

Auch der Fernsehturm, der baulich wie technisch noch nicht ganz fertig war, sollte anlässlich des 20. Jahrestages eröffnet werden und den Sendebetrieb des zweiten Fernsehprogramms in Farbe aufnehmen. »Der gesamte Turm (ist) gekennzeichnet von Bauschutt, Montageabfällen und Verschmutzung«, heißt es in einem internen Bericht.[23] Dennoch kletterten Walter Ulbricht und die Genossen des Politbüros am 3. Oktober über den Bauschutt, der Staatsratsvorsitzende drückte auf einen Knopf der neuen Sendeanlage und sprach die denkwürdigen Worte: »Nun wollen wir uns davon überzeugen, ob diese ganze Technik auch richtig funktioniert.«[24] Tatsächlich erschien auf den in der Vorhalle aufgestellten Monitoren das farbige Pausenbild des Deutschen Fernsehfunks (DFF) mit dem Brandenburger Tor. Doch war dieser technische Erfolg wenigstens zum Teil Fiktion. Das erste Programm des DFF wurde erst ab 4. April 1970 über den Fernsehturm ausgestrahlt, was sich in Berlin und Umgebung in einer deutlich schlechteren Bildqualität auswirkte.

Die Rolling Stones auf dem Springer-Hochhaus

Noch ein anderes Ereignis, das mit dem 20. Republikgeburtstag verbunden war, ging in die geheime Geschichte der DDR ein. Es war der Auflauf von Rolling-Stones-Fans zu einem Konzert, das nicht geplant war und auch nie stattfand. Am Anfang stand ein Gerücht. Es tauchte im September 1969 auf und zog seine Kreise. Am 7. Oktober, so wurde gemunkelt, würden auf dem Dach des Springer-Hochhauses direkt an der Mauer die Rolling Stones ein Konzert geben und ganz Ost-Berlin beschallen. Jeder denkende Mensch wusste, dass dieses Gerede jeder Grundlage entbehrte. Dennoch war das Gerücht nicht zum Verstummen zu bringen. Unter den Rockfans in der DDR-Provinz hieß es, sie hätten es im RIAS gehört. Die Fans glaubten es, und viele beschlossen, zu diesem Anlass nach Berlin zu fahren.

In den Akten des MfS taucht das Gerücht zum ersten Mal am 13. September auf: »Der Beschuldigte schrieb in der Straße am Schenkenbusch in Dessau auf die Asphaltdecke: ›Rollingstones-Fans fahrt nach Ber‹. Durch sich nähernde Passanten nahm er davon Abstand, das Wort Berlin zu vervollständigen.«[25] Zwei Wochen später tauchten im Berliner Stadtbezirk Prenzlauer Berg Handzettel auf: »Die Rolling Stones kommen nach Westberlin«. Unter Schülern und Lehrlingen kursierte das Gerücht, im RIAS und bei Radio Luxemburg sei gemeldet worden, am 7. Oktober spielten die Stones auf dem Springer-Hochhaus. Das MfS leitete Maßnahmen ein: »Jugendliche mit dekadentem Äußeren« außerhalb Berlins wurden zu Aussprachen bestellt und erhielten während der Feierlichkeiten Berlinverbot. Einigen wurde der Personalausweis entzogen und ein Ersatzpapier, der sogenannte PM 12, ausgehändigt. An dessen Besitz konnte jeder Volkspolizist sofort erkennen, »wes Geistes Kind der Betreffende« war, und ihn zur Vernehmung festsetzen oder unter Aufsicht nach Hause schicken. Das MfS recherchierte in West-Berlin, ob ein Gastspiel der »Musikgruppe Rolling Stones« geplant sei. Die Tschekisten konnten aber nichts dergleichen vermelden. Auch in der Umgebung des Springer-Hochhauses bemerkten sie keine Konzertvorbereitungen. In den Tagen vor dem Republikgeburtstag verstärkten die Sicherheitsorgane die Kontrollen rund um Berlin. Jugendliche mit langen Haaren, in Kutten und Jeans wurden den staatlichen Kontrollinstanzen zugeführt, vernommen und unter Strafandrohung nach Hause geschickt. Nach einer Festnahme erfolgte oft eine Mitteilung an den Betrieb oder die Schule. Allein am 7. Oktober wurden 238 verdächtige Jugendliche, die bis Berlin durchgekommen waren, auf den Bahnhöfen der Hauptstadt »gestellt«.

Während die »ordentlichen« Bürger der Hauptstadt bei der Militärparade in der Karl-Marx-Allee Spalier standen, tauchten in der Leipziger Straße Gruppen von Jugendlichen auf, die offenbar nichts mit den offiziellen Feierlichkeiten am Hut hatten. Es kam zu ersten Festnahmen. Gegen 14 Uhr verstärkte sich der Zustrom. Erstaunlicherweise war die Polizei schlecht auf die Situation vorbereitet. Sie verlor angesichts der Grenznähe die Nerven und ging mit Schlagstöcken und Hunden gegen Ansammlungen von Jugendlichen vor. Der U-Bahn-Verkehr wurde eingestellt, um einen weiteren Zustrom Jugendlicher zu verhindern. Polizeikräfte sperrten die Leipziger Straße. Als Antwort schallten ihnen Sprechchöre entgegen: »Wir wollen Stones« und »Wir wollen Freiheit«. Auch »Dubček, Dubček« wurde gerufen. »Ordnungsgruppen« in Blauhemden der FDJ drängten die Stones-Fans in Nebenstraßen ab. »Unter Hochrufen auf unsere Republik und die Partei der Arbeiterklasse«, wie ein Stasi-Bericht vermeldete.[26]

Insgesamt wurden 430 Jugendliche festgenommen und mit Lastkraftwagen zu den Zuführungspunkten gebracht. Dort wurden sie angebrüllt, geprügelt und verhört. Stundenlang mussten Zugeführte mit gespreizten Beinen und erhobenen Händen an der Wand stehen, dann wurden die meisten wieder auf freien Fuß gesetzt.

Der Abschlussbericht des MfS zur Aktion »Jubiläum« enthält Verbesserungsvorschläge, um künftig die Abfertigung von Zugeführten zu beschleunigen. Man schlug den »Einsatz vielfältiger und flexiblerer Mittel der Massenarbeit wie Lautsprecherwagen, Singeklubs der FDJ, Verbreitung von Gegengerüchten« auf den Straßen vor.[27]

Die Vorfälle rund um den 20. Jahrestag waren an Peinlichkeit kaum zu überbieten. Zwar gibt es überall auf der Welt Tumulte am Rande von Großveranstaltungen, doch in der DDR war das massenhafte Auftauchen von Anhängern der offiziell verpönten Rolling Stones ein Politikum. Auf Plakaten, in den Wochenschauen und im Fernsehen sahen DDR-Jugendliche immer adrett aus. Sie hatten einen ordentlichen Haarschnitt und waren anständig gekleidet, möglichst im FDJ-Hemd. Daher waren die Teenager in den ausgefransten Jeans und verwaschenen Parkas, die zusammenströmten, um westlich dekadente Musik zu hören, ein Schlag ins Gesicht der Jugendfunktionäre. Eine echte Gefahr für den Bestand des Staatswesens waren die Beat-Fans nicht, denn ihr Protest war unpolitisch und spontan. Und es gelang den Sicherungskräften schnell, Ruhe und Ordnung herzustellen. Doch die inszenierte Harmonie des Jubelfestes war durch den schrillen Misston gründlich verdorben worden.

VIERTER TEIL

Die Hauptstadt
1971 bis 1986

Unterzeichnung des Grundlagenvertrages zwischen der DDR und der Bundesrepublik durch den Staatssekretär beim Ministerrat der DDR Michael Kohl (rechts) und Bundesminister für besondere Aufgaben Egon Bahr (links) im Festsaal des Hauses des Ministerrats, 21. Dezember 1972

Erstes Kapitel
Internationale Anerkennung

Neue Ostpolitik

Nachdem die Welt während der Kuba-Krise im Oktober 1962 nur knapp einer nuklearen Katastrophe entkommen war, erstrebte auch die US-Administration eine »Politik des Brückenschlags«, und es gab erste Erfolge auf diesem Weg. Seit der Bildung der sozialliberalen Koalition unter Willy Brandt im Oktober 1969 gerieten auch in Deutschland die festgefahrenen Frontlinien des Kalten Krieges in Bewegung. Berlin stand wieder im Fokus der Weltpolitik.

Am 26. März 1970 begannen im Kammergericht am Kleistpark, dem ehemaligen Gebäude des Alliierten Kontrollrates, in West-Berlin Verhandlungen der Botschafter der vier Siegermächte über den Status von Berlin. Sie zogen sich lange hin, und die geplanten Verträge der Bundesrepublik mit der Sowjetunion, Polen, der Tschechoslowakei und der DDR bildeten ein kaum entwirrbares Geflecht. Zunächst schlossen die Bundesrepublik und die Sowjetunion ein Gewaltverzichtsabkommen. Es folgte ein Abkommen mit Polen, das die Oder-Neiße-Linie als endgültige Grenze zwischen Deutschland und Polen festschrieb. Die Ratifizierung dieser Abkommen, die innenpolitisch in der Bundesrepublik hoch umstritten waren, wurde bis zum Verhandlungsabschluss unter den Siegermächten aufgeschoben. Erst am 23. August 1971 lag den verhandelnden Botschaftern bei einer letzten Sitzung in der Residenz des US-Botschafters in Berlin-Dahlem ein kompletter Entwurf in englischer, französischer und russischer Sprache vor. Hinsichtlich der deutschen Übersetzung, die ohnehin keine Rechtsverbindlichkeit hatte, gab es einige begriffliche Auseinandersetzungen. Im Westen hieß das Vertragswerk schließlich »Viermächteabkommen über Berlin«, in der DDR »vierseitiges Abkommen über Westberlin«. Viel gestritten wurde zum Beispiel über die Frage, ob die Beziehungen zwischen der Bundesrepublik und West-Berlin Bindungen oder Verbindungen zu nennen seien. Die westliche Seite beharrte auf dem umfassenderen Begriff Bindung, die östliche bevorzugte Verbindungen.

Doch entscheidend war, dass erstmals seit 1945 der Zugang zu West-Berlin zwischen den Siegermächten vertraglich geregelt war. Auch das Verhältnis zwischen der Bundesrepublik und West-Berlin war nun klar definiert. Die Bindungen beziehungsweise Verbindungen an das Bundesgebiet wurden akzeptiert, aber West-Berlin war nicht Teil der Bundesrepublik. Hoheitliche Akte der Bundesregierung, wie Parlamentssitzungen oder Wahlen des Bundespräsidenten hatten hier zu unterbleiben. Das Berlinabkommen ermöglichte nun auch Besuche von West-Berlinern in Ost-Berlin und der DDR, die bis dahin nur über den Trick eines Zweitwohnsitzes im Bundesgebiet und mit westdeutschem Pass einreisen konnten.

Deutsch-deutsche Verhandlungen

Anfang der siebziger Jahre war der Weg frei für ein Transitabkommen zwischen der DDR und der Bundesrepublik sowie für einen Grundlagenvertrag zwischen den beiden deutschen Staaten, die nun ausgehandelt wurden. Die Detailfragen lassen sich auf eine kurze Formel bringen: Beiden Seiten ging es um eine Abwägung zwischen menschlichen Erleichterungen und grundsätzlichen Statusfragen. Die Westseite und ihr Chefunterhändler Egon Bahr setzten darauf, dass Begegnungen der Menschen langfristig die Einheit der Nation fördern und eines Tages wiederherstellen würden. Dafür war die Bundesrepublik bereit, dem Osten in Statusfragen entgegenzukommen. Für die Ostseite war der Ansatz umgekehrt: Die DDR war in praktischen Fragen zu Zugeständnissen bereit, um durch die völkerrechtliche Anerkennung der DDR, langfristig eine eigene Nation zu werden, die für die Bundesrepublik als Ausland gelten sollte.

Die Verhandlungspartner einigten sich auf die »Unverletzlichkeit der Grenzen«, ließen aber die Möglichkeit offen, sie eines Tages im beiderseitigen Einvernehmen zu ändern. Sie vereinbarten die Einrichtung von »Ständigen Vertretungen«, die ausdrücklich keine Botschaften waren. Beide Staaten bekannten sich dazu, ihre Hoheitsrechte gegenseitig zu respektieren. Auch auf den Gebieten Kultur, Wissenschaft und Sport wollten die beiden deutschen Staaten zusammenarbeiten. Von der heiklen Frage der Staatsbürgerschaft stand allerdings kein Wort im Vertrag. DDR-Bürger blieben aus westlicher Sicht »Deutsche im Sinne des Grundgesetzes«.

Vertragsunterzeichnung in Ost-Berlin

Am 21. Dezember 1972 unterzeichneten der Bundesminister für besondere Aufgaben Egon Bahr und der Staatssekretär beim Ministerrat der DDR Michael Kohl den »Vertrag über die Grundlagen der Beziehungen zwischen der Bundesrepublik Deutschland und der Deutschen Demokratischen Republik«, kurz Grundlagenvertrag. Die Zeremonie fand im Festsaal des Alten Stadthauses am Molkenmarkt statt, wo seit 1960 der Ministerrat der DDR residierte. Die Topografie des Ortes war in diesem Fall nicht unwichtig. Zwar war der Molkenmarkt das Herz des mittelalterlichen Berlins gewesen, doch nach den Zerstörungen im Zweiten Weltkrieg hatte man beim Wiederaufbau in den sechziger Jahren den historischen Ort mit einer vierspurigen Durchfahrtsstraße zerschnitten. Der Molkenmarkt war als innerstädtischer Platz nicht mehr zu erkennen. Das 1902 bis 1911 für den Berliner Magistrat erbaute Verwaltungsgebäude, das Alte Stadthaus, stand seitdem einsam neben der Tangente, die den Autoverkehr am Alexanderplatz vorbeiführte. Der Ort der Zeremonie ließ sich also weiträumig absperren, und dafür gab es gute Gründe.

Um jeden Preis wollte die DDR-Führung Szenen verhindern, wie sie sich beim Besuch von Bundeskanzler Willy Brandt am 19. März 1970 in Erfurt abgespielt hatten. Die Menschen hatten die Sperrketten der Polizei durchbrochen und im Sprechchor gerufen: »Willy Brandt ans Fenster!« Der SED-Führung war dieser Vorfall, der durch Journalisten in alle Welt getragen wurde, unsagbar peinlich.

Am 21. Dezember 1972 glich Ost-Berlin einer belagerten Stadt. Die trostlosen weiten Flächen im Zentrum waren fast menschenleer. Die Studenten der Humboldt-Universität waren drei Tage früher in den Weihnachtsurlaub geschickt worden, und das Hauptgebäude Unter den Linden wurde durch zivile Einsatzkräfte des MfS gesichert.[1] Noch sorgfältiger als sonst wurden die Ausweise der Mitarbeiter geprüft, die sich an dem Vorweihnachtstag in die Universität verirrten. In einem von Stasi-Minister Erich Mielke unterzeichneten Befehl war für jede Eventualität Vorsorge getroffen worden: Ein besonderer Sicherungspunkt war das Gästehaus der Regierung im ehemaligen Kronprinzenpalais Unter den Linden. Die Richtung, aus welcher Gefahren zu erwarten waren, blieb unklar. Neben »terroristischen Aktivitäten« sollten »demonstrative Aktionen für bzw. gegen die BRD, SPD, u. a. in Wort, Bild, Schrift, durch Symbole und mit akustischen Mitteln (Kirchenglocken, Sirenen und andere Signale) in allen Bereichen des öffenlichen Lebens unterbleiben. Soweit solche auftreten, sind sie durch geeignete Maßnahmen und bevor sie öffentlichkeitswirksam werden, zu unterbinden und die Initiatoren festzustellen.«[2] Nach der Vertragsunterzeichnung und einem Pressegespräch im Dienstsitz des Ministerrates wurden die Staatskarossen der Gäste aus der Bundesrepublik zum offiziellen Essen in das Kronprinzenpalais geleitet.

Als um 15 Uhr der Weihnachtsmarkt auf dem Marx-Engels-Platz seine Tore öffnete und viele Berliner dorthin strömten, um Riesenrad zu fahren, Zuckerwatte zu essen oder die letzten Weihnachtsgeschenke zu kaufen, befanden sich die Staatskarossen in Begleitung der Sicherheitskräfte bereits auf der Rückfahrt zum Zentralflughafen Berlin-Schönefeld. Die Tatsache, dass die Sondermaschine der Bundesluftwaffe mit Egon Bahr und seiner Begleitung für An- und Abflug Schönefeld nutzte und nicht etwa einen der Flughäfen in West-Berlin, war den DDR-Zeitungen eine besondere Erwähnung wert.

Destabilisierung durch Stabilisierung

Die SED-Führung feierte den Tag der Unterzeichnung des Grundlagenvertrags als einen ihrer größten Triumphe. Aus der »Sowjetzone« war ein »souveräner, völkerrechtlich anerkannter Staat« geworden. Diese Formulierung hatte die DDR-Regierung jahrelang wie eine Beschwörungsformel wiederholt. Nun war sie am Ziel, die deutsche Zweistaatlichkeit schien auf unabsehbare Zeit besiegelt. Und doch plagten die SED-Führung Sorgen, die mehr als ein Wermutstropfen waren. Der DDR drohte der Feind abhanden zu kommen. Der Staat hatte sich in seiner Gegnerschaft zum Westen definiert. Die innere Ordnung brauchte diesen allgegenwärtigen Feind, um die Macht der Schnüffler zu rechtfertigen.

Das *Neue Deutschland* und die anderen Zeitungen in der DDR erwähnten am 22. Dezember 1972 die historische Vertragsunterzeichnung zwar auf der Titelseite, aber nur unten am Fuße des Zeitungsblattes. Oben prangte im Zentralorgan die Losung: »Auf dem bewährten Weg Lenins weiter voran zum Kommunismus«. Mit einem großen Bild und einem langen Bericht wurde über die belanglose Feier zum 50. Jahrestag der Gründung der UdSSR im Jahr 1922 berichtet, an der auch Erich Honecker teilnahm. Die Botschaft war klar: Die DDR würde künftig noch enger an die Sowjetunion heranrücken. Alle gesamtdeutschen Träumereien waren zu beenden. Zwischen der DDR und der Bundesrepublik würden in Zukunft gutnachbarliche Beziehungen herrschen wie zwischen anderen Staaten mit einer gemeinsamen Grenze.

Ein Resultat des Grundlagenvertrags war der Einzug westlicher Diplomaten in die Hauptstadt der DDR. Noch am Tag seiner Unterzeichnung gaben Österreich, Schweden, Indonesien und die Jemenitische Arabische Republik die Aufnahme diplomatischer Beziehungen zur DDR bekannt. Noch vor Jahresende folgte Belgien als erster NATO-Staat. Von nun an brachten die Zeitungen fast täglich Meldungen über die Anerkennung der DDR durch Staaten aus aller Welt.

Durch die Verträge und die internationale Anerkennung änderte sich für die Ost-Berliner fast nichts. Es kamen Diplomaten aus all den Ländern nach Ost-Berlin, in die DDR-Bürger nicht reisen durften. Man erblickte im Stadtbild große Limousinen westlicher Bauart mit dem Kennzeichen CD für Corps Diplomatique. Die Insassen sah man einmal im Jahr im Fernsehen, wenn sie zu Erich Honeckers Neujahrsempfang im Staatsratsgebäude antraten.

Wichtiger waren für die Berliner die Akkreditierung westlicher Journalisten und die Eröffnung von Büros der ARD und des ZDF in Ost-Berlin. Die DDR-Behörden versuchten zwar, deren Arbeit zu behindern, ihre Räume und Wohnungen abzuhören und jeden ihrer Wege zu kontrollieren. Doch das Katz-und-Maus-Spiel führte zu nichts. Der Grund war ganz einfach. Die Katze konnte die Maus zwar jagen, aber - anders als in der Wirklichkeit - nicht fressen, sondern im schlimmsten Fall nur ausweisen. Die Anwesenheit westlicher Journalisten in Ost-Berlin war ein wichtiger Schutz für die sich Ende der siebziger Jahre formierende Opposition. Die Korrespondenten leisteten hier und da praktische Hilfe, da ihre Autos an der Grenze nicht kontrolliert wurden. Die Friedens- und die Bürgerrechtsbewegung wurde über den Umweg der westlichen Medien im ganzen Land bekannt.

Intershops

Bis zu der denkwürdigen Nacht vom 9. zum 10. November 1989 war der Bahnhof Friedrichstraße wohl das seltsamste Bauwerk der Welt. Er war der Übergang zwischen zwei feindlichen Systemen. Nur die Eingangshalle und der südliche Bahnsteig waren dem DDR-Normalbürger zugänglich. Hier gab es einen Zeitungskiosk, Fahrkartenschalter und eine unterirdische Toilettenanlage, deren Wände mit obszönen Zeichnungen und eindeutigen Angeboten bedeckt waren. Die Atmosphäre im Mitropa-Restaurant war so schmierig wie die lange nicht gewechselten Tischdecken. Hier lungerten Stasi-Spitzel, Schieber und Zuhälter in seltener Eintracht herum. Der intellektuelle Teil der Westkundschaft drängelte sich in der winzigen, zu jeder Jahreszeit stickigen Buchhandlung unter der Eisenbahnbrücke, um die letzten Ostmark in Bücher umzusetzen. Der Westreisende begab sich vor 1989 durch eine gesonderte Eingangshalle, den später so genannten Tränenpalast, zu den beiden nördlichen Bahnsteigen der Fernbahn und der S-Bahn oder zur unterirdischen U-Bahn und Nord-Süd-Linie der S-Bahn. Oberhalb der Bahnsteige patrouillierten Posten mit umgehängten Maschinenpistolen.

Die DDR wollte an dem Ost-West-Verkehr auch verdienen. Am 14. April 1962 hatten im Bahnhof zwei Intershops eröffnet. Die West-Fahrgäste konnten hier aussteigen, einkaufen und weiterfahren, ohne von DDR-Zöllnern kontrolliert zu werden. Im Mai 1963 war ein Intershop außerhalb des Grenzbereichs hinzugekommen. Er befand sich am östlichen Aufgang zur S-Bahn, dort, wo später lange Zeit ein Postamt residierte. Besitzer von Devisen konnten hier zollfrei einkaufen. Beliebt waren Tabak und alkoholische Getränke westlicher Produktion, die tatsächlich im Intershop deutlich billiger als im Westen waren. Der Umsatz war beträchtlich und spülte Westgeld in die Kassen der DDR. Die West-Berliner Behörden konnten gegen diese Form der Steuerhinterziehung nichts unternehmen. Sie beschränkten sich auf Stichproben in den U- und S-Bahnzügen. Wer ertappt wurde, hatte eine kleine Ordnungsstrafe zu gewärtigen. Eine regelrechte Zollkontrolle wollte der West-Berliner Senat aus statusrechtlichen Gründen nicht einführen. Die Westseite ging immer noch von der Fiktion einer einheitlichen Stadt unter alliierter Kontrolle aus.

Der Verkauf einheimischer oder zollfreier Waren für Devisen ist für eine Volkswirtschaft mit reiner Binnenwährung sehr lukrativ. Bereits im Jahre 1955 waren in Rostock und Wismar Sonderläden für Schiffsreisende und ausländische Matrosen eingerichtet worden. Das Sortiment beschränkte sich auf Reiseartikel, Spirituosen, Tabak und Süßwaren. 1962 richtete die DDR Devisengeschäfte auf Flughäfen, Überseehäfen, an der Transitstrecke oder in teuren Ausländerhotels ein.

Der zollfreie Handel blieb dem Blick des durchschnittlichen DDR-Bürgers verborgen. Das änderte sich, als nach dem Grundlagenvertrag der Besucherverkehr ab 1973 stetig wuchs und viele Westverwandte kleinere Summen als Geschenke im Osten zurückließen. Nun wurde der Intershop für die SED ein ideologisches Problem. Doch der Devisenhunger des Staates war stärker als die Sorge um die sittliche Reinheit ihrer Bürger. 1974 trat eine Neuregelung der Devisenbestimmungen in Kraft, die DDR-Bürgern den Besitz ausländischer Währungen gestattete. Nun nahm der Umsatz in den Intershops einen rasanten Aufschwung. In der ganzen Republik schossen die charakteristischen Wellblech-Container mit den vergitterten Fenstern wie Pilze aus dem Boden. Insgesamt wuchs ihre Zahl bis zum Ende der DDR auf 470 Verkaufsstellen.

Der größte Devisenladen befand sich in dem 1977 eröffneten Hotel Metropol in der Ost-Berliner Friedrichstraße. Im zweiten Stock gab es ein kleines Warenhaus mit Abteilungen für Kleidung, Heimelektronik, Ersatzteile und anderes, darunter nicht wenige Produkte, die in der DDR entweder überhaupt nicht oder nur sehr schwer zu bekommen waren. Das betraf beispielsweise metallene Badearmaturen und Duschschläuche, elektrische Heizlüfter oder Geschirrspülmaschinen. Begehrte Statussymbole waren »echte« Jeans der Marke Levi's und andere Westkleidung.

Die Parolen vom »verfaulenden Kapitalismus« brachen angesichts der bunten Warenwelt in sich zusammen. Wirklich verfault roch es im volkseigenen Obst- und Gemüsehandel, und zwar selbst dann noch, wenn alle Waren aus den Regalen verschwunden waren. Im Intershop duftete es nach parfümierten Reinigungsmitteln, Waschpulver und Seife, vermischt mit dem herben Duft von frisch geröstetem Kaffee und dem aufregenden Geruch der nagelneuen Hochglanz-Werbebroschüren und Verpackungen. Die Intershops entwickelten sich zu gesamtdeutschen, systemübergreifenden Tempeln der Konsumkultur. Vor allem aber spalteten sie die sozialistische Gesellschaft in zwei Klassen: Die einen hatten Westgeld, die anderen nicht. Gerade die systemtragenden Schichten waren benachteiligt. SED-Funktionären, sogenannten Geheimnisträgern und Angehörigen der bewaffneten Organe waren Westkontakte untersagt. Die D-Mark war dabei, zur illegalen Zweitwährung der DDR zu werden. Immer öfter war von »blauen Fliesen« die Rede, wie das Westgeld umgangssprachlich genannt wurde.

Während der Weltfestspiele in Ost-Berlin herrschte vom 28. Juli bis zum 5. August 1973 in der Hauptstadt der DDR eine bislang ungewohnte Freizügigkeit. So konnte man mitten auf dem Alex sein Lager aufschlagen, ohne dass die Ordnungshüter eingriffen.

Zweites Kapitel
Weltfestspiele

Die Welt trifft sich in Berlin

Vom 28. Juli bis zum 5. August 1973 fanden in Ost-Berlin die X. Weltfestspiele der Jugend und Studenten statt. Es war eines jener Großereignisse, auf deren Organisation sich die DDR gut verstand. Die Leitung oblag der obersten Führungsspitze, und diese mobilisierte alle Kräfte des Staates und der Gesellschaft: das Militär, die Staatssicherheit und die Volkspolizei, die gesellschaftlichen Massenorganisationen, insbesondere die FDJ, aber auch kommunale Einrichtungen, Schulen und Universitäten. Ganz besonders in die Pflicht genommen wurden Wirtschafts- und Handelseinrichtungen. Die Versorgung der Weltfestspiel-Gäste aus aller Welt hatte oberste Priorität. Diese Mobilisierung aller Ressourcen betraf nicht nur Berlin, sondern das ganze Land. Darüber hinaus wurden die Bürger aufgerufen, Privatquartiere zur Verfügung zu stellen, die Vorgärten in Ordnung zu bringen und Fahnen aus dem Fenster zu hängen.

Erich Honecker, seit 1971 als Erster Sekretär des Zentralkomitees der SED Nachfolger Walter Ulbrichts, wollte nach innen und außen einen fortschrittlichen, weltoffenen Staat präsentieren. Auch der eigenen Anhängerschaft und dem Parteiapparat galt es zu zeigen, dass es möglich war, die Zügel zu lockern, ohne die Stabilität der DDR zu gefährden.

Im Vergleich zu den fünfziger und sechziger Jahren waren die Überwachungs- und Disziplinierungsmethoden weniger sichtbar, aber weitaus effektiver. Stasi-Chef Erich Mielke brachte die neue Taktik auf einen kurzen Nenner: »Im übrigen haben wir klar orientiert, daß man sich als Kommunist, als Tschekist diesmal wie die drei Affen verhalten muß und trotzdem sehen, hören und richtig und konsequent handeln, wo es sein muß.«

Während des Festivals war fast alles erlaubt. Bis in die Nacht hinein saßen junge Leute aus aller Welt gemeinsam auf dem Rasen rund um den Fernsehturm, und keiner kontrollierte, welche Lieder sie zur Gitarre sangen. Westliche Gruppen verteilten ungehindert ihre Flugblätter und Broschüren und forderten zum Meinungsstreit heraus.

»Unauffällige« Sicherheit

Der schöne Schein trog. Partei und Staatssicherheit hatten die Weltfestspiele langfristig und sorgfältig vorbereitet. FDJler aus der ganzen Republik wurden in Schulungslager geschickt und erhielten Anweisungen zum Umgang mit feindlichen Argumenten und Provokationen. Dort fanden regelrechte Diskussionsübungen statt, denn es war klar, dass man Vertreter der westdeutschen Jusos oder anderer Organisationen nicht mit den üblichen Phrasen abspeisen konnte.

Doch man verließ sich nicht auf die politische Standfestigkeit. Den Jungfunktionären wurde die Pflicht, jedes abweichende Verhalten und jede ideologische Unklarheit zu melden, eingeschärft. Unter dem Decknamen »Aktion Banner« baute das MfS einen gigantischen Kontroll- und Sicherungsapparat auf.[3] Erich Honecker persönlich bestätigte am 25. Juni 1973 einen von Mielke vorgelegten »Plan der Maßnahmen zur Gewährleistung der Sicherheit während der X. Weltfestspiele«.[4] Die gesamten Ressourcen der MfS-Bezirksverwaltungen Berlin, Potsdam und Frankfurt (Oder) sowie das Wachregiment »Feliks Dzierzynski« standen bereit. Hinzu kamen 4260 speziell eingewiesene hauptamtliche Mitarbeiter des MfS, 1500 ihnen direkt unterstellte Angehörige der Volkspolizei, die Ordnungsgruppen der FDJ und als eine Art schnelle Eingreiftruppe die FDJ-Delegation des MfS sowie Lehrkräfte, Offiziershörer und Lehrgangsteilnehmer der Juristischen Hochschule des MfS und der angegliederten Stasi-Fachschule in Potsdam-Eiche. Das Ministerium des Innern (MdI) stellte dem Polizeipräsidenten von Ost-Berlin insgesamt 19800 Volkspolizisten zur

Verfügung. Die Reserve bildeten die zwei Volkspolizei-Bereitschaften, also gefechtsmäßig ausgerüstete Truppen, sowie 1800 Mitglieder der FDJ-Delegation des MdI und des Sportclubs Dynamo. Die Nationale Volksarmee setzte ihre Eliteeinheit, das Mot.-Schützenregiment 1 in Oranienburg, ein Pionierbataillon in Storkow sowie eine Hubschrauberstaffel in Strausberg in erhöhte Alarmbereitschaft. Die inoffiziellen Mitarbeiter (IM) des MfS sowie zuverlässige Mitglieder der SED befanden sich im Dauereinsatz. In heiklen Situationen sollten die Soldaten des Wachregiments des MfS in FDJ-Blusen erscheinen und den Saal oder wenigstens die »strategischen Punkte« besetzen. Sie waren unschwer daran zu erkennen, dass alle das Festivaltuch auf die gleiche Art über die Schulter gelegt und vorn verknotet hatten.

Die besondere Sorge galt der Sicherheit der Staatsgrenze, zumal die Eröffnungsveranstaltung im Stadion der Weltjugend, also nur wenige Schritte von der Mauer entfernt, stattfinden sollte. In Ost-Berliner Kneipen verhafteten die Sicherheitskräfte Leute, die Gerüchte von einem »Sturm auf die Mauer« kolportierten. Trotz aller Befürchtungen galt für die »Aktion Banner« eine gesonderte »Schußwaffengebrauchsbestimmung«, um die Anwendung von Waffengewalt auf den äußersten Notfall zu reduzieren.[5]

Honecker und Mielke erwiesen sich als Meister des kalkulierten Risikos und nutzten den Anlass zu einem allgemeinen »Großreinemachen«. In der ganzen DDR ließen sie »Asoziale«, »Geisteskranke«, Vorbestrafte und HWG-Personen – die Abkürzung stand für Frauen mit angeblich »häufig wechselndem Geschlechtsverkehr« – regelrecht einsammeln. Die hervorragende Planerfüllung wurde stolz an die Zentrale in Berlin gemeldet. Es waren in der Tat beeindruckende Zahlen von Ermittlungsverfahren, Einweisungen in psychiatrische Kliniken, Jugendwerkhöfe und Heime. Einer Aufstellung der Hauptabteilung IX des MfS zufolge wurden im ersten Halbjahr 1973 in der gesamten DDR 6635 Ermittlungsverfahren gemäß § 249 des Strafgesetzbuches (Gefährdung der öffentlichen Ordnung durch asoziales Verhalten) eingeleitet.[6] Das bedeutete bei nur 2003 Ermittlungsverfahren im gleichen Zeitraum des Vorjahres eine Steigerung auf 231,3 Prozent. »Dieses Ergebnis drückt die Aktivitäten aus, die in den Dienststellen in Durchsetzung der zentralen Weisungen in Bezug auf die Gewährleistung einer hohen Ordnung und Sicherheit anläßlich der X. Weltfestspiele in der Hauptstadt der DDR Berlin entwickelt wurden.«[7] Allein im Juli 1973 gab es weitere 2720 Ermittlungsverfahren gegen angeblich Asoziale.[8] Darüber hinaus sollen zwischen dem 1. Januar und dem 23. Juli 1973 nicht weniger als 917 »kriminelle Gruppen« mit 5258 Mitgliedern aufgelöst und 1824 Personen in Haft genommen worden sein.[9] Weiterhin ist der Aufstellung »mit Stand vom 23. 7. 1973« Folgendes zu entnehmen: 25 927 Personen befanden sich »unter Kontrolle«; gegen 2982 Personen waren »staatliche Kontrollmaßnahmen« wirksam; 477 Personen wurden in psychiatrische Einrichtungen, 639 in Jugendwerkhöfe, 1163 in Spezialkinderheime und 53 »HWG-Personen« in Heime eingewiesen; 327 Personen entzog man die Zeltplatzgenehmigung und 637 zeitweilig den Personalausweis; 574 Personen erhielten Urlaubssperre; gegen 2577 Personen wurden sonstige Maßnahmen eingeleitet (Überwachung der Wohnung oder illegaler Quartiere, zusätzliche Betreuungsprogramme, Verkürzung der Meldepflicht, Aufenthaltsverbot für Ost-Berlin); bei 2293 Personen wurden »Haftstrafen angewandt«; mit 19 779 Personen führte man Gespräche, um ihre Reise in die Hauptstadt der DDR während der Weltfestspiele zu verhindern.

Fröhliche Spiele

Nach der politisch-moralischen »Säuberungsaktion« stand der erfolgreichen Demonstration von Weltoffenheit und Toleranz durch das SED-Regime nichts mehr im Wege. Bei herrlichem Sommerwetter verwandelte sich Ost-Berlin in eine Festmeile mit Bühnen, Tanzflächen und Diskussionsrunden. Die FDJler wirkten trotz ihrer Blauhemden nicht so uniform wie früher. Sie trugen Blue Jeans, bunte Tücher und Jesuslatschen. Die Mädchen knoteten ihre Blauhemden unter der Brust, die Jungs hatten lange Haare und rebellisch wirkende Bärte. Die in einer Instruktion des MfS ausdrücklich befohlene Taktik, gegenüber abweichendem politischen Verhalten ausländischer Delegationen »maximale Großzügigkeit« zu beweisen, zeitigte Wirkung.[10] Viele Jugendliche aus West-Berlin, der Bundesrepublik und dem Ausland traten auf Diskussionsveranstaltungen auf oder mischten sich einfach unter die Massen und begannen politische Debatten, wie man sie in der DDR nicht gewohnt war. Speziell linke und maoistische Gruppen waren aktiv und traten oft zwar mit roten Sternen und anderen kommunistischen Symbolen auf, doch formulierten deutlich ihre Kritik am »Sowjetrevisionismus«.

Die Doppelstrategie – höchstmögliche Kontrolle bei Wahrung des Scheins von Weltoffenheit – bewährte sich und sollte als immer wieder zu verfeinerndes und auszubauendes Grundmuster für die folgenden Jahre dienen, sodass zumindest westliche Beobachter die Repression kaum wahrnahmen. Vielen Teilnehmern aus Ost und West sind die Weltfestspiele nicht nur als ein fröhliches Fest mit viel Musik und Spaß in Erinnerung geblieben, sondern als ein Aufbruch zu einem freieren und offeneren Staat.

Ulbrichts Tod

Einen Missklang brachte der Tod von Walter Ulbricht in den allgemeinen Festivaltrubel. Der einstige Staats- und Parteichef war von seinem Nachfolger Erich Honecker 1971 radikal abserviert worden. Ulbricht blieb zwar Vorsitzender des Staatsrates und damit formelles Staatsoberhaupt, doch er trat kaum noch öffentlich auf und wurde nur selten erwähnt. Sein Name wurde, soweit öffentliche Einrichtungen nach ihm benannt worden waren, klammheimlich entfernt. In Berlin betraf das insbesondere das »Walter-Ulbricht-Stadion«, das nun plötzlich »Stadion der Weltjugend« hieß, ohne dass eine offiziöse Verlautbarung diese Namensänderung verkündet oder gar begründet hätte. Auch später erschienene Stadtführer erwähnen zwar den Bau des Stadions anlässlich des Deutschlandtreffens 1950, nicht aber den Namen, den es von 1951 bis 1973 trug.

Am 1. August 1973 um 12.55 Uhr starb der einstige Übervater der DDR einsam und fast vergessen in seinem Sommersitz am Döllnsee in der Schorfheide. Kurze Zeit später begannen die Radioprogramme der DDR Trauermusik zu senden, doch die offizielle Meldung über das Ableben des Staatsoberhaupts ließ auf sich warten. Die Festivalregie, die alles so perfekt geplant hatte, geriet angesichts der Situation für einige Stunden aus dem Tritt. Eine so hochpolitische Frage, wie der Umgang mit dem Trauerfall Ulbricht, konnte nur an der obersten Spitze der Partei entschieden werden. Die zentralen Stäbe der Festivalleitung wurden mit telefonischen Anfragen überschüttet, wie denn nun zu verfahren sei. Für den Abend war der »Ball der Weltjugend« angekündigt. Rund um den Alex sollten 20 Kapellen zum Tanz aufspielen. Musste das geplante Tanzvergnügen wegen Staatstrauer ausfallen, sollten Gedenkfeiern stattfinden, die Fahnen auf Halbmast gesetzt und die FDJ-Blusen mit Trauerflor verziert werden?

Zunächst hieß es in den Befehlszentralen, der Tod von Ulbricht sei nur ein Gerücht, das der »Gegner« in die Welt gesetzt habe, um den Ablauf der Weltfestspiele zu stören. Dann herrschte einige Stunden Funkstille. Beim Zentralrat der FDJ nahm niemand mehr den Telefonhörer ab. Am Nachmittag wurde endlich die erlösende Weisung durchgegeben: Das Festival läuft wie geplant weiter. Gegenüber den verantwortlichen Funktionären wurde hinzugefügt, der Frohsinn des abendlichen Tanzes sollte etwas gedämpftere Formen annehmen. Trauerschleifen an Fahnen oder andere Formen öffentlichen Gedenkens sollten unterbleiben und im Zweifelsfall als feindliche Provokation behandelt werden. Abends krachte ein Höhenfeuerwerk über der Hauptstadt, als feiere die DDR das Ableben ihres Gründervaters.

Am folgenden Tag erschien auf den Titelseiten der Zeitungen eine Mitteilung über ein Treffen von Politbüromitglied Hermann Axen mit der Festivalleitung. Axen informierte darüber, »daß es der Wunsch von Genossen Walter Ulbricht war, daß das Festival (…) erfolgreich zu Ende geführt werden möge, falls das Schlimmste für ihn selbst einträte«.[11] Die Staatstrauer und das Leichenbegängnis wurden auf den 7. August 1973, also zwei Tage nach Abschluss der Weltfestspiele, verschoben. An diesem Tag wurde der Eichensarg mit den sterblichen Überresten des Verblichenen auf einer Geschützlafette vom Staatsratsgebäude bis zum Krematorium Baumschulenweg gefahren. Am 17. September 1973 wurde die Urne im Rondell des Friedhofs der Sozialisten in Berlin-Friedrichshain beigesetzt. Dann wurde es für viele Jahre still um jenen Mann, der wie kein anderer die Geschichte der DDR und Ost-Berlins geprägt hat.

Zum Angebot des Palastes der Republik gehörten auch Konzerte mit klassischer Musik, wie das Eröffnungskonzert des Berliner Sinfonie-Orchesters zu den XXII. Berliner Festtagen am 29. September 1978.

Drittes Kapitel
Palast der Republik

Friede den Hütten! Krieg den Palästen!

Begriffe sind verräterisch. Es lohnt sich gelegentlich, ihren Ursprüngen nachzuspüren, so auch beim Palast der Republik, der wie kein anderes Bauwerk zu einem Symbol der DDR werden sollte.

Palatium oder Mons Palatinus hieß jener der sieben Hügel Roms, auf welchem einst die kapitolinische Wölfin die Zwillinge Romulus und Remus säugte und später Kaiser Augustus seinen Wohnsitz erbaute. Aus der Ortsbezeichnung wurde das deutsche Wort Palast abgeleitet. Paläste waren zu allen Zeiten Symbole der Herrschaft, säkulare Tempel der Macht, Zurschaustellung von Reichtum und Kunstsinn, oft zentral und erhöht gelegen, dazu angetan, durch Größe und Pracht den Untertanen ihre geringe Stellung gegenüber der Obrigkeit vor Augen zu führen.

Paläste waren immer auch ein Negativsymbol. Im Sommer 1789 gingen in ganz Frankreich die Adelssitze in Flammen auf. »Paix aux chaumières! Guerre aux châteaux! – Friede den Hütten! Krieg den Palästen!«, war eine der Parolen, die seit 1792 von der französischen Revolutionsarmee durch Europa getragen wurde. Die russischen Bolschewiki griffen 1917 die Losung der Französischen Revolution auf. Nicht zufällig wurde der Sturm auf den Winterpalast zum zentralen Motiv der sowjetischen Revolutionsmythologie. Doch nicht die Zerstörung der alten Machtsymbole, die schöpferische Aneignung war das proklamierte Ziel. Und bald schon wurden neue Paläste erbaut: Kulturpaläste, Pionierpaläste, Paläste der Arbeiter, Bauern und der werktätigen Intelligenz. Nach einer kurzen Phase des Konstruktivismus dominierte der neoklassizistische Stil. Seit dem Sieg im Großen Vaterländischen Krieg fand dieser Stil seine Ergänzung in den Burgen im »Zuckerbäckerstil«, die bis heute Moskaus Silhouette prägen.

Unweit jener Stelle, wo ab 1973 der Palast der Republik gebaut wurde, plante die SED-Führung die Errichtung eines ähnlich monströsen Regierungsbaus. Stalins Tod und die scharfe Wendung in der Baupolitik seit 1955 bewahrten Berlin davor. Das Areal des 1950 abgetragenen Schlosses blieb Aufmarschplatz für staatlich verordnete Großdemonstrationen und Paraden.

Die Ausrichtung des Städtebaus war einer der zentralen Kritikpunkte, die ab September 1970 innerhalb des Politbüros Walter Ulbricht vorgehalten wurden. Nach seiner Ablösung als Parteichef durch Erich Honecker wurden in der Baupolitik die Weichen neu gestellt. Insgesamt sollten die Bedürfnisse der Menschen stärker berücksichtigt werden und der Wohnungsbau im Vordergrund stehen. Wohnraum sollte nicht mehr zerstört oder als Büroraum zweckentfremdet werden. Einige teure Interhotels wurden in FDGB-Ferienheime umgewandelt, waren nun also für DDR-Bürger nutzbar, alte Stadtviertel sollten umfassend saniert werden. Anstelle der Großversorgungseinrichtungen mit standardisierten Angeboten sollten kleine Kaffeehäuser und gemütliche Restaurants in renovierten Altstadtvierteln entstehen.

Doch auch Erich Honecker wollte oder konnte auf eine zentrale architektonische Manifestation seines politischen Anspruchs nicht verzichten.

Ein Palast des Volkes

Als die neue SED-Führung nach einem städtebaulichen Konzept suchte, griff sie zwei verschiedene Traditionen auf und entwickelte sie weiter. Zum einen knüpfte sie an die Kulturpaläste der Stalinzeit an, ohne jedoch deren überwiegend volkspädagogischen Anspruch aufrechtzuerhalten. Zum anderen setzte sie die Tradition der zentralen Repräsentationsbauten aus den sechziger Jahren fort, versuchte jedoch, deren teilweise exklusiven Charakter zu überwinden. Der Palast der Republik sollte Ort der politischen Repräsentation, gleichzeitig aber Stätte des allgemeinen Frohsinns werden. Die Politik der kleinen Belohnungen für das brave Volk fand im Palast ihre sinnfällige Verwirklichung. Der Freizeitspaß, das Familienfest, der gemeinsame Brigadeabend oder der Theaterbesuch durften weitgehend unpolitisch sein. So sauber, ordentlich, übersichtlich, kleinbürgerlich familiär wie der im Volksmund Palazzo Prozzo oder Erichs Lampenladen genannte Palast der Republik sollte das Leben der Menschen in der DDR sein. Dabei war durchaus gehobenes Niveau, gepflegte Gastlichkeit und bildungsbürgerlicher Kulturgenuss eingeplant. »1. Ich leiste was! 2. Ich leiste *mir* was!«, verkündete ein Plakat zum X. Parteitag 1981. Der proletarische Puritanismus der frühen Jahre war nicht mehr gefragt, das Streben nach persönlichem Erfolg und individuellem Konsum war keine Schande mehr. Der idealtypische Arbeiter der siebziger Jahre besaß einen Pkw Trabant, eine Datsche, fuhr im Urlaub an die Ostsee und ging am Sonntag mit seiner Familie oder mit der Brigade aus – zum Beispiel in den Palast der Republik.

Wenn Architektur Ausdruck des Zeitgeistes ist, so ist den Schöpfern des Palastes ein kongeniales Gesamtkunstwerk gelungen. Hier liegt wohl das Erfolgsgeheimnis des »Palazzos« begründet. Der Aufbruch in eine sozialistische Konsumgesellschaft wurde von der großen Mehrheit der DDR-Bevölkerung begrüßt oder zumindest als das kleinere Übel gutgeheißen. Insofern war es von großer Symbolkraft, dass der IX. Parteitag der SED im Mai 1976 zum ersten Mal nicht in der schlichten Werner-Seelenbinder-Halle am S-Bahnhof Leninallee zelebriert wurde, sondern im Zentrum der Hauptstadt, in einem neuen glanzvollen Palast, der allen Berlinern und Gästen der Hauptstadt offenstehen sollte.

Ehe das Haus tagelang wegen des IX. Parteitages gesperrt wurde, eröffnete man es am 23. April 1976 für das allgemeine Publikum. Rund zwei Wochen lang hatten die Berliner und Gäste der Hauptstadt Gelegenheit, vor den neuen Restaurants anzustehen, das Geschirr und die Gläser zu bewundern. Die Gerüchteküche wollte damals wissen, dass in großem Stil Besteck und besonders Gläser mit der Aufschrift »PdR« gestohlen wurden. Auch kulturpolitisch symbolisierte die Einrichtung des Palastes eine Art »kleinen Aufbruch«. Auf den Gemälden in den Foyers waren nicht nur sozialistische Heldengestalten zu sehen. »Weite und Vielfalt«

hatte Honecker den Künstlern versprochen. Hier fand man sie tatsächlich: ein Bild für die alten Dogmatiker, ein Bild für die Anhänger der Moderne, ein bisschen kommunistische Ideologie und ein wenig kleinbürgerliche Repräsentation.

Gepflegte Gastlichkeit

Gleich neben dem Haupteingang des Palastes war das »Espresso«. An Wochentagen hatte man vormittags eine Chance, ohne Wartezeit in dem Café einen Platz zu bekommen. Wer durch das Foyer weiter geradeaus ging, kam zur »Milchbar«. Nach ihrem Besuch lohnte sich ein Spaziergang durch die Foyers des Palastes. Rechts, etwas versteckt, befand sich die »Mokkabar«. Dort saß man in dezenter Beleuchtung und durch Grünpflanzen abgeschirmt. Bemerkenswert war der Kiosk des Postzeitungsvertriebs. Dort bekam man seltene Printerzeugnisse. Aufgrund der Papierknappheit wurden im Laufe der Jahre Druckerzeugnisse Mangelware. Im Palast gab es für Zeitungen und Zeitschriften wie die *Wochenpost,* das *Neue Leben* oder das *Magazin* Sonderkontingente.

Ein weiterer Anlass, den Palast zu besuchen, waren die Telefonapparate. Wer angesichts jahrelanger Wartezeiten keinen privaten Telefonanschluss hatte, war auf die öffentlichen Münzfernsprecher angewiesen. Diese waren in der Stadtlandschaft spärlich gesät und darüber hinaus häufig defekt. Das Gesprächsbedürfnis hingegen war groß, und so bildeten sich auf den Postämtern am Alexanderplatz und im Bahnhof Friedrichstraße oft lange Schlangen vor den Telefonzellen. Für die Hauptstädter war der Palast der Republik oft der letzte Rettungsanker. Hier gab es funktionierende Apparate, die auch an den Wochenenden zugänglich waren, wenn die Postämter geschlossen hatten. Ein Geheimtipp war das Postamt im Palast auch in anderer Beziehung. Ohne Sammlerausweis konnte man hier die vollständigen Sätze der Sonderbriefmarken erwerben, zu besonderen Anlässen gab es philatelistisch wertvolle Sonderstempel und Ersttagsbriefe.

Ein Magnet für alle Berliner und die Gäste der Hauptstadt

waren die vielfältigen gastronomischen Einrichtungen im Palast. Besuchern aus den Bezirken der DDR erschienen die Restaurants wie ein Wunderland. Die Gesetze der Mangelwirtschaft waren im Palast zwar nicht außer Kraft gesetzt, doch wesentlich gemildert. Es gab höfliche Kellner, gute Speisen zu moderaten Preisen und saubere Toiletten. Dennoch waren auch die Kollegen der Gaststättenkollektive im Palast nicht gänzlich ohne pädagogischen Ehrgeiz. Wer etwa unordentlich seinen Mantel über die Stuhllehne warf, wurde belehrt, diesen an der Garderobe abzugeben. Und die Garderoben waren tatsächlich gigantisch. Es soll im Palast der Republik 4964 Aufhängemöglichkeiten gegeben haben.

Dem MfS-Wachregiment »Feliks Dzierzynski« oblag der Schutz des Objektes. Seine Befehlszentrale verbarg sich im ersten Geschoss des nahegelegenen Marstalls. Dort wurde über Monitore die Umgebung des Palastes beobachtet. Es soll 17 Überwachungskameras gegeben haben. Ergänzt wurde das Sicherheitssystem durch die Gruppe Ordnung und Sicherheit, Mitarbeiter der Kriminalpolizei und die hauseigenen Bewachungskräfte. Die Situation an Tagen, in denen im Palast politische Veranstaltungen stattfanden, schildert ein ehemaliger leitender Mitarbeiter des Palastes: »Da sperrte man den Großen Saal auch für uns hermetisch ab. In den angrenzenden Revieren stöberte das Bombensuchkommando herum und ließ sich selbst von offenen Klimaschächten und Müllcontainern nicht abhalten. Überall standen Wachposten, als wäre der Belagerungszustand ausgerufen worden.«[12]

Mit einem finanziellen Aufwand, der betriebswirtschaftlich kaum vertretbar war, unterhielt die SED-Führung eine künstliche Insel der Glückseligen. Der Palast der Republik stellte eine inszenierte Klein-DDR als Gesamtkunstwerk dar. Zwischen den »Schinkelstuben« am Spreeufer und dem »Bistro« im vierten Geschoss war der »Staat der kleinen Leute« Realität geworden. Der Palast war die erträumte DDR. Die Inszenierung »glückliches und zufriedenes Volk an den Stätten des Frohsinns« hat funktioniert, weil die Statisten am Weglaufen gehindert wurden. Das gilt für die kleine Kunstwelt des Palastes wie für das große Staatskunstwerk namens Deutsche Demokratische Republik.

Schulkinder in einem Neubaugebiet in Berlin-Lichtenberg, rechts im Hintergrund die Schule, 1977

Viertes Kapitel
Leben in Berlin

Getrennte Welten

In dem 1968 veröffentlichten Roman *Buridans Esel* von Günter de Bruyn und mehr noch in dem 1979 gedrehten DEFA-Film *Glück im Hinterhaus* werden die unterschiedlichen Wohngegenden Ost-Berlins zu Metaphern für unterschiedliche Lebenswelten.[13] Die männliche Hauptperson, Karl Erp, ist Mitte 40, verheiratet, hat zwei Kinder, arbeitet als Leiter einer Volksbibliothek, ist also beruflich recht erfolgreich, ohne wirklich zur sozial gehobenen Schicht zu gehören. Immerhin fährt er eine Wartburg-Limousine deluxe, was bei dem damaligen Ladenpreis von 17 300 Mark durchaus als Statussymbol gelten durfte. In der Tat wird das für DDR-Verhältnisse elegante Auto in dem Film immer wieder symbolhaft ins Bild gesetzt. In einer Vorarbeit des Drehbuchautors Ulrich Plenzdorf wird die Lebenssituation des Haupthelden präzise beschrieben: »Haus in Friedrichshagen. Ein Einfamilienhaus solider Bauart, etwa 1930. Das Haus ist gänzlich in Schuß. Der Einrichtung fehlt es an nichts – auch wenn sie nicht vom modernsten ist, etwa 1965, zum Teil auch 1930. Alles, was an langlebigen Konsumgütern üblich ist, ist vorhanden. Wobei von Luxus im Sinne des Wortes nichts zu sehen ist.«[14]

Die Handlung von Roman und Film ist schnell erzählt: Erp verliebt sich in eine 20 Jahre jüngere Kollegin, fängt mit ihr ein Verhältnis an, verlässt Frau und Kinder und zieht zu seiner Geliebten in eine Ein-Zimmer-Altbauwohnung mit Kochnische und Außenklo im Stadtbezirk Prenzlauer Berg. Der Hinterhof und das Treppenhaus, das der Held immer wieder durchquert, zeigt eine soziale wie städtebauliche Gegenwelt zur Einfamilienhausidylle in Friedrichshagen. Der hier wie ein Fremdling wirkende Bibliotheksleiter huscht verunsichert über den Hinterhof und tastet sich durch das schlecht beleuchtete Treppenhaus. Von den Wänden blättert die Farbe, das Geländer ist nur notdürftig repariert. Aus den Wohnungen dringen Kindergeschrei und laute Streitereien eines Ehepaars. Im Film ist dies alles realistisch ins Bild gesetzt. Man riecht förmlich abgestandenes Essen, die große Wäsche und die Toilette auf halber Treppe.

Doch die Gegenwelt ist ambivalent. Die kleine Wohnung ist vollgestopft mit Büchern, darunter auffallend viele alte Bücher. Dies alles steht für den hohen intellektuellen Anspruch der Bewohnerin, das Unfertige ihrer Lebenssituation und für Aufbruch und Neuanfang – im persönlichen wie im politischen Sinne. Unser Romanheld Erp zieht in die Altbauwohnung seiner Freundin, ist aber zusehends genervt von den realen Verhältnissen. So steht er im Bademantel im Treppenhaus, weil das Klo auf der Treppe, das mehrere Familien benutzen, besetzt ist. Spätestens als er nach einem Rohrbruch mit Eimern Wasser an der Pumpe holen muss, reicht es ihm. Die große Liebe bleibt eine Episode. Er zieht zurück in die geordnete Welt seines Einfamilienhauses in Friedrichshagen, steigt beruflich auf und findet mit seiner Frau »wegen der Kinder« eine Übereinkunft.

Obwohl die gegensätzlichen Lebenswelten erstaunlich präzise ins Bild gesetzt wurden, geht es nicht primär um eine Kritik an den Wohnverhältnissen im Altbauquartier. Die beiden Stadtbezirke stehen symbolisch für gegensätzliche Lebensentwürfe. Das Bild ist nicht frei von Klischees, doch Romane und Filme sollen Geschichten erzählen und keine soziologischen Analysen bieten.

Wer mit der S-Bahn in Richtung Südosten aus der Stadt fuhr, konnte die Jahresringe der Stadtentwicklung an sich vorbeiziehen sehen. Nachdem die Industrielandschaft von Rummelsburg mit ihren riesigen Schornsteinen verschwunden war, folgten in Karlshorst, Köpenick und Friedrichshagen die städtischen Villen aus der Zeit um 1900. Dann kamen Kiefernwälder, Vorstadtsiedlungen mit Einfamilienhäusern und Gärten. Schließlich überquerte man zwischen Wilhelmshagen und Erkner die Stadtgrenze und sah neuerlich große Industriewerke und roch den Gestank des Teerwerks. Allerdings war es nun nicht weit zu ausgedehnten

Wäldern und Seen. Begehrt waren die Wassergrundstücke rund um den Dämeritzsee, die seit Ende des 19. Jahrhunderts hier entstanden waren. Ein besonderes Schmuckstück war Neu-Venedig. Die Laubengegend war wie die italienische Lagunenstadt von vielen Kanälen durchzogen - ein Paradies für Wassersportler und Badefreunde. Einige Grundstücke waren nur mit dem Boot zu erreichen.

In den Außenbezirken Friedrichshagen, Müggelheim oder Hessenwinkel lebten Leute unterschiedlicher sozialer Herkunft und politischer Einstellung. Doch die statistische Dichte an Hätschelkindern des SED-Staates war hier höher als anderswo in Berlin. Hier wohnten Nationalpreisträger, Professoren und Schlagersänger. Die Pseudoidylle der »heilen Welt der Diktatur« war hier noch ein bisschen idyllischer als anderswo.

Wohnungssuche

Das Wohnungsproblem war in Berlin wie in der ganzen DDR Thema Nummer eins. Wenn sich alte Bekannte trafen und einander »Wie geht's?« fragten, wurde zuerst der Stand der Wohnungssuche referiert, dann erst kamen Beruf, Familie, Kinder, Scheidung - oder diese im Zusammenhang mit der Wohnungsproblematik. Dabei stand Ost-Berlin im Vergleich mit den Bezirken gut da.[15] Pro 1000 Einwohner gab es 1989 in Ost-Berlin die meisten Wohnungen, nämlich 484, gefolgt vom Bezirk Leipzig mit 437 Wohnungen. Das Schlusslicht bildete der Bezirk Neubrandenburg mit 375 Wohnungen. Im DDR-Durchschnitt waren es 430 Wohnungen pro 1000 Einwohner. Auch bezüglich der Wohnungsausstattung belegte Ost-Berlin 1989 Spitzenpositionen. 97 Prozent der Wohnungen hatten Bad oder Dusche, im Durchschnitt der DDR waren es nur 82 Prozent. Hier stand der Bezirk Dresden mit 78 Prozent am unteren Ende der Skala. 95 Prozent der Berliner Wohnungen hatten ein Innen-WC, der DDR-Durchschnitt betrug 79 Prozent. Eine Fernheizung hatten 42 Prozent der Wohnungen in Ost-Berlin, der Durchschnitt lag bei 25 Prozent, im Bezirk Suhl hatten nur 17 Prozent der Wohnungen eine moderne Heizung.

Dabei war Berlin die Stadt der DDR mit dem größten Bevölkerungszuwachs. Die Einwohnerzahl stieg bei insgesamt schrumpfender Bevölkerung zwischen 1960 und 1988 von 1,071 auf 1,284 Millionen. Das entspricht einem Zuwachs von 213 000 Einwohnern. Der Bezirk Rostock folgte mit einem Zuwachs von 85 000, mehrere andere Bezirke hatten negative Bilanzen.[16]

Trotz der regen Bautätigkeit gab es auch in Berlin bis in die siebziger Jahre hinein viel zu wenige Neubauten. Daneben gab es strukturelle Ursachen für den Wohnungsmangel. Grundsätzlich galten die Mieten von 1938. Sie waren also lächerlich niedrig. Für manche Altbauwohnung zahlten die Bewohner nur 20 oder 30 Mark. Was auf den ersten Blick als großzügige Sozialpolitik erscheinen mag, hatte verheerende Folgen. Weder die privaten Hausbesitzer noch die kommunalen Wohnungsverwaltungen hatten Mittel, um die Häuser zu renovieren. Der Verfall nahm dramatische Ausmaße an. Selbst das 1973 beschlossene gigantische Wohnungsbauprogramm änderte wenig an der Situation. Es verfiel ungefähr so viel, wie neu gebaut wurde. Zudem gab es für niemanden einen Grund, eine zu große Wohnung, die er nicht mehr brauchte, aus Kostengründen gegen eine kleinere zu tauschen. Wohnungen waren wie eine Währung, die immer wertvoller wurde. Lieber ließ man eine Wohnung jahrelang leerstehen oder vergab sie zeitweilig an Freunde und Bekannte, als sie aufzugeben.

Wer sich auf die Suche nach einer Wohnung machte, hatte einen langen beschwerlichen Weg vor sich. Zunächst musste sich der Bürger an eine ehrenamtliche Wohnungskommission wenden. Sie stellte nach einem Hausbesuch die Bedürftigkeit fest. Im Prinzip gab es für eine Einzelperson oder ein verheiratetes Paar *ein* Zimmer. Anspruch auf ein Arbeitszimmer hatten grundsätzlich nur freischaffende Künstler, die im Verband organisiert waren.

War die Anerkennung durch die Wohnungskommission erfolgt, begann der Behördenmarathon. Zuständig für die Vergabe von Wohnungen war das Wohnungsamt beim Rat des Stadtbezirks.

Dort versuchten aufgebrachte und verzweifelte Bürger die entnervten oder abgestumpften Mitarbeiter davon zu überzeugen, dass die Situation unerträglich sei. Sie erschienen mit ihren schreienden Kindern, drohten mit Eingaben, Beschwerden, Briefen an Erich Honecker, sogar mit Ausreiseanträgen oder der Drohung, bei der nächsten Wahl nicht zu erscheinen. Immerhin verfügten die Bürger über ein gewisses Drohpotenzial. Andere versuchten es über Beziehungen (»Vitamin B«) oder mit kleinen Geschenken.

Günter de Bruyn machte 1976 die Wohnungssuche zum Gegenstand seiner Erzählung *Freiheitsberaubung,* die mit einiger Verspätung 1986 auch in der DDR erschien. Eine Frau, genannt Anita, Anfang 30, mit drei kleinen Kindern und wechselnden Männerbekanntschaften, wohnhaft in der Linienstraße, denkt während ihres Spätdienstes über den kommenden Tag nach. »Sie wird mit den Kindern zusammen Bittgänge machen, Tränen vergießen, ihre Verzweiflung ausbrechen lassen, sie wird schimpfen, lästern, einige ihrer vielen Rattengeschichten erzählen, wird von Kälte, Hitze, Nässe, Schmutz und Gestank reden, Kinderkrankheiten aufzählen, Fachausdrücke von Bauingenieuren, Klempnern, Installateuren benutzen und so hoffentlich wieder einmal ein Bündel von amtlichen Papieren in die Hand bekommen, auf denen die Poliklinik, die Hygiene-Inspektion, das Sozialamt und die Jugendfürsorge ihr bescheinigen, daß ihre Wohnverhältnisse unzumutbar sind. Das Bündel wird sie auch hier, von ihren drei lärmfreudigen Kindern begleitet, zum Wohnungsamt tragen, wo man es verdrießlich zu ihrem schon stattlichen Aktenstoß heften wird.«[17]

Anita kennt schon vorher den Gesprächsverlauf. Die Mitarbeiterin kann noch besser wehklagen »(…) über die vielen Familien, denen es viel, viel schlechter geht als ihr, die mit sechs Personen in einem, nicht wie sie mit vier in zwei Zimmern hausen müssen, deren Klosett nicht wie bei ihr auf der Treppe, sondern im Hof ist, deren Wasserleitung nicht wie in der Linienstraße 263 bei jedem Minusgrad einfriert, da sie niemals funktioniert und nie mehr zu reparieren ist.«[18] Nun beschließt sie, eine Straftat zu begehen, um ihr Elend vor Gericht ausbreiten zu können. Sie sperrt ihren Liebhaber, einen Betriebsdirektor, in ihrer Wohnung ein, als dieser mit seiner Familie eine Fünf-Zimmer-Neubauwohnung beziehen will. Er hämmert so lange gegen die verschlossene Tür, bis die Polizei kommt, verzichtet aber wohlweislich auf eine Anzeige. Der Unterleutnant der Volkspolizei aber entwickelt eine Neigung zu der Frau und verspricht, sie am nächsten Abend zu besuchen. Sie rät ihm: »(...) treten Sie, wenn Sie durch die erste Durchfahrt kommen, laut auf, um die Ratten zu warnen. Die sitzen um diese Zeit in den Mülltonnen.«[19]

Wohnungsbauprogramm

Wohnen in der »Platte«, wie man damals sagte, wurde zum Markenzeichen des DDR-Alltags, obwohl nur etwa ein Drittel der DDR-Bürger in Plattenbauten wohnten. So begeistert die Mieter von Vollkomfortwohnungen waren, endlich über ein Badezimmer und eine Fernheizung zu verfügen, so sehr klagten viele über die Monotonie der Neubauviertel. Das größte Neubaugebiet war zwar Halle-Neustadt, doch am meisten gebaut wurde in Berlin.

In Marzahn, im Nordosten von Berlin, begann bereits 1975 der Aufbau eines ganzen Wohngebietes. Bis 1990 wurden hier etwa 55 000 Wohnungen für rund 150 000 Bewohner bereitgestellt.

Auch im benachbarten Hohenschönhausen wurde ein ganzer Stadtbezirk aufs ehemals freie Feld gesetzt. Nach der Grundsteinlegung im Februar 1984 entstanden bis 1989 auf 327 Hektar rund 35 000 Wohnungen für ungefähr 100 000 Menschen. Überwiegend wurden elfgeschossige Bauten des Typs WBS 70 errichtet, die Wohnhöfe bildeten. Unregelmäßig verteilt entstanden zwölf- und 18-geschossige Punkthochhäuser. Immerhin gab es einen S-Bahnanschluss und den Versuch, Siedlungshäuser und ältere Bepflanzungen in das Wohngebiet zu integrieren. Sogar ein Zentrum mit einem Rathaus gab es.

Durch die Neubaugebiete zogen sich breite Schnellstraßen. Es gab ausreichend Parkmöglichkeiten für die vergleichsweise wenigen Autos, die in Reih und Glied vor den Blocks standen. Kindergärten, Schulen, Ambulatorien, Kaufhallen, gastronomische Einrichtungen – alles Typenbauten – waren fußläufig zu erreichen. Schrittweise – und zwar schneller als anderswo in der Republik – wurden die Wege befestigt, Spielplätze angelegt, extrem kleine Bäume und anderes Straßengrün gepflanzt. Es gab nichts zu bemängeln, abgesehen von der Trostlosigkeit.

Wohnen in der Platte

Die Haltung der Bewohner der Neubaublocks zu ihrer neuen Umgebung war zwiespältig. Die Zuweisung einer Vollkomfortwohnung galt als Glücksfall. Endlich waren die Menschen ihren oft zu kleinen Altbauwohnungen entkommen. Diese hatten zum großen Teil kein Bad und nicht einmal eine Dusche. Oft war die Toilette für mehrere Mietparteien im Treppenhaus. Die meisten Wohnungen hatten Ofenheizung, was bedeutete, dass täglich Kohlen geholt und die Asche in die Mülltonne gebracht werden musste. Das war nach dem Umzug in die Neubauwohnung vorbei. Dennoch wurden viele Mieter in den genormten »Betonbuchten« nicht glücklich. Grundsätzlich war die Wohnfläche hier knapp bemessen. Eine Dreiraumwohnung für eine drei- oder vierköpfige Familie hatte im Schnitt 67 Quadratmeter. Wenngleich die Miete für eine solche Vollkomfortwohnung mit Zentralheizung und »Nasszelle« etwas höher war als im Altbau, war sie auch hier gering. Die Einheit von Wirtschafts- und Sozialpolitik unter Honecker sorgte für die Befriedigung der Grundbedürfnisse der Bürger, die als »zweite Lohntüte« bezeichnet wurde. Gerade einmal durchschnittlich 2,4 Prozent des monatlichen Einkommens entfielen auf die Miete.

Manche Neumieter begannen sofort mit Tauschaktionen, um in ein schönes Altbauviertel wie Weißensee oder Pankow zu kommen, in dem das Leben bunter und vielfältiger war. Dafür nahmen sie auch das tägliche Kohlenschleppen in Kauf.

Der 1983 gedrehte DEFA-Film *Insel der Schwäne* nach dem gleichnamigen Roman von Benno Pludra erzählt die Geschichte eines 14-jährigen Jungen, der aus seinem Heimatdorf in ein Neubauviertel am Rande Berlins »verpflanzt« wird. Als er und seine kleine Schwester erstmals ihren künftigen Wohnblock und dessen unfertige Umgebung erblicken, ergreift sie das blanke Entsetzen. Der Drehbuchautor Ulrich Plenzdorf schreibt in einem zwischengeschalteten Kommentar: »Früher nannte man das trockenwohnen. Nun sind die Neubauten heute nicht mehr naß. Aber ehe die Umgebung trockengewohnt ist, dauert es Jahre. Ehe der Wüstencharakter verschwindet. Und wie wir auch alle wissen, verschwindet er oft nie. (...) Er sieht sich um. Das ist also der Schauplatz! Was er sieht ist Sand, Sand, Kabelgräben, Betonrollen, Autos, Moniereisen, Autos, Kräne, Löcher, den Bauwagen, den Neubau. Er sieht keine Bäume, keine Sträucher.«[20]

Den Häusern, die in der Landschaft stehen wie Soldaten auf dem Appellplatz, entspricht die Hausordnung. Der Hausmeister erläutert dem Neuankömmling: »Wir malen nicht an die Fahrstuhlwände, wir malen nicht an Treppen oder Flurwände, wir malen nichts an Häuserwände, wir malen überhaupt nichts, und wir kleben auch nichts an, wir bauen nichts ab, wir lassen keine fremden Kinder ins Haus, wir spucken nicht auf den Boden, wir melden alle Unregelmäßigkeiten bei mir, der Hausgemeinschaftsleitung, wir schmeißen nichts aus dem Fenster, wir gehen nicht aufs Hausdach, wir schmeißen keine großen Sachen in den Müllschlucker, Flaschen und Altpapier zum Beispiel stellen wir daneben, wir gehen nicht über den Rasen. Klar?!«[21]

Der Filmkritiker des *Neuen Deutschland* wetterte: »Wie viel Ahnungslosigkeit oder Borniertheit gehört dazu, einen Film um Jugendliche zu machen und dabei jene Leistung, die modernen Wohnviertel, als eine furchterregende und niederdrückende ›Betonwelt‹ abzuwerten? (...) So wurde aus der möglichen Identifikationsfigur Stefan ein Außenseiter in einer ›kaputten‹ unwirklichen, kinderfeindlichen Welt.«[22] Genau dies brachte die Ost-Berliner Band Silly 1989 in ihrem Song »Verlorne Kinder« auf den Punkt:

»Der Wohnblock liegt am Abend
Wie ein böses Tier
Wo sie zu Hause sind
Der Sprechfunk ruft nach ihnen
Doch sie bleiben hier
(...)
Sie rücken aneinander
Auf der Spielplatzbank
(...)
Der Recorder macht für sie
Die Dämmerung lang
(...)
Der Wohnblock spuckt sie in
Den kalten Wind
(...)
Ab und zu nur sieht noch
Einer frierend hin
(...)
In die warmen Länder würden sie so gerne fliehn
Die verlornen Kinder in den Straßen von Berlin
Zu den alten Linden die nur in der Ferne blühn
Die sie nicht mehr finden in den Straßen von Berlin«[23]

Die neue Gemütlichkeit

Durch Neubebauung und Restaurierung war bis in die siebziger Jahre eine innerstädtische Achse entstanden, die von der Frankfurter Allee über die beiden Zentralpunkte Alexanderplatz und Marx-Engels-Platz bis zum Brandenburger Tor reichte. Die Bauwerke konnten sich sehen lassen. Die Propaganda wurde nicht müde, sie als Errungenschaften des Sozialismus zu preisen. Doch südlich des Marx-Engels-Forums zwischen Rotem Rathaus und Spree dehnte sich immer noch ödes Brachland, das seiner Bebauung harrte, aus. Einsam standen auf weiter Fläche die Ruine der Nikolaikirche und einige andere Reste alter Häuser, umgeben von

Bauzäunen und Baracken. Der Anblick, der sich gleich neben dem Prachtbau des Palastes der Republik dem Besucher der Hauptstadt bot, war nicht gerade erhebend.

Neben rein städtebaulichen Aspekten gab es ein Grundsatzproblem. So schön die Neubauten rund um den Alexanderplatz und den Marx-Engels-Platz waren, es gab dort sehr viel Glas, Stahl und Beton, hochaufragende Fassaden, weite Plätze, auf denen sich die Passanten verloren vorkamen: Breite Straßen und riesige Ampelkreuzungen – kurz: Es fehlte die Gemütlichkeit. In den sechziger und siebziger Jahren gab es viele Versuche, Straßencafés und Gaststätten zu eröffnen, und sie waren gut besucht – wie alles in der Mangelwirtschaft. Auch gab es am Alex und rund um den Fernsehturm Brunnen und Grünanlagen, die Weltzeituhr bot seit 1969 einen echten Treffpunkt. Doch es fehlten die krummen Gassen und die schiefen Dachfirste, die alte Städte lebens- und liebenswert machen.

Wenn den Bewohnern der Neubauviertel keine Kopfsteinpflasterstraßen und Kellerkneipen geboten werden konnten, so sollte man wenigstens im Zentrum historisches Altstadtflair finden.

In der Husemannstraße in Prenzlauer Berg wurde eine Straße (zumindest von außen) historisch hergerichtet. Es entstand ein »Arbeiterkiez« mit kleinen Läden, historischen Kneipen, und 1987 wurde das Museum »Arbeiterleben um 1900« eröffnet. Auch am Arkonaplatz und am Arnimplatz fanden Wiederbelebungsversuche statt. Doch sie waren nur Tropfen auf den heißen Stein des allgemeinen Verfalls. Wenn man aus den wenigen restaurierten Straßenzügen um die Ecke bog, empfand man die realsozialistische Wirklichkeit umso schmerzhafter.

Hinzu kam, dass durch Krieg, Abriss und Neubau vom mittelalterlichen Berlin so gut wie nichts übrig geblieben war. Der historische Stadtkern war gnadenlos überbaut worden, ein Prozess, der schon im 19. Jahrhundert begonnen hatte, mit dem Neubau des Zentrums in den sechziger Jahren aber seinen Höhepunkt fand.

Zum 750. Jubiläum der Gründung Berlins entschloss sich die Staatsführung der DDR, ein wirklich großes Projekt umzusetzen, die »Sonderbaumaßnahme« Nikolaiviertel. Parallel sollte bis zum Sommer 1987 der alte Gendarmenmarkt wieder instand gesetzt werden, wo inzwischen meterhohe Birken auf den Ruinen wuchsen. Berlin sollte seine historische Dimension wiedergewinnen. Und wenn ein Projekt »ganz oben« beschlossen wurde, konnte man davon ausgehen, dass es gegen alle Schwierigkeiten verwirklicht wurde. Mochten in der ganzen Republik die Altstädte und historischen Bauwerke verfallen, in der Hauptstadt sollte ein historisches - oder zumindest historisierendes - Zentrum förmlich aus dem Boden gestampft werden.

Bereits 1979 wurde ein Wettbewerb ausgelobt, Altes und Neues zu verbinden. Die wenigen erhaltenen Gebäude wurden eingepasst in eine Wohnbebauung aus vorgefertigten Bauteilen. Dazu gab es Adaptionen historischer Bauwerke, die teilweise an anderer Stelle gestanden hatten. Die Straßenführung lehnte sich wieder an das historische Vorbild an, und im Mittelpunkt stand die wiedererrichtete Nikolaikirche. Insgesamt wurden hier nur 800 Wohnungen gebaut, aber dafür ein Altstadtviertel mit Gaststätten, Kaffeehäusern und kleinen Läden. Denkmalschützern waren die historisierenden Fassaden ein Graus, doch Berliner und Hauptstadttouristen schlossen das gemütliche Viertel neben den Riesenflächen des Ost-Berliner Zentrums schnell ins Herz und saßen gern bei Leierkastenmusik im Kaffeehaus »Zum Nußbaum«.

Frühling auf dem Hinterhof

In der Erinnerung wird alles Vergangene schön, selbst die Mietskasernen in Prenzlauer Berg mit ihren dunklen, schmutzigen und stinkenden Hinterhöfen. Immer wieder gerieten die Mülltonnen durch glühende Asche in Brand und miefelten den ganzen Tag vor sich hin. Das Gleiche konnte mit den Haufen von Briketts geschehen, die der Kohlehandel einfach vor die Tür kippte. Durch den Druck entstand leicht ein Schwelbrand. In solchen Fällen half kein Löschwasser, sondern nur die vorbeugende Beseitigung des

Kohlehaufens, der Eimer für Eimer in den Keller geschleppt werden musste.

In dem bereits 1972 geschriebenen Gedicht »Berliner Hof« von Richard Pietraß wird der Hinterhof zur Metapher für die beengte Lebenssituation jener Zeit:

»Fest gefügt vier Mauern.
Noch immer
Sinken Tage und Nächte
in diese Stickkammer
Getäuschter Hoffnung.
Und heute wie gestern
Richten die Leute ihr Tagwerk
nach dem Wechsel
Des wenigen Lichts.
Keine der Sperren weicht
Sicht zu geben auf einen
Horizont. Die Blicke
Prallen an graue Wände
und kehren
Gespiegelt zurück. Im eckigen
Kreis
Irren die Augen und gleiten
endlich nach oben
Zum blauen Handtuch
des Himmels.«[24]

Auch Günter Kunert beschrieb so einen ummauerten Lichtschacht in der 1964 erschienenen Sammlung *Tagträume:* »Vor Frühlingsanbruch, da schon die Sonne einfällt zwischen den kahlen, kargen Mauern, ein Himmel aus Kinderblau, von Dach zu Dach gespannt und irgendwelche Vögel unaufhörlich tönen, erscheint der Hinterhof anders als sonst. Der magere Fliederbaum wirft auf die Hofmauer seinen Schatten: wirr und verschlungen. Die Erde, daraus bereits die Spitzen der kleinen Gräser stechen, sieht nicht mehr aus wie eben Erde aussieht, hingeschüttet und zerbröckelt, sondern als decke sie etwas, das unter ihr und in ihr sich äußert sacht und schläfrig regt, das keinen Namen trägt und das doch jeder kennt, das immer lebt und immer wieder stirbt, das keiner schaut, nur manchmal einer spürt, wenn er aus seinem Fenster in den Hof blickt um die Zeit, bevor der Frühling anbricht.«[25]

Bei beiden Dichtern gibt es Hoffnung, einen Blick auf das blaue Handtuch des Himmels oder den Anbruch des Frühlings, also doch ein Stück Hinterhofromantik, die man wohl erst besingen kann, wenn man ihr entronnen ist.

Die Kultur der negativen Freiheit

Der Prenzlauer Berg, den spätere Bewohner Prenzlberg getauft haben, war nicht nur ein Stadtbezirk, sondern ein Lebensgefühl, also ein Mythos zu Lebzeiten. In der Realität wohnten in dem Bezirk Leute jeden Alters und jeden Berufs. Es war nicht einmal ein traditioneller Arbeiterbezirk, wie in der DDR-Presse manchmal behauptet wurde. Vor dem Krieg wohnten in den Vorderhäusern Beamte, Angestellte, Geschäftsleute – es handelte sich keineswegs um ein »schlechtes« Viertel. Die großen Zimmer hatten Parkett, Doppeltüren und Stuck an der Decke und hinter der Küche war die Kammer für das Dienstmädchen. Oft gab es einen Dienstbotenaufgang, der direkt in die Küche führte. Im Dachgeschoss oder im Souterrain – wie der Berliner vornehm französisch sagte – wohnten Studenten, Bohemiens oder junge Familien. Gemischter war das Publikum im Hinterhaus, das gelegentlich euphemistisch Gartenhaus genannt wurde, obwohl dort nur ein oder zwei klägliche Bäume ihr Dasein fristeten.

Nach dem Krieg zerfielen in Ost-Berlin alle sozial bedingten Stadtstrukturen. Die amtliche Zuweisung von Wohnungen führte zu einer »sozialen Vermischung«. In der Regel konnte man sich seine Wohnung nicht aussuchen, sondern nahm, was man bekam. Die Wohngegend war unabhängig vom Geldbeutel. In den Altbaugebieten von Prenzlauer Berg, Mitte und Friedrichshain blieben eher sehr alte und junge Leute. Doch erst der um sich greifende

Verfall sowie die Schließung vieler Einzelhandelsgeschäfte seit Beginn der siebziger Jahre machten den Prenzlauer Berg zum Szeneviertel. In die leerstehenden Ladenwohnungen zogen jetzt oft von auswärts kommende »Flüchtlinge« aus der »Republik«. Für sie war der Einzug in »schwervermietbaren Wohnraum« der Einstieg in das erstrebte abenteuerliche Berlin. Diese Leute prägten schließlich das Bild von der Prenzlberg-Szene, das schnell zur Legende wurde.

FÜNFTER TEIL

Das Ende von Ost-Berlin 1987 bis 1990

Zum Eröffnungsbild des großen Festumzuges durch das Stadtzentrum anlässlich des 750-jährigen Stadtjubiläums von Berlin gehörte ein riesiger Berliner Bär, 4. Juli 1987.

Erstes Kapitel
Stabilität und Krise

Das merkwürdige Jahr 1987

Die Geschichte der Halbstadt Ost-Berlin zwischen 1961 und 1989, also die Mauerzeit, wurde durch zwei gegenläufige Entwicklungen bestimmt. Der eine Trend resultierte aus der Macht des Vergessens. Nur noch ganz alte Leute erinnerten sich an die Zeit, in der man problemlos vom Pariser Platz durchs Brandenburger Tor in den Tiergarten spazieren konnte. Auch für jene, die bis zum Mauerbau oft im Westteil der Stadt im Kino waren oder ihre Oma besucht hatten, war der Westen zu einer fernen Kindheits- oder Jugenderinnerung geworden. Für die Masse der Ost-Berliner war West-Berlin eine Stadt, die es nur im Fernsehen oder in den Erzählungen des Westbesuchs gab. Kaum einer glaubte an eine grundlegende Änderung zu Lebzeiten.

Doch der Gewöhnung und dem Vergessen lief ein anderer Trend entgegen, der aus der Sehnsucht nach selbstbestimmten Entscheidungen resultierte. Je mehr die politischen Spannungen zwischen Ost und West nachließen, desto absurder wurde der Todesstreifen quer durch die Stadt. Auch außenpolitisch wehte ab 1985 aus Moskau ein neuer Wind. Partei- und Staatschef Michail Gorbatschow sprach vom gemeinsamen Haus Europa, und die Frage, was das für ein merkwürdiges Haus ist, in dem die Türen zugemauert und die Fenster vergittert sind, lag auf der Hand.

Der Logik gegenläufiger Entwicklungen zufolge muss es einen Punkt gegeben haben, an dem sich die Linien überschnitten, an dem also die Unruhe und Unzufriedenheit die Lethargie und die Selbstgenügsamkeit überwogen. Der Wendepunkt lag wohl im Jahr 1987. Im Sommer wurden die Feierlichkeiten zu 750 Jahren Berlin zelebriert. Doch zum ersten Mal – wenigstens seit Honeckers Machtantritt im Jahr 1971 – war das allgemeine Murren im

Land nicht mehr zu überhören, auch wenn es sich nicht explizit politisch artikulierte. Zu Pfingsten 1987 zeigten sich erste haarfeine Risse in der Mauer, die doch für alle Zeiten festgefügt schien, und beim Kirchentag im Juni des Jahres fanden Aktionen der unabhängigen Friedensbewegung große Aufmerksamkeit. Am 12. Juni 1987 verkündete US-Präsident Ronald Reagan auf der Westseite des Brandenburger Tores: »Open this gate! Mister Gorbatschow, tear down this wall!«, und die Welt rieb sich erstaunt die Augen, hatten doch alle Präsidenten der USA seit John F. Kennedy die Mauer praktisch akzeptiert.

Erich Honecker feierte vom 7. bis zum 10. September 1987 mit seinem Besuch in der Bundesrepublik den größten politischen Erfolg seines Lebens. Der Dachdeckerlehrling aus Wiebelskirchen im Saarland wurde in Bonn als Staatsgast empfangen. Am Mast wehte das einstmals als »Spalterflagge« geschmähte Staatsbanner der DDR mit Hammer, Zirkel und Ährenkranz, und das Orchester der Bundeswehr spielte die Melodie der DDR-Nationalhymne, an deren Text die SED-Führung ungern erinnert wurde.

Im November des Jahres 1987 erwies sich der Versuch, gegen die oppositionellen Gruppen mit staatlicher Gewalt vorzugehen, als ein Schlag ins Wasser. Eine Mahnwache vor der Zionskirche und landesweite Solidaritätsveranstaltungen veranlassten den Staat zur Freilassung aller aus politischen Gründen Inhaftierten. Der sich für allmächtig haltende Staat musste vor ein paar Dutzend Leuten, die mit Kerzen vor der Kirchentür standen, kapitulieren.

Zwei Jahre vor seinem Ende befand sich das Land in einem seltsamen Schwebezustand zwischen dem Gefühl der Unabänderlichkeit und einer schleichenden Systemkrise. Die Staatsmacht gab sich stark und reagierte ängstlich auf jeden Widerspruch, die Opposition agierte zögerlich und verfügte über eine ungeahnte moralische Macht. Die breite Masse der Bevölkerung war in permanenter Meckerstimmung und ansonsten mit Alltagssorgen ausgelastet, und der Westen tat alles, das labile Gleichgewicht im Osten zu erhalten.

Das neue Sachsenlied

Das Regionalbewusstsein und das heimatliche Brauchtum waren in der extrem zentralistisch organisierten und auf die Hauptstadt Berlin fokussierten DDR wenn nicht unterdrückt, so doch wenig gepflegt worden. Die fünf 1945 in Ostdeutschland gebildeten Länder waren 1952 aufgelöst und durch 14 Bezirke ersetzt worden, zu denen als 15. Bezirk de facto die Hauptstadt Berlin kam.

Seit dem Ende der siebziger Jahre besann sich die SED-Führung auf »Erbe und Tradition«, wie die nun viel gebrauchte Floskel hieß. Durch die Rückbesinnung auf die Geschichte sollte das Heimatgefühl gestärkt werden. Die Gestalten der preußischen Geschichte, wie König Friedrich II. oder Otto von Bismarck, die bisher in der marxistisch-leninistischen Geschichtsschreibung der DDR sehr schlecht wegkamen, wurden zwar nicht vollkommen umgedeutet, doch es wurde eingeräumt, dass sie auch positive Seiten hatten. Ihren Ausdruck fand die »Preußenwelle« 1980 in der Rückversetzung des Reiterstandbildes Friedrich II. in unmittelbare Nähe seines alten Standortes Unter den Linden, also an eine exponierte Stelle in der Hauptstadt der DDR. Die Berliner quittierten die Rückkehr des »Alten Fritzen« mit der Aktualisierung eines alten Spottverses aus dem Jahr 1848. Angeblich wurde an dem Denkmal sogar ein Schild mit folgendem Text angebracht:

»Lieber Friedrich, steig hernieder,
Regiere Deine Preußen wieder.
Laß in diesen schweren Zeiten
Doch den Erich oben reiten.«

Erst als Reaktion auf die »Preußenwelle« ab 1979 erlebten das thüringische, das mecklenburgische und das sächsische Geschichts- und Heimatbewusstsein eine Wiederbelebung. Das betraf insbesondere Sachsen, wo der Partikularismus stets stark ausgeprägt war. Zur Hymne der Bewegung wurde das 1979 von Jürgen Hart gedichtete und von Arndt Bause in Töne gesetzte Lied »Sing, mei Sachse, sing!«, kurz »Sachsenlied«. Das Lied traf den Nerv der Zeit und wurde im DDR-Rundfunk oft gespielt. Angesichts der steigenden Zahl von Ausreiseanträgen war die SED-Führung dazu übergegangen, alle Bestrebungen zu stärken, die geeignet schienen, die Menschen an die Heimat zu binden. So duldete man halb freundlich, halb misstrauisch die Auferstehung des Sachsentums, war es doch per se nicht gegen die DDR gerichtet. Doch die Staatsmacht sah sich bald durch unkontrollierte künstlerische Eigenschöpfungen in Frage gestellt.

In einer als »streng vertraulich« klassifizierten Information des MfS vom 22. April 1980 wurde berichtet, dass an der Sektion Geschichte der Berliner Humboldt-Universität eine maschinenschriftliche Umdichtung des »Sachsenliedes« kursiere.[1] Angeblich war dem Parteisekretär der Sektion der Liedtext in einem anonymen Brief zugestellt worden. Laut Stasi hatte sogar ein namentlich genannter Professor während einer Vorlesung auf die neue Version der Hymne Bezug genommen. Das Aktenstück überliefert den Text der »neuen Sachsenhymne«:

»An Arroganz und Größenwahn
Erkennste de Berliner,
doch wennst se mal in Hintern trittst,
gleich machen se ein Diener.
Sie hamm nischt off der Platte
Und bloß ne große Schnauze!«

Es folgt der Refrain, angelehnt an den Text von »Sing, mei Sachse, sing!«:

»Brüllt, ihr Preißen, brüllt,
doch habt euch nie so wild,
denn euer Spree-Athen
kann nicht ohne uns bestehn!
Euer Dorf Berlin
Köönt ihr so groß offziehn,
weil wir euch unterstützen,
regieren und beschützen!«

Es folgen drei weitere Strophen ähnlichen Inhalts und zum Schluss das Bekenntnis zur spezifisch sächsischen Eigenständigkeit. Mit der Bemerkung »Macht euern Dreck alleene!« hatte sich 1918 der letzte sächsische König Friedrich August III. von der Bühne der Geschichte verabschiedet.

»Berlin soll unsere Hauptstadt sein
Von uns aus! Aber gerne!
Wir sehn ä Ministerium
Auch lieber aus der Ferne!
Und mach'n als ganz Kleene
Ähm! Unseren Dreck alleene!!!«[2]

In der Stasi-Information heißt es einschätzend: »Ausnahmslos wurde dieser Inhalt bisher als eine ›spaßige Parodie‹ in Ergänzung des sogenannten ›Sachsenliedes‹ bewertet, wobei durch einige Personen des Lehrkörpers die Vermutung geäußert wurde, daß die Verbreitung auf dem bereits beschriebenen Weg durch einen ihrer Kollegen erfolgte. Diese Vermutung wurde nicht personifiziert.«[3]

Die 750-Jahr-Feier

Am 28. Oktober 1237 unterzeichnete ein Symeon plebanus de Colonia – Symeon, Pfarrer von Cölln – eine Urkunde. Wenn man voraussetzt, dass Cölln und Berlin von Anfang eine Doppelstadt bildeten, Berlin also schon existierte, kann man mit etwas gutem Willen diese Urkunde als die erste Erwähnung Berlins und mithin als Stadtgründungsdatum betrachten. Jedenfalls hatte Joseph Goebbels 1937 dies festgelegt, um ein Jahr nach der Olympiade ein weiteres großes Fest in Berlin veranstalten zu können. 50 Jahre später wollte man weder in Ost noch in West das einmal festgeschriebene Jubiläum in Frage stellen. Also feierte man 750 Jahre Berlin.

Es wurde eine Riesenparty, die Ost- und West-Berlin nicht miteinander, sondern gegeneinander feierten und sich dabei so weit wie möglich ignorierten. Der Westteil wollte Schaufenster der freien Welt sein, der Osten Aushängeschild des Sozialismus. Ein Jahr lang gab es Feuerwerke, Sportfeste, Auftritte internationaler Stars, Straßenfeste und Staatsbesuche.

Der finanzielle Aufwand für die Hauptstadt der DDR war gewaltig. »Der Wiederaufbau des historischen Gründungsgebietes von Berlin an der Nikolaikirche ist abzuschließen«, war am 6. Dezember 1986 im Volkswirtschaftsplan für Berlin verkündet worden. »Dabei sind weitere 163 Wohnungen, die Gaststätten ›Nußbaum‹ und ›Gerichtslaube‹, das Knoblauchhaus und das Ephraimpalais fertigzustellen. Die Baumaßnahmen im Investitionskomplex Friedrichstraße/Otto-Grotewohl-Straße sind verstärkt fortzuführen. Es sind weitere 309 Neubauwohnungen und gesellschaftliche Einrichtungen zu übergeben. Der Platz der Akademie ist mit der Fertigstellung des Französischen Domes und der Teilfertigstellung des Deutschen Domes weiter zu gestalten. (...) Mit der weiteren Fertigstellung von 1420 Wohnungen im Wohnkomplex Marzahn-Nord wird der Neubau von Wohnungen in Marzahn abgeschlossen. Im Wohnkomplex Ahrensfelde-Süd sind durch den VEB Wohnungsbaukombinat Berlin rund 3600 Wohnungen fertigzustellen. Der Stadtbezirk Hohenschönhausen ist mit der Errichtung von etwa 4200 Wohnungen sowie den erforderlichen Einrichtungen zur Betreuung und Versorgung der Bevölkerung weiter aufzubauen. Im Stadtbezirk Hellersdorf sind etwa 4700 Wohnungen einschließlich der dazugehörigen Gemeinschaftseinrichtungen zu errichten. Zur Verbesserung der Fernmeldeversorgung der Hauptstadt sind 16000 Hauptanschlüsse einzurichten und 360 Münzfernsprecher in Betrieb zu nehmen.«[4]

Ob alle diese Planungen auch eingehalten wurden, ist nicht bekanntgegeben worden. Doch sie reichten aus, um in der ganzen DDR wieder einmal Unmut zu erzeugen. Viele Ressourcen wurden aus den Bezirken nach Berlin umgelenkt. Baubetriebe aus der ganzen Republik bauten mitsamt ihren Belegschaften in Berlin neue Wohnungen und Repräsentationsbauten. Die Versorgungslage in der Provinz verschlechterte sich zusehends, um in Berlin den Anschein des Überflusses zu inszenieren.

Die Provinz probt den Aufstand

Am 22. Juni 1987 meldete die MfS-Bezirksverwaltung Leipzig auf einem Formblatt an den Zentralen Operativstab des Ministeriums in Berlin ein »besonderes Vorkommnis« (BV). Die Meldung trug den Titel »Anbringen einer Schmiererei mit herabwürdigendem Inhalt auf der Fahrbahn in Leipzig-Mockau«. Weiter hieß es: »Am 22. 6. 1987 gegen 02.30 Uhr wurde festgestellt, daß in Leipzig-Mockau, Majakowskistraße (...) auf der Fahrbahn eine Schmiererei (Länge 3,60 m, Buchstabengröße 30 cm bis 50 cm) mit folgendem Text angebracht wurde: ›822 Jahre Leipzig, so alt wird Berlin nie‹. Als Tatmittel wurde rote Farbe verwendet. Das Wort ›Berlin‹ war mit gleicher Farbe durchgestrichen.«[5] Vermerkt wird in dem Formblatt außerdem, dass die weitere Untersuchung des Vorfalls bei der Kriminalpolizei und der MfS-Kreisdienststelle Leipzig-Stadt liege.

Der Vorgang offenbart in seiner grotesken Belanglosigkeit den übersteigerten Sicherheitswahn, die Bürokratisierung der Abläufe und die Angst der SED-Diktatur vor jeder abweichenden Meinung. Er zeigt aber auch, welche politische Sprengkraft die Privilegierung Berlins hatte. Denn auch der Missetäter, der zu nächtlicher Stunde seinen Unmut auf den Asphalt der Majakowskistraße gepinselt hatte, kannte die Empfindlichkeit der Staatsmacht und wusste um das Risiko.

Die propagandistische Dauerberieselung zum Thema 750 Jahre Berlin erzeugte Ärger und Widerspruch, zumal die meisten Städte westlich der Elbe wesentlich älter waren als das erst im Zuge der Ostkolonisation im 13. Jahrhundert gegründete Berlin. Alte antipreußische Ressentiments, Lokalpatriotismus und eine um sich greifende Wut über den Verfall des Landes verdichteten sich zu einer emotional aufgeladenen Anti-Berlin-Stimmung. Als ironische Replik auf die überall präsente Losung »750 Jahre Berlin« versahen die Menschen in der »Republik« die Heckscheiben ihrer Autos mit dem Alter ihrer Städte. Es soll sogar ein Auto mit der Aufschrift »140 Millionen Jahre Elbsandsteingebirge« gesehen worden sein.

Der Festumzug

Das Jubeljahr 1987 erlebte seinen Höhepunkt am 4. Juli mit einem historischen Festumzug durch Berlin. Mit viel Aufwand wurden Kostüme geschneidert und Umzugswagen mit Szenen aus der Geschichte gestaltet. 43 800 Mitwirkende, darunter 10 000 Musiker, 760 Pferde und 924 Fahrzeuge zogen fünfeinhalb Stunden lang von der Straße Unter den Linden über die Karl-Liebknecht-Straße und den Alexanderplatz bis zum Strausberger Platz. Dabei wurden in 44 Themenkomplexen 291 Bilder präsentiert.

Bei strahlendem Sonnenschein zog der perfekt organisierte Festzug durch Berlin. Das Ereignis wurde live im Fernsehen der DDR übertragen, und auch Journalisten und Fernsehstationen aus aller Welt fehlten nicht. In dem eigens eingerichteten »Pressezentrum Festumzug und Historischer Markt« im Gebäude des Internationalen Pressezentrums (IPZ) in der Mohrenstraße hatten sich bereits am 1. Juli 61 ausländische und bundesdeutsche Korrespondenten akkreditiert. Hinzu kamen ARD, RIAS, Deutschlandfunk und die Zeitung *Die Welt.* Für den besonderen Anlass erließ man den Korrespondenten sogar den sonst üblichen Mindestumtausch von 25 Mark am Tag (eins zu eins).

Erich Honecker, seine Gattin Margot, die Volksbildungsministerin, und andere Persönlichkeiten saßen auf der Bühne vor dem »Gastmahl des Meeres« in der Karl-Liebknecht-, Ecke Spandauer Straße. Die Honeckers präsentierten sich in bester Laune und ließen sich von den vorüberziehenden Massen feiern. Immer wieder ballte der Partei- und Staatschef die Faust zum proletarischen Gruß, was lange Zeit in der DDR ungebräuchlich gewesen war, hatte man sich 1946 bei der Vereinigung mit den Sozialdemokraten doch von den explizit kommunistischen Symbolen verabschiedet. Als jedoch als Mitglieder des Rot-Front-Kämpferbundes verkleidete Umzugsteilnehmer mit einer Schalmeiengruppe vorüberzogen, konnte Honecker wohl nicht mehr an sich halten. Er war in seiner Kindheit selbst als Trommler in einer Rot-Front-Kämpfer-Musikgruppe, was seinen musikalischen Geschmack geprägt hatte. Zurück zum Festumzug: Es folgten Soldaten der sowjetischen Armee, Aufbauhelfer und FDJler, schließlich wurde zur Erinnerung an den 13. August 1961 ein Brandenburger Tor aus Pappe vorbeigefahren. Davor standen, wie in den glorreichen Tagen des August Angehörige der Kampfgruppen der Arbeiterklasse mit umgehängten Maschinenpistolen. Auch sie reckten die Arbeiterfaust zum Gruß, und Erich Honecker erhob sich gerührt, die Rechte zur Faust geballt.

Wer konnte ahnen, dass nur zwei Jahre später, am 4. November 1989, über dieselbe Straße in umgekehrter Richtung Hunderttausende Demonstranten ziehen sollten, um das Ende des SED-Regimes zu fordern? Einige Wochen später irrte das Ehepaar Honecker unbehaust durchs Land. Von den eigenen Genossen im Stich gelassen, von den Strafverfolgungsbehörden des eigenen Systems bedroht, von den Medien verhöhnt und von plötzlich mutig gewordenen Untertanen beschimpft, waren sie schließlich froh, in einem kirchlichen Pflegeheim außerhalb Berlins und schließlich in einem sowjetischen Militärhospital unterzukommen.

Sommerfest im Hirschhof an der Oderberger Straße in Berlin-Prenzlauer Berg, 1986

Zweites Kapitel
Opposition und Kirche

Neues Leben in alten Kirchen

Die Kirche in der DDR stand als Institution am Rand einer säkularisierten und kirchenfeindlichen Gesellschaft. Die Kirchengebäude aber hatten ihren Platz seit alters her in den Dörfern und Städten. Wenigstens an den Sonntagen waren die Kirchentüren offen, und wer sie durchschritt, betrat eine fremde Welt. Hier gab es andere Zeichen und Bilder als draußen in der DDR, deren Bedeutung die Schule nicht mehr lehrte und die Neugier erregten. Auf den Büchertischen im Vorraum lagen im staatlichen Volksbuchhandel nicht erhältliche Schriften, und in den Schaukästen hingen Hinweise auf Gemeindeveranstaltungen, die fremd und geheimnisvoll klangen. »Bewahrung der Schöpfung«, hieß es da oder: »Frieden schaffen ohne Waffen«. Die Kirchen wirkten wie Orte, welche die Zeit überdauert hatten. Doch lange vor den Mahnwachen und den stürmischen Protestveranstaltungen des Jahres 1989 war jedermann klar, dass hier zumindest im geistigen Sinne die Allmacht des Staates endete.

In den Altbauvierteln Berlins gab es viele und große Kirchen. Die meisten stammten aus dem 19. Jahrhundert. Sie bedurften fast alle dringend der Renovierung. Oft waren nicht einmal die Bombenschäden aus dem Zweiten Weltkrieg beseitigt. Doch wer brauchte angesichts der schwindenden Zahl der Kirchgänger noch so große Kirchenschiffe? Für den Gottesdienst und die kirchlichen Feiern reichte außer am Heiligabend meist ein Nebenraum, der beheizbar war.

Seit den späten siebziger Jahren kehrte auch neues Leben in die alten Gemäuer ein. Immer wieder fanden Veranstaltungen statt, für die selbst die mehrere Hundert Menschen fassenden Bauten kaum ausreichten. Teilweise waren es primär musikalische Veranstaltungen, wie die Blues-Messen, die zwischen 1979 und 1987 Jugendliche aus der ganzen Republik anzogen. Zunächst in der Samariterkirche im Bezirk Friedrichshain, später auch in anderen Kirchen, fanden Programme statt, die Predigt, Musik und politische Beiträge in Form von Sketchen geschickt verbanden. Es fanden aber auch Informationsabende zu aktuellen Themen der Friedenspolitik und Ökologie statt. Seit der zweiten Hälfte der achtziger Jahre scheuten sich die Veranstalter kaum noch, politische Themen direkt anzusprechen. Junge Leute saßen in den Gängen und rund um den Altar, und selbst die Emporen füllten sich bis zum letzten Platz. Man muss es als historischen Glücksfall bezeichnen, dass es diese Räume gab, denn die staatlichen oder kommunalen blieben der Opposition bis in den Winter 1989 hinein verschlossen. In den Kirchen waren weder polizeiliche Voranmeldungen nötig noch staatliche Einflussnahme auf die Inhalte möglich. Wenn Gemeindekirchenrat und Pfarrer ihr Einverständnis erklärten, konnte man kurzfristig Informationsandachten, Fürbitten oder Mahnwachen ankündigen.

Gelegentlich gab es Aushänge in den Schaukästen vor den Kirchen und Gemeindehäusern. Vor allem aber verbreiteten sich die Informationen über Mundpropaganda. Die West-Berliner Radiosender berichteten zwar im Nachhinein über solche Veranstaltungen, vermieden es aber, konkrete Hinweise zu geben. Eine Ausnahme war »Radio Glasnost«, allerdings war der Sender nur an jedem vierten Montag eine Stunde lang zu hören. Die Sendungen erfolgten von West-Berlin aus, wurden aber inhaltlich von den Oppositionsgruppen gestaltet.

Größeren Oppositionsveranstaltungen etwa in der Samariterkirche oder der Erlöserkirche in Berlin-Lichtenberg gingen gewisse Zeichen voraus, die keineswegs himmlischen Ursprungs waren. Zuerst traten paarweise sportliche und ordentlich frisierte junge Männer in der Umgebung der betreffenden Gebäude auf. Sie trugen Dederonkutten und Handgelenktäschchen, in denen sich, wie man munkelte, die Sprechfunkgeräte befanden, standen betont unauffällig in Hausfluren und musterten aufmerksam die Vorübergehenden, oder sie saßen in Pkw vom Typ Lada und beobachteten das Treiben auf der Straße. Gelegentlich tauchten Mannschaftswagen mit grün uniformierten Bereitschaftspolizisten und Hunden auf. Um den potenziellen Ort der »öffentlichkeitswirksamen Aktion«, wie es in der Stasi-Sprache hieß, wurde ein unsichtbarer Ring gezogen, der die Aufmerksamkeit all derjenigen auf sich zog, die von dem geplanten Treffen bislang noch nichts wussten. Dann näherten sich grüppchenweise oder einzeln die erwarteten »feindlich-negativen Kräfte« und strebten der Kirchentür zu. Sie bevorzugten ein spezielles Outfit: lange Haare, Bart, Nickelbrille, Stirnband, verwaschene Jeans, grüne Kutte, handgefärbte Baumwollwindeln als Tuch und Umhängetaschen aus Jute. Die Frauen trugen lange selbstgenähte Kleider in verschiedenen Lilatönen. Man pflegte sich zur Begrüßung zu umarmen und flüchtige Küsschen auszutauschen. Das war neu in der DDR, wo der proletarische Handschlag dominierte.

Die Stasi fasste sie als Jugendliche mit »feindlich-dekadentem Äußeren« zusammen. Vielleicht hatten ihre Eckensteher dabei das Lehrmaterial VVS 001-19/79 I der Juristischen Hochschule Potsdam-Eiche im Kopf, in dem die »Politische Untergrundtätigkeit« (PUT) folgendermaßen definiert war: »(Sie) ist eine der gefährlichsten Erscheinungsformen der subversiven Tätigkeit. Sie ist durch konzentrierten Einsatz der politisch-ideologischen Diversion inspirierte und von den imperialistischen Zentren, Organisationen und Kräften organisierte Suche, Sammlung und Zusammenführung von feindlich-negativen Kräften zur Schaffung einer personellen Basis im Innern der DDR, die in Durchsetzung feindlicher politisch-ideologischer Plattformen unter Anwendung konspirativer Mittel und Methoden langfristig orientierend gegen die DDR mit dem Ziel kämpfen, in der sozialistischen Gesellschaft sozialismusfeindliche Positionen zu schaffen, Bürger der DDR gegen den Sozialismus aufzuwiegeln, feindliche Handlungen zu aktivieren, um damit den Prozeß konterrevolutionärer Veränderungen zur letztlichen Beseitigung der Arbeiter-und-Bauern-Macht in Gang zu setzen.«[6]

Das Altersspektrum der Besucher von Oppositionsveranstaltungen reichte vom Teenager bis zum Rentner, doch insgesamt fiel eine gewisse Überrepräsentanz der Enddreißiger auf. Weder die Kirchengruppen noch das MfS führten darüber eine Statistik. Die wenigen Schätzungen stimmen allerdings mit dem allgemeinen Eindruck überein, und so berichtete ein Informant über eine Veranstaltung in der Lichtenberger Erlöserkirche im Februar 1988: »Es waren 600 Personen anwesend (...) 40 % unter 30 Jahre, 50 % 30 bis 40 Jahre, 10 % über 50 Jahre.«[7] Für die 30- bis 40-Jährigen findet sich in den MfS-Akten der freundliche Begriff »Jungerwachsene«, womit wohl weniger eine konkrete Altersgruppe als vielmehr der Typ des junggebliebenen Erwachsenen gemeint war. Jedenfalls handelte es sich bei der Opposition der achtziger Jahre nicht um eine Jugendbewegung.

Auf Fotos fallen der heilige Ernst und die sanfte Entschlossenheit der Kirchenbesucher auf. Äußerlich wirkten die Aufmärsche wenig bedrohlich. Die Angehörigen der Sicherheitsorgane sahen das sicherlich anders. Orientiert auf struppige Bärte, lange Haare und ungepflegte Kleidung hielten sie Passanten an und forderten sie mit den unfreiwillig doppeldeutigen Worten »Weisen Sie sich aus!« auf, ihre Personaldokumente vorzuzeigen. Den »PA«, wie das kleine blaue Büchlein abgekürzt wurde, musste jeder DDR-Bürger ab 14 Jahren laut Gesetz stets bei sich führen und auf Verlangen präsentieren. Sorgfältig durchblätterten ihn die uniformierten oder zivilen Sicherheitskräfte und murmelten beim Lesen wie die ABC-Schützen vor sich hin, was zu dem Gerücht führte, sie trügen kleine Aufnahmegeräte bei sich, um die Angaben festzuhalten. Wer sich bei dieser Prozedur renitent zeigte oder keinen Personalausweis bei sich trug, wurde der »Personenfeststellung zugeführt«. Das konnte zwar einige Stunden dauern, doch zumeist wurden die »Verdächtigen« nach einigen Stunden wieder auf freien Fuß gesetzt. Unangenehmer waren Mitteilungen an die Schule oder die Arbeitsstelle, die Schwierigkeiten nach sich ziehen konnten.

Trotzdem darf das politische Gewicht, das die Oppositionsgruppen im Herbst 1989 für einen historischen Moment hatten, nicht darüber hinwegtäuschen, dass sie bis dahin über keine nennenswerte Anhängerschaft verfügten. Die große Mehrheit der

Bevölkerung beachtete ihre Aktivitäten kaum und erfuhr darüber durch die Berichterstattung der westlichen Medien. Mitunter reagierte die Umwelt gar feindselig, denn die mutigen Aktionen stellten nicht nur die Staatsmacht in Frage, sondern in gewisser Weise auch das angepasste Dasein des Durchschnittsbürgers. Schnell einigten sich die »Normalbürger« darauf, dass dies »alles Spinner und Verrückte« seien, die sich im Übrigen aus Wichtigtuerei ins Scheinwerferlicht des bundesrepublikanischen Fernsehens drängten. Als einzigen nachvollziehbaren Grund für ihre Tätigkeit konnte man sich das Bestreben vorstellen, schnell »nach drüben« zu kommen und sich dort als »Verfolgter« aufzuspielen. Hinzu kam die Vermutung, die Gruppen seien sowohl vom MfS als auch von westlichen Geheimdiensten unterwandert, und auch eine latente Feindseligkeit gegenüber der Kirche spielte bei der Distanzierung eine Rolle.

»Die Opposition in der DDR war eine kleine Opposition«, schrieb Reinhard Schult, einer der Protagonisten der Bürgerbewegung, in einer Art Abschiedsbrief im Jahr 1995, und weiter: »Fast kannte jeder jeden. Die Hoffnung, das SED-Regime zu stürzen, hatte niemand von uns. Es ging um etwas mehr Luft in dieser miefigen DDR, um etwas mehr Bewegungsfreiheit in der Zwangsjacke. Wir waren eine verschwindende Minderheit - ohne Rückhalt in der Bevölkerung.«[8] Auch eine Analyse der Abteilung XX der Berliner MfS-Bezirksverwaltung sprach 1986, bezogen auf Ost-Berlin, von 18 »Friedens- und Ökologiekreisen mit ca. 350 Mitgliedern«.[9] Hinzu kam ein Sympathisantenumfeld von etwa zehnfacher Größe, also 3000 bis 6000 Personen. Selbst bei großzügiger Rechnung handelte es sich also statistisch gesehen um einen zu vernachlässigenden Anteil von weniger als einem halben Prozent der hauptstädtischen Gesamtbevölkerung. Zwei oder drei Dutzend Aktivisten trugen die Opposition über Jahre hinweg. Prominente Künstler, Schriftsteller oder bekannte Wissenschaftler fehlten, wie schon gesagt, obwohl sie nur ein geringes persönliches Risiko getragen hätten.

Die Zionskirche

Eine der Kirchen, die der Oppositionsbewegung Räume zur Verfügung stellten, war die Zionskirche im Norden des Stadtbezirks Berlin-Mitte. Sie war nach dem gescheiterten Attentat auf König Wilhelm I. im Jahr 1861 als Votivkirche gestiftet und von 1866 bis 1873 im neoromanisch-lombardischen Stil erbaut worden. Der Klinkerbau stand von Mietshäusern aus jener Zeit und großen Bäumen umgeben auf dem fünfeckigen Zionskirchplatz. Nur wenige Schritte entfernt befand sich in der Griebenowstraße 15 das Gemeindehaus. Die Gemeinde stellte ab 1985 einer kleinen Gruppe von Umweltaktivisten zwei Kellerräume zur Verfügung. Diese nannten sich fortan Umweltbibliothek. Es gab einige Bücherregale mit den in der DDR allgemein zugänglichen Publikationen sowie internen kirchlichen Veröffentlichungen. Auf einer altersschwachen Vervielfältigungsmaschine zogen die Aktivisten einzelne Blätter ab, die unter dem Namen *Umweltblätter* und *Grenzfall,* mit dem Stempel »Für den innerkirchlichen Dienstgebrauch« versehen, bei kirchlichen Veranstaltungen verteilt wurden. Vor allem die Umweltverschmutzung und die Friedensbewegung waren Themen.

Hätte der Staat mit seinem Medienmonopol und seinen Machtmitteln über die Aktivitäten im Gemeindekeller nicht schulterzuckend hinwegsehen können? Die Frage rührt an dem Strukturproblem der totalitären Macht. Der geringste Freiraum war für die SED eine untragbare Herausforderung. Denn wenn heute zehn Menschen öffentlich die Macht kritisierten, konnten es morgen 100 sein und übermorgen 1000. Die Diktatur kann mit 99 Prozent Zustimmung nicht leben, sie muss das eine Prozent liquidieren. Wenn sie das nicht mehr kann, sind ihre Tage gezählt.

In der Nacht vom 24. zum 25. November 1987 stürmten 20 Stasi-Mitarbeiter in die Kellerräume der Umweltbibliothek. »Hände hoch! Maschinen aus!«, bellten die Befehle durch die Räume. Die Mitarbeiter der Umweltbibliothek mussten sich an die Wand stellen und wurden nach Waffen durchsucht. Auf dem Kassettenrekorder lief der Song »Keine Macht für Niemand« von der West-Berliner Band Ton Steine Scherben weiter, wie in dem später veröffentlichten Erlebnisbericht zu lesen ist.[10] »Die Herren begannen mit einem minutenlangen Fototermin mit teuren Schweizer Kameras.«[11] Währenddessen wurde der Pfarrer Hans Simon aus dem Bett geholt. Ihm wurde erklärt, es liege eine Anzeige wegen »Bildung einer Vereinigung zur Verfolgung gesetzwidriger Ziele« vor. Dann wurden die sieben Festgenommenen einschließlich eines 14-Jährigen abtransportiert und die »Tatwerkzeuge« beschlagnahmt. Am 26. November wurde in den Abendnachrichten der *Aktuellen Kamera* und am folgenden Tag in den Zeitungen die Mitteilung verbreitet, dass in der Umweltbibliothek »7 Personen auf frischer Tat bei der Herstellung staatsfeindlicher Schriften ertappt« worden seien.[12]

Doch inzwischen gab es Ereignisse, mit denen die Staatsmacht offenbar nicht gerechnet hatte. Vor der Zionskirche war eine Mahnwache mit Kerzen aufgezogen, die gegen die Verhaftungen protestierte. Der Zionskirchplatz war von Sicherheitskräften umringt, doch wer genügend Mut hatte, kam hindurch und stellte sich mit einer Kerze vor die Kirche. Von den hektischen Aktivitäten zwischen Kirchenleitung und Staatsbehörden, die versuchten, die Situation zu entschärfen, drang damals nur wenig an die Öffentlichkeit. Entscheidend war das Resultat. Nach einigen Tagen waren alle Verhafteten wieder auf freiem Fuß. Später musste die Staatsanwaltschaft sogar die beschlagnahmten Druckmaschinen herausgeben. Der allmächtige und bis an die Zähne bewaffnete Staat kapitulierte vor einem kleinen Grüppchen von jungen Leuten. Die Kirche war zum archimedischen Punkt geworden, an dem man den Hebel ansetzen konnte, um das System aus den Angeln zu heben.

FDJ-Ordner vor jubelndem Publikum beim Bruce-Springsteen-Konzert auf der Radrennbahn in Berlin-Weißensee, 19. Juli 1988

Drittes Kapitel
Rockmusik und Freiheit

Sinfonie der Großstadt

Eine biblische Legende erzählt, dass auf das Gebot Jahwes hin die Israeliten sechs Tage mit Geschrei und Musik die nicht einnehmbare Feste Jericho umrundeten. Am siebten Tag brachte der Posaunenschall die Mauern zum Einsturz (Josua 6,4 bis 20). Die Zeitgenossen sahen darin schlicht ein Wunder, die moderne Archäologie vermutet ein Erdbeben, und Ufologen sind davon überzeugt, dass Außerirdische eine Wunderwaffe zum Einsatz brachten, denn tatsächlich können Schwingungen in bestimmten Frequenzen Bauwerke zum Einstürzen bringen.

Welche Tonhöhe aber war es, die die Berliner Mauer zum Einsturz brachte? Ganz sicher war es nicht die Musik allein, die dies vollbrachte, aber sie spielte eine große Rolle.

Die Geschichte Berlins ließe sich in Anlehnung an einen Filmtitel aus dem Jahr 1927 als *Sinfonie der Großstadt* erzählen. Die akustischen Erinnerungen der geteilten Stadt bieten eine wilde Kakophonie. In ihr mischt sich das Tschingderassabum des Großen Wachaufzugs Unter den Linden mit den Liedern der Arbeiterbewegung, die zu jedem Anlass aus den Lautsprechern dröhnten, mit den Liedern der FDJ-Singebewegung, den Schlagern von hüben und drüben, den Pop- und Rocksongs und mit den schrillen Tönen der Punkmusik. All dies wehte über die Mauer und wieder zurück – im metaphorischen Sinne als Radiowelle, als Tonträger, der unter der Jacke versteckt die Grenze passierte, als Gastauftritte westlicher Stars, oder sie kamen im ganz wörtlichen Sinne als Schallwelle über die Mauer – und das war natürlich das Spannendste.

Ein Fenster zur Welt

Auftritte von westlichen Stars hatte es früher schon in der DDR gegeben. Am 19. Juni 1960 bildete der Auftritt des schwarzen Sängers Paul Robeson den Höhepunkt des Pressefestes des *Neuen Deutschland.* Später kamen Louis Armstrong und Joan Baez in die DDR. Solche Gastspiele hatten für die DDR-Führung eine zwiespältige Wirkung. Sie boten speziell nach dem Mauerbau dem Publikum einen Hauch von jenem internationalem Flair, den es so sehr vermisste. Die prominenten Besucher zeugten aber auch von einer gewissen Anerkennung der DDR in der Welt. Und der westlichen Kultur wurde wenigstens einen Spalt breit die Tür geöffnet. Die lange Zeit in den kommunistischen Ländern offiziell verpönte Jazzmusik erhielt beispielsweise von Paul Robeson die ideologische Weihe. Sie gehörte nun, wie der Sänger auf einer Pressekonferenz sagte, zu »den Volksliedern gegen Unterdrückung und Sklaverei«.[13] So begann auch im Osten die Jazzmusik ihren Siegeszug.

Bis zum Ende der DDR schwankte die SED-Kulturpolitik zwischen kleinlichen Verboten, die nur das Interesse des Publikums erhöhten, und Nachgeben gegenüber den Wünschen der Bevölkerung, speziell der Jugend. Wohl mehr als alle anderen ideologischen Konflikte und weit über die eigentliche Bedeutung hinaus bewegte die Frage der Annahme oder Ablehnung westlicher Musik das Publikum. Die neue Jugendpolitik der frühen sechziger Jahre war in den Augen vieler Zeitgenossen ein Kulturkampf für oder gegen die Beatles, obwohl es eigentlich um fundamentale Fragen der Wirtschaftsorganisation und der sozialistischen Demokratie ging. Erst wurde die Beat-Musik als Versuch des Imperialismus gewertet, die Jugend zu verrohen. Insbesondere die sozialistische Welt sollte durch die Beatles und die Rolling Stones unterwandert und aufgeweicht werden. Dann kamen einige SED-Funktionäre zu der Erkenntnis, dass die Jugend diese Musik sowieso hörte, also sei es besser, sie hörte sie im DDR-Rundfunk. So schrieb man in der Zeitung, die Beatles seien Arbeiterjungen aus Liverpool, die gegen den Kapitalismus protestierten. Damit waren sie auch für die DDR tragbar. In den späten achtziger Jahren schienen sich die Konflikte der Vergangenheit zu wiederholen. Wieder lautete die Frage: Kommt man den Wünschen der Jugend nach und öffnet dadurch das Einfallstor für die westliche Ideologie, oder reagiert man mit Verboten und politisiert die Konflikte dadurch?

Pfingstkonzerte

Am Pfingstsonnabend, dem 6. Juni 1987, begann vor dem Reichstagsgebäude, also auf der Westseite der Mauer, das dreitägige Rockfestival »Concert for Berlin« mit Popgrößen wie David Bowie und Genesis. Für die Veranstaltung wurde im Westen kräftig die Werbetrommel gerührt, sodass auch die Fans im Osten Bescheid wussten. Einige wollten sich nicht mit der Live-Übertragung im Westrundfunk begnügen und pilgerten an diesem Frühsommerabend zum Brandenburger Tor. Sie hofften, dass der Wind günstig stehen und einige Schallwellen über die Mauer tragen würde. Die Sicherheitskräfte hätten gewarnt sein können, denn schon bei früheren Gelegenheiten hatten sich Rockfans zur Mauer begeben. Doch angesichts der Menschenansammlung direkt vor der Mauer reagierte die Polizei nervös und begann die Jugendlichen zurückzudrängen. Es kam zu Rangeleien und Festnahmen. Am folgenden Abend war die Menge beträchtlich angewachsen. Laut Stasi-Bericht waren es 770 bis 820 Personen.[14] Es wiederholten sich die Szenen des Vorabends, und Jugendliche riefen im Sprechchor: »Die Mauer muss weg!« Sie kannten diesen 1961 von Willy Brandt geprägten Slogan aus dem Lied der Gropiuslerchen »Berlin, Berlin, dein Herz kennt keine Mauern«. Die Meldung über die Tumulte lief über die Westsender, und am dritten Abend kamen schließlich auch viele Leute, denen die Musik egal war, die aber sehr viel gegen die Mauer hatten. Da es im Laufe des Abends ein ständiges Kommen und Gehen gab, ist schwer zu schätzen, wie viele Leute tatsächlich Unter den Linden standen. Es mögen 1000, vielleicht auch 2000 oder 3000 gewesen sein. Die Stasi hat

2000 Personen gezählt. 156 Personen wurden zugeführt, davon 126 männliche und 30 weibliche, gegen 77 wurden Ordnungsstrafen verhängt, gegen 18 Personen Ermittlungsverfahren eingeleitet, vier davon waren minderjährig und wurden aus der Untersuchungshaft entlassen.[15]

Schwieriger als die Quantifizierung war die politische Einschätzung der Vorkommnisse. Günter Gaus wiegelt in seinem 1988 erschienenen Buch *Deutschland im Juni* ab: »Was sich drüben in den letzten Jahren verändert hat, auch zwischen Obrigkeit und Staatsvolk der DDR (…) blieb dem Blick über die Mauer vom Westen her weithin verborgen. So konnte der Krawall in Ostberlin in der Gefühlswelt der westdeutschen Öffentlichkeit den Charakter eines durch und durch politischen Aufstandes annehmen, zu dem es an Vorabenden staatlicher Zusammenbrüche kommt.«[16]

Dass es sich tatsächlich um den Vorabend eines staatlichen Zusammenbruchs handelte, ahnte Günter Gaus wohl so wenig wie irgendein anderer Beobachter. Doch waren die Krawalle das erste öffentliche Aufbegehren gegen die Mauer seit dem 13. August 1961. Auf jeden Fall wurde klar, welch ein neuralgischer Punkt die Grenze gerade in Zeiten der Entspannungspolitik war. So sah das auch die Staatsmacht. Als sich rund ein Jahr später, vom 16. bis zum 19. Juni 1988, das Szenario am Brandenburger Tor bei Rockkonzerten von Michael Jackson, Pink Floyd und Joe Cocker an gleicher Stelle zu wiederholen drohte, scheute der Staat keine Kosten, um auf der Radrennbahn Weißensee eine Gegenveranstaltung aufzuziehen. Zur selben Zeit wie auf der Bühne vor dem Reichstag sangen tief im Osten Berlins westliche Stars. Zu dem Konzert von Joe Cocker kamen 85000 Menschen. Die Taktik der SED-Führung schien kurzfristig aufzugehen. Am Brandenburger Tor standen zwar mehr Leute als im Jahr zuvor, doch es dominierten Personen mittleren Alters, die weder durch die Musik noch durch Alkohol aufgeputscht waren. Die Stimmung war weniger aggressiv und aufgeheizt als im Jahr zuvor. Allerdings kam es zu Übergriffen der Stasi auf westliche Journalisten, die ihrerseits die Sache an die große Glocke hängten und die »Personenansammlung«, wie es die Stasi nannte, zum Medienereignis machten.

Der »Boss« in Berlin

Es gibt Ereignisse, die werden bald schon vergessen. Andere dagegen nehmen mit jedem Jahr des Abstands an Bedeutung zu. Das Bruce-Springsteen-Konzert am 19. Juli 1988 auf der Radrennbahn in Berlin-Weißensee gehört dazu. Wikipedia-Autoren halten den Auftritt des amerikanischen Rocksängers für »das größte Konzertereignis in der Geschichte der DDR«.[17] Die Zahl der Zuschauer »wuchs« zwischen 1988 und 2019 von 70000 auf 160000. An anderer Stelle werden bis zu 500000 Besucher angegeben. Vor allem aber wurde die politische Wirkung aufgeblasen. Wikipedia drückt sich noch vorsichtig aus, wenn es heißt: »Gelegentlich wird dem Konzert zugeschrieben, zum Fall der Mauer beigetragen zu haben.« Der US-Amerikaner Erik Kirschbaum gab seinem Buch den Titel *Rocking the Wall. Bruce Springsteen.* Eine Neuauflage von 2015 erhielt den Untertitel *The Berlin Concert that Changed the World.*

Der Vorverkauf der Karten für das Springsteen-Konzert fand ausschließlich in Ost-Berlin statt. Karten wurden auch über die Betriebe in der DDR verteilt. Der Eintritt kostete 20 Mark, einschließlich 5 Pfennig Kulturbeitrag. Zahlreiche Interessierte aus entfernteren Orten fuhren ohne Eintrittskarte zum Konzert. 20000 Karten sollten laut den Vorgaben der Planer an FDJ und Sicherheitsorgane gehen, außerdem je 1000 an die FDJ-Bezirksleitungen. Zusätzlich sollten 1500 »Agitatoren« eingesetzt werden.

Da es vor dem Konzert keine Karten mehr gab, strömten zahlreiche Menschen an FDJ-Ordnern und Einzäunungen vorbei auf das Gelände. Springsteens Manager Jon Landau verfügte vor dem Konzert, dass das von der FDJ aufgehängte Banner »Nikaragua im Herzen« abgehängt wurde. Stattdessen wurde die Losung »Tunnel of Love« befestigt.

Das Konzert begann um 19.07 Uhr und dauerte fast vier Stunden. Nach etwas mehr als einer Stunde zog Springsteen einen Zettel aus der Tasche und las auf Deutsch vor: »Es ist gut, in Ost-Berlin zu sein. Ich bin hier nicht für oder gegen irgendeine Regierung. Ich bin gekommen, um für euch Rock 'n' Roll zu spielen, für euch Ost-Berliner, in der Hoffnung, dass eines Tages alle Barrieren umgerissen werden.« Ursprünglich hatte Springsteen von Mauern statt von Barrieren sprechen wollen. Darüber hatte es zuvor Diskussionen gegeben, weshalb Springsteens Management die Botschaft entschärfte. Das Konzert wurde leicht zeitversetzt im DDR-Jugendsender DT 64 und im zweiten Programm des Fernsehens der DDR übertragen. Springsteens Statement über die »Barrieren« wurde herausgeschnitten.

Dabei hatte die SED-Führung das Ziel verfolgt, die Jugendlichen davon abzuhalten, zur Mauer zu ziehen und die DDR-Führung in Bedrängnis zu bringen. Ihnen sollte signalisiert werden: Die DDR bietet euch ausreichend Spaß. Wer unbedingt die Produkte der kapitalistischen Unterhaltungsindustrie genießen wollte, der sollte es tun. Die Tatsache, dass es laut Eintrittskarte ein Solidaritätskonzert für Nikaragua zum neunten Jahrestag der Sandinistischen Revolution war und der ehemalige FDJ-Chef, das Politbüromitglied Egon Krenz, bei der Veranstaltung wenigstens zeitweise anwesend war, ging unter.

Im Grunde lief der Abend gut für die Staatsführung der DDR, die dafür viel Geld ausgegeben hatte. Die Jugend durfte ein Rockidol bejubeln, das ihnen die FDJ vor die Nase gesetzt hatte. Dann fuhren alle nach Hause.

Großdemonstration auf dem Alexanderplatz, 4. November 1989, hier ein Plakat von Joachim »Hamster« Damm, damals Student an der Kunsthochschule Berlin-Weißensee, mit einer Karikatur von Egon Krenz

Viertes Kapitel
Herbstrevolution

»Wir wollen raus!«

Im Sommer 1989 ging die Dauerkrise der sozialistischen DDR in eine akute Existenzkrise über. Für die SED-Führung häuften sich die Hiobsbotschaften. Die Ankündigung der Ungarn, die Sperranlagen zur österreichischen Grenze abzubauen, kam einer Katastrophe gleich. Am 19. August 1989 nutzten 661 DDR-Bürger ein »Paneuropäisches Picknick« an der österreichisch-ungarischen Grenze zur Flucht in den Westen. Kleine Gruppen und Familien mit Kindern gingen einfach an den ungarischen Grenzposten vorbei. Der »Eiserne Vorhang« hatte ein Loch bekommen, das man nun verzweifelt zu stopfen suchte. Die Reisemöglichkeiten für DDR-Bürger nach Ungarn wurden eingeschränkt. Doch auf dem Gelände der Botschaft der Bundesrepublik in Prag sammelten sich weitere Flüchtlinge. Über die Bildschirme flimmerten allabendlich die Bilder des Westfernsehens von Menschen, die mit Kind und Kegel aus ihrer Heimat flohen wie vor einer Naturkatastrophe.

Nicht zuletzt wegen der bevorstehenden Jubelfeier zum 40. Jahrestag der DDR gab die SED-Führung schließlich nach. Bundesaußenminister Hans-Dietrich Genscher reiste nach Prag und verkündete am 30. September den jubelnden Menschen im Park des Palais Lobkowitz, dass ihre Ausreise genehmigt sei.

Die Ironie der Geschichte wollte es, dass vor allem diejenigen, die nicht an positive Veränderungen in der DDR glaubten, ebendiese auslösten. Angesichts der Flüchtlingskrise trat die Opposition an die Öffentlichkeit. Am 9. September 1989 konstituierte sich auf dem Grundstück des verstorbenen Regimekritikers Robert Havemann in Grünheide bei Erkner eine Gruppe mit dem Namen Neues Forum. Der Gründungsaufruf des Neuen Forums löste eine Lawine aus. Sehr viele Menschen konnten sich mit dem Inhalt identifizieren. Eigentlich wurde nicht mehr gefordert, als dass Führung und Volk miteinander reden sollten. Innerhalb weniger Tage unterzeichneten Tausende DDR-Bürger den Aufruf. Überall im Lande bildeten sich, meist in kirchlichen Räumen, Gruppen, die nach Jahrzehnten des Schweigens begannen, miteinander über die Zukunft der DDR zu reden. Dem Ruf »Wir wollen raus!« setzten sie entgegen: »Wir bleiben hier!« Bleiben aber hieß, Widerstand zu leisten, zu verändern, zu neuen Horizonten aufzubrechen.

Fast trotzig zelebrierte die SED-Führung in Vorbereitung des 40. Jahrestages der DDR die eingeübten Rituale der Selbstbeweihräucherung. Täglich bekundeten Werktätige in allen Medien ihre tiefe Verbundenheit mit der DDR und verpflichteten sich zu weiteren Höchstleistungen bei der Planerfüllung. Auch Spitzensportler, Geistesschaffende und christliche Persönlichkeiten lieferten Ergebenheitsadressen, die die Zeitungsseiten füllten. Eine groteske, peinliche Atmosphäre lag über den Feierlichkeiten zum 40. Jahrestag. Die Macht zerfiel den Herrschenden unter den Händen, und sie taten so, als würde nichts geschehen. Wie eine zur Greisin gewordene Kokotte, die sich mit dem Putz ihrer Jugendzeit behängt vor dem Spiegel dreht, feierte die SED-Führung noch einmal sich selbst und machte selbst den Wohlmeinenden schmerzhaft deutlich, wie schlimm es um sie bestellt war.

»Wer zu spät kommt ...«

Am 6. Oktober 1989, dem Vortag der großen Jubelfeier zum 40. Geburtstag der Republik, fanden sich auf dem Zentralflughafen Berlin-Schönefeld die Spitzen der Partei- und Staatsführung der DDR ein, um den Generalsekretär der Kommunistischen Partei der Sowjetunion Michail Sergejewitsch Gorbatschow zu begrüßen. Die Staatsflaggen der DDR und der UdSSR sowie das rote Banner der Arbeiterklasse flatterten im Oktoberwind. Hinter der Absperrung standen Bürger mit Papierfähnchen bereit. Vor der

Empfangshalle hing ein Transparent, auf dem in weißen Buchstaben auf rotem Grund zu lesen war: »Es lebe die unverbrüchliche Freundschaft zwischen dem Volk der DDR und den Völkern der Sowjetunion«.

Es war also wie immer und doch ganz anders. Erich Honecker, der nach langer Krankheit zum ersten Mal wieder in der Öffentlichkeit auftrat, wirkte regelrecht aufgekratzt. Er tänzelte vor den Objektiven der Fotografen und Kameraleute herum und reagierte entgegen seinen sonstigen Gewohnheiten spontan auf die Zurufe westlicher Journalisten. »Wie geht es Ihnen heute Morgen, Herr Honecker?«, rief einer der Reporter. »Wunderbar«, gab Erich Honecker zurück, »Totgesagte leben länger.«

Einige Tage zuvor hatte das *Neue Deutschland* dementieren müssen, dass der Generalsekretär des ZK der SED im Sterben liege. Honecker war nicht verborgen geblieben, dass einige Genossen im Politbüro seine Absetzung betrieben. Doch dem Kronprinzen Egon Krenz fehlte der Mut, offen gegen den Generalsekretär aufzutreten. Deswegen setzte er auf das Alter und den schlechten Gesundheitszustand seines Vorgängers. Im Lande ging das böse Wort von der »biologischen Lösung« um. Nun versuchte Honecker vor den laufenden Fernsehkameras seine Vitalität zu demonstrieren. Doch er erreichte das Gegenteil: Im kalten Licht des Herbsttages sah man deutlich, wie krank und verfallen der Mann an der Spitze des Staates war. Sein Alter und sein Gesundheitszustand wurden zum Signum des abgewirtschafteten Systems.

Das Todesurteil für die Honecker-Führung aber war eine eher belanglose Äußerung von Gorbatschow. Vor der Neuen Wache Unter den Linden sagte der Generalsekretär vor laufenden Kameras: »Ich glaube, Gefahren warten nur auf jene, die nicht auf das Leben reagieren.« So jedenfalls übersetzte es der vor Ort anwesende Dolmetscher. Wohl aufgrund einer freien Rückübersetzung aus dem Bericht einer fremdsprachigen Agentur entstand: »Wer zu spät kommt, den bestraft das Leben.« In dieser Form machte das Zitat schon in den folgenden Tagen die Runde und ging als geflügeltes Wort in den deutschen Sprachschatz ein.

Heute geht's am Alex rund

An jenem schicksalhaften 7. Oktober 1989, dem 40. Jahrestag der DDR, versprach ein strahlend blauer Himmel mit wenigen weißen Wölkchen schon am Morgen herrliches Republikgeburtstagswetter.

Im Frühprogramm des *Berliner Rundfunks* verlas die Radiosprecherin die Tipps zum Tage: »Heute geht's am Alex rund«, sagte sie mit Blick auf das Volksfest auf dem Alexanderplatz. Eine Ankündigung, die sich bewahrheiten sollte – wenn auch auf andere Weise, als die Sprecherin des DDR-Rundfunks gemeint haben dürfte.

Von 8.35 Uhr bis zur Direktübertragung der Militärparade um 10 Uhr folgte die Sendung »Lieder auf unserem Weg«. Es erklangen die Aufbaulieder der frühen Jahre und die optimistischen Songs der FDJ. Der Chor des Erich-Weinert-Ensembles der Nationalen Volksarmee brachte Kampflieder der Arbeiterklasse zu Gehör, und der Chor der Jungen Pioniere schmetterte fröhlich das *Lied der jungen Naturforscher:* »Die Heimat hat sich schön gemacht und Tau blitzt ihr im Haar (...)«.

Auch Berlin hatte sich zum Republikgeburtstag fein gemacht. Die Straßen und Häuser waren bunt beflaggt, und an den Triebwagen der Straßenbahnen und der S-Bahnen steckten kleine Metallfähnchen: das rote Banner der Arbeiterklasse und die Staatsflagge der DDR. Die Protokollstrecken, auf denen die ausländischen Gäste und die führenden Persönlichkeiten zum Staatsakt gefahren werden sollten, waren gefegt und gut bewacht. Sogar die Auslagen der Geschäfte waren hier reichhaltiger als in anderen Straßen. Die Schulkinder hatten Friedenstauben, Blumensträuße und fröhlich lachende Soldaten gemalt und von innen an die Fensterscheiben der Schulgebäude geklebt.

Das *Neue Deutschland* erschien an diesem Tag mit einer Sonderausgabe. Mit keiner Zeile, keinem Bild, keinem Zwischenton wurde die schwere Krise des Landes erwähnt. Erich Honecker verkündete im vertrauten Jubelton: »Unsere Republik gehört zu den zehn leistungsfähigsten Industriestaaten der Welt, zu den knapp zwei

Dutzend Ländern mit dem höchsten Lebensstandard (...). Heute ist die DDR ein Vorposten des Friedens und des Sozialismus in Europa.«[18]

Zeitweilig erweitertes Warenangebot

Nach der Militärparade begann das Volksvergnügen. Wie jedes Jahr waren auf dem Alexanderplatz Bühnen, Verkaufsstände und Würstchenbuden aufgebaut worden. Über dem Platz breitete sich der Geruch von Grillettas aus. Es handelte sich dabei um eine Art Boulette zwischen zwei Brötchenhälften, die Ostvariante des Burgers. Außerdem gab es für die Bevölkerung wie in jedem Jahr Sonderangebote sonst schwer erhältlicher Waren.

Das »zeitweilig erweiterte Warenangebot« sollte die Leute verlocken, in Scharen zum Volksfest zu strömen. Und warum sollten sie auch nicht kommen? Vati trank ein Bierchen, die Kinder bekleckerten sich mit Softeis und Tomatenketchup, Mutti reihte sich unterdessen in die lange Schlange vor der Jeans-Boutique ein. Die Darbietungen »international bekannter Musikformationen« verbreiteten gute Laune. Die Menschen sollten vergnügt sein, gut einkaufen und ganz nebenbei die Kulisse für den inszenierten Jubel bilden.

Doch die Idylle hatte in diesem Jahr etwas Gespenstisches. Spannung lag über dem Alexanderplatz. Verborgene Fernsehkameras observierten den »Operationsraum«. Die Befehlszentralen von Stasi und Partei waren rund um die Uhr besetzt, die Polizeibereitschaften aus Basdorf und das MfS-Wachregiment »Feliks Dzierzynski« standen zusätzlich bereit. Polizisten in Uniform und MfS-Mitarbeiter in Zivil sowie »gesellschaftliche Kräfte«, das heißt »zuverlässige Genossen« aus Berliner Betrieben, mischten sich unter das Festtreiben. Sie sollten im Falle feindlicher Provokationen »positiv diskutieren« und Störer oder »eingeschleuste« Elemente dingfest machen.

Für diese Sicherheitsvorkehrungen gab es gute Gründe. Nach der von Oppositionsgruppen aufgedeckten Fälschung der Kommunalwahlen am 7. Mai 1989 hatten Bürgerrechtsgruppen dazu aufgerufen, sich an jedem Siebenten des Monats um 17 Uhr auf dem Alex zu versammeln. Bislang war es jedes Mal gelungen, die wenigen Demonstranten abzudrängen oder einzusammeln. Die »Einkaufsbrigaden« aus der DDR-Provinz und aus den sozialistischen Bruderländern, die den Alex bevölkerten, nahmen dies kaum wahr. Doch die Aktionen waren durch die westlichen Medien bekannt geworden. Sowohl die zuständigen Stellen als auch viele Bürger fragten sich nun teils erwartungsvoll, teils besorgt: Was wird an diesem Nachmittag im Schutz des Trubels geschehen?

Würde die vergreiste SED-Führung nach den Feierlichkeiten die Zügel anziehen, die Reiseverbote auf die Tschechoslowakei und Polen ausdehnen, die frech gewordene Opposition an die Leine nehmen? Oder würde ein Führungswechsel stattfinden, eine DDR-Perestroika unter der Schirmherrschaft des sowjetischen Parteichefs Gorbatschow? Doch wie weit reichte die Macht des sowjetischen Generalsekretärs überhaupt noch? Längst schon krachte das Sowjetimperium aus den Fugen.

Treffpunkt Weltzeituhr

Niemand hatte die Weltzeituhr als Treffpunkt angegeben. Doch sie war der bekannteste und beliebteste Punkt für Verabredungen, und nahezu automatisch strebten viele dorthin. Bereits gegen 16 Uhr standen im Umkreis der Uhr einzelne Leute und kleinere Gruppen, die auf irgendetwas zu warten schienen. Die Stimmung war trotz der Musik lauernd und nervös. Niemand wusste, was den Nebenmann hergeführt hatte. War er im dienstlichen Auftrag hier oder auf Weisung seiner Parteigruppe? War er gekommen, um für Freiheit und Demokratie zu demonstrieren, oder wollte er mit der Familie einen schönen Feiertag begehen?

Aus den Lautsprechern plärrte ein Schlager: »Du bist so heiß wie ein Vulkan und heut' verbrenn ich mich daran. (...) Tanze Samba mit mir! (...) Samba, Samba, die ganze Nacht (...) Weil die Samba uns glücklich macht (...)«. Doch niemand drehte sich auf der inmitten der Budenstadt errichteten Tanzfläche. Aus irgendeinem Grund hatte die Festregie es verabsäumt, »zuverlässige Genossen« zu beauftragen, auf der Tanzfläche Frohsinn zu demonstrieren.

Der Minutenzeiger der Weltzeituhr näherte sich der vollen Stunde. Zwischen Warenhaus und der Urania-Säule entstand Tumult und Gedränge. Schreie, Pfiffe, Buhrufe. Drei oder vier Männer in Anoraks schleppten mit geübtem Polizeigriff einen vor Angst leichenblassen jungen Mann in Richtung der bereitstehenden Polizeiwagen. Die Menge stob auseinander, um dem Aktionsraum der Greiftrupps der Stasi zu entkommen.

Dann begann eine Gruppe neben der Weltzeituhr im Takt zu skandieren: »Freiheit! Freiheit! Freiheit!« Erst waren es einige Dutzend, dann Hunderte, die in den Rhythmus des Sprechchores einfielen. Das große Wort Freiheit – von Demagogen tausendfach missbraucht, in Sonntagsreden zerkaut und im westlichen Politikbetrieb verschlissen – hatte 200 Jahre nach dem Sturm auf die Bastille nichts von seiner Kraft verloren. Jedenfalls nicht bei denen, die diese Freiheit entbehrt hatten. Immer mehr Menschen strömten zur Weltzeituhr. Sie hoben im Rhythmus der Freiheitsrufe die Hände mit zum Siegeszeichen gespreizten Fingern. Ihr Sprechchor brach sich an den Wänden des HO-Möbelhauses, übertönte die Lautsprechermusik, stieg auf zum strahlend blauen Himmel über Berlin. Etwas Unglaubliches war geschehen: eine Demonstration für Freiheit und Demokratie mitten im Zentrum der sozialistischen Hauptstadt und noch dazu zur Jubelfeier des 40. Jahrestag der Republik.

Totenfeier im Palast der Republik

Auf den Monitoren des »Operativen Fernsehens« verfolgten Offiziere der Volkspolizei und der Staatssicherheit fassungslos das Geschehen auf dem Alexanderplatz. Aufgeregt wurden die Lagemeldungen weitergegeben. Doch die Sicherheitskräfte erhielten keinen Befehl zum Eingreifen. In den Befehlszentralen der Staatsmacht herrschte Funkstille. Der sonst stets einsatzbereite, allmächtige und allgegenwärtige Sicherheitsapparat schien wie gelähmt. Das hatte gute Gründe. Lieber wollte man die Demonstration dulden, als vor den laufenden Kameras des Westfernsehens einen Großeinsatz der Polizei zu starten. Dies, so fürchtete man, würde das Bild von Eintracht und Harmonie dauerhaft beschädigen.

Gegen 17.20 Uhr setzten sich ungefähr 300 meist junge Leute Richtung Palast der Republik in Bewegung. Dort hatte die Partei- und Staatsführung zum offiziellen Staatsempfang gebeten. Noch einmal waren sie alle gekommen, nicht ahnend, dass es die Totenfeier der DDR werden sollte.

Die Freitreppe vor dem Palast der Republik eignete sich ideal für das große Entree zum Galaempfang. Erich Honecker durcheilte nebst Gattin Margot das Blitzlichtgewitter der internationalen Presse, schritt grußlos an den uniformierten Ehrenposten vorbei und entschwand durch eine Glastür. Der Generalsekretär trug einen dunkelblauen Anzug mit Orden und Parteiabzeichen, Margot Honecker ein langes schwarzes Kleid. Ihre Haare waren dezent silbergrau mit einem lila Schimmer gefärbt, eine herabhängende Locke modisch über die Stirn frisiert. Ihr Lächeln wirkte versteinert.

Der prominenteste und wichtigste Gast des Abends war Michail Gorbatschow. Vor allem ihm zuliebe wollte man noch einige Stunden die brüchige Fassade von Ruhe und Ordnung aufrechterhalten und das unangenehme Schauspiel einer Straßenschlacht vermeiden.

»Jetzt ist aber Schluss mit dem Humanismus«

Der Demonstrationszug vom Alexanderplatz zum Palast der Republik wurde von Polizei, Sicherheitskräften in Zivil und westlichen Kamerateams begleitet. Der auffällige Aufmarsch sorgte für weiteren Zustrom. An der abgesperrten Spreebrücke war die Menge auf etwa 3000 Personen angewachsen. Sie verteilten sich längs des Ufers gegenüber dem Palast der Republik, riefen »Gorbi!

Gorbi!« und skandierten die von den Montagsdemonstrationen in Leipzig bekannten Losungen: »Wir sind das Volk!« und »Keine Gewalt!«. Erich Mielke ließ sein Sektglas stehen und eilte zu einem der großen Fenster, um sich mit eigenen Augen von dem Skandal zu überzeugen. Auch Egon Krenz und Günter Schabowski behaupteten später, durch die Fensterscheiben die Menschenansammlung beobachtet zu haben.

Als die Dunkelheit hereinbrach, löste sich die Menschenmenge am Spreeufer auf. Kleinere und größere Gruppen machten sich auf den Weg in den Prenzlauer Berg. Viele wollten in die Gethsemanekirche in der Stargarder Straße. Dort befand sich seit dem 2. Oktober das Zentrum der demokratischen Bewegung in Ost-Berlin. Über der Eingangstür stand auf einem großen Stofftransparent das Bibelwort »Wachet und betet«, darunter »Mahnwache für die Inhaftierten«. Auf den Stufen brannten Tausende von Kerzen. Im Gemeindebüro hatten Bürgerrechtler ein »Kontakttelefon« eingerichtet, auf dem Mitteilungen über Solidaritätsaktionen, Festnahmen und Schnellgerichtsurteile aus der ganzen DDR eintrafen. Im Kirchenschiff befand sich ein permanentes Diskussionsforum. Überall an den Wänden hingen Zettel, Aufrufe der verschiedenen Gruppierungen, Listen mit Kontaktadressen, Informationen über die Ereignisse, Protestresolutionen. Auf Matratzen rund um den Altar lagerten die Mitglieder der Mahnwache. Einige hatten sich zum Hungerstreik entschlossen, andere meinten, dass man gerade jetzt seine fünf Sinne beieinanderhalten sollte.

Als Gorbatschow mit seiner Delegation das Festbankett verließ, um zum Flughafen Schönefeld zu fahren, soll Mielke mit den Worten: »Jetzt ist Schluss mit dem Humanismus« den Sicherheitskräften den Einsatzbefehl gegeben haben. Neben dem Haus des Allgemeinen Deutschen Nachrichtendienstes (ADN) in der Hans-Beimler-Straße, Ecke Mollstraße griffen Volkspolizisten und Mitarbeiter des Ministeriums für Staatssicherheit ins Geschehen ein. In dem später veröffentlichten Untersuchungsbericht heißt es: »Mit unglaublicher Härte werden einzelne Demonstranten wie wahllos aus der Menge herausgegriffen und von bis zu acht zivilen MfS-Angehörigen zusammengeschlagen (...). Volkspolizisten und MfS-Mitarbeiter prügeln viele der Festgenommenen auf die Transportfahrzeuge, obwohl keine Gegenwehr erfolgt. Bevorzugt richtet sich die Brutalität gegen Frauen, um männliche Demonstranten zum gewaltsamen Handeln gegen die Sicherheitskräfte zu provozieren. Die Regie des Geschehens liegt zu diesem Zeitpunkt schon gänzlich bei den Offizieren des MfS. Dem Beispiel der MfS-Kräfte folgend, mißhandeln Volkspolizisten verhaftete Demonstranten vor und in den LKW. Unter den Demonstranten befinden sich zahlreiche Lockspitzel des MfS, die Angehörige der Volkspolizei provozieren und aggressiv auftreten.«[19]

Gegen 20.30 Uhr riegelten Sicherheitskräfte den Bereich rund um die Gethsemanekirche ab, wo um 18 Uhr eine Informationsandacht begonnen hatte. Als die Teilnehmer das Gotteshaus verließen, standen sie einem riesigen Polizeiaufgebot gegenüber. Bis in die späten Abendstunden ereigneten sich immer wieder Übergriffe und Verhaftungen. FDJ-Ordnungsgruppen hinderten einzelne vom Alexanderplatz kommende Gruppen von Demonstranten mit Sperrketten daran, die Gethsemanekirche zu erreichen.

Während in der Prenzlauer Allee Polizei und Stasi auf Demonstranten einprügelten, stiegen ab 21 Uhr über dem Volkspark Friedrichshain Raketen auf. Ein gigantisches Höhenfeuerwerk bildete den Abschluss der offiziellen Feierlichkeiten zum 40. Jahrestag der DDR. Am Nachthimmel entstanden Figuren und Lichtreflexe. Die maroden Gründerzeitfassaden im Prenzlauer Berg wurden in ein buntes Farbenspiel getaucht. Die herabsinkenden Leuchtkörper verursachten einen schnellen Wechsel von grellem Licht und Schatten, die über die gespenstische Szenerie rasten. Zum Schluss zauberten die Feuerwerker eine riesige 40 an den Himmel über Berlin. Höhnisch klatschen einige Demonstranten auf der Treppe der Gethsemanekirche Beifall. Dann wurde der Himmel wieder dunkel.

Überall standen Polizeiautos, Mannschaftswagen der Bereitschaftspolizei und zivile Streifen. Gegen Mitternacht war wieder eine trügerische Ruhe eingekehrt. Nur wenige Passanten waren zu sehen. Aus einem in der Nähe stehenden Polizeiauto tönte überlaut die Ansage des Sprechers des *Berliner Rundfunks:* »Zum Programmschluss hören Sie die Nationalhymne der Deutschen Demokratischen Republik. Wir melden uns um null Uhr mit Kurznachrichten.« Es ertönte die Melodie von Hanns Eisler. Als das vertraute Musikstück verklang, hörte man aus dem Autoradio die Pieptöne des Zeitzeichens. Ein Radiosprecher verkündete, es sei Sonntag, der 8. Oktober 1989, und begann die Nachrichten zu verlesen, die nicht die leiseste Andeutung darüber enthielten, dass gerade eine Welt am Einstürzen war. Es begann ein neuer Tag, an dem nichts mehr so sein sollte, wie es vorher war.

Keine Fans von Egon Krenz

In den folgenden vier Wochen geschah in der DDR und in Ost-Berlin mehr als sonst in Jahrzehnten. Das kleine Land mit seinen braven Untertanen war nicht mehr wiederzuerkennen. Am 9. Oktober 1989 demonstrierten in Leipzig Zehntausende Menschen. Niemand wagte es, den bereitstehenden Sicherheitskräften den Einsatzbefehl zu geben. Die Staatsmacht kapitulierte vor den friedlichen Massen.

Am 18. Oktober 1989 entband das Zentralkomitee der SED auf Vorschlag des Politbüros Erich Honecker von seiner Funktion als Generalsekretär der SED und wählte Egon Krenz. Der neue SED-Chef verkündete im Fernsehen, die Partei habe eine Wende eingeleitet und gab damit dem Ereignis seinen Namen, noch ehe es stattgefunden hatte. Bereits am 24. Oktober zog die Volkskammer nach und wählte ihn zum Vorsitzenden des Staatsrates.

Am Abend verlas ein Sprecher in der Gethsemanekirche einen Aufruf gegen die Wahl von Egon Krenz durch ein nicht demokratisch legitimiertes Pseudoparlament. Zum Schluss kündigte er an, diese »Eingabe an den Staatsrat« nicht der Post anzuvertrauen, sondern sofort zu überbringen. Nach einer Schrecksekunde folgte donnernder Applaus. Die Kirchenbesucher sammelten sich auf den Stufen der Freitreppe. Dann zogen einige Tausend Demonstranten – laut Zeitungsmeldungen sollen es 12000 gewesen sein – quer durch Berlin.[20] Sie trugen keine Schilder oder Losungen, denn es war nichts vorbereitet worden. Nur eine einsame rote Fahne wurde der Demonstration vorangetragen, sodass die Szene wie ein Zitat der Novemberrevolution von 1918 wirkte. Die Polizei, die noch am 7. und 8. Oktober die Menge auseinandergeprügelt hatte, stoppte an der Stargarder Straße, Ecke Schönhauser Allee den Verkehr, bis die Massen vorübergezogen waren. Der Sprechchor skandierte »Egon Krenz – wir sind nicht deine Fans« und »Egon, deine Wahl nicht zählt, weil dich nicht das Volk gewählt«. Solange der Zug über die Schönhauser Allee zog, widerhallte das Echo dieser und anderer Sprüche in den Häuserschluchten, und die Menge wirkte beeindruckend groß. Als sie das Areal des Marx-Engels-Platzes zwischen Palast der Republik, Staatsratsgebäude und Außenministerium erreicht hatte, wurde die Demonstration stiller. Die Menge, die sich in den Straßen von Prenzlauer Berg gewaltig ausgemacht hatte, wirkte im kalten Flutlicht des riesigen Gevierts verloren. Schweigend, fast wie eine Prozession, marschierte sie auf das Staatsratsgebäude mit dem alten Schlossportal zu, von dessen Balkon Karl Liebknecht am 9. November 1918 die sozialistische Republik ausgerufen hatte. Vor dem Gebäude stand eine Kette mit Posten des Wachregiments »Feliks Dzierzynksi«. Die Menschen machten vor den Soldaten Halt und stellten Kerzen auf das Straßenpflaster. Die Angehörigen des Wachregiments, die an diesem Abend keine Waffen trugen, verfolgten die Vorgänge mit versteinerten Mienen. Aus den Reihen der Demonstration skandierten einige Spaßvögel: »Egon, zeig dich mal!« und »Auf den Balkon!« Sie hätten einen Brief an den Vorsitzenden des Staatsrates mitgebracht, riefen Demonstranten. Tatsächlich erschien ein Mitarbeiter des Staatsrats in dunklem Anzug und einem Aktenkoffer. Er nahm den Brief entgegen, legte ihn in den Koffer und verschwand unter ironischen Beifallsbekundungen. Dann löste sich die Demonstration friedlich auf, und die Lichter im Staatsratsgebäude verlöschten.

Das Zentralorgan der SED machte sich zwei Tage später zum Sprecher der besorgten Menschen in der Hauptstadt. Unter der Überschrift »Wir brauchen den Dialog, nicht Unruhe und Gebrüll« erfuhr man: »Berliner Bürger fragten, wann endlich Schluß sein werde mit diesen schweren Störungen von Ruhe und Ordnung. Mütter beklagten, daß ihre Kinder keinen Schlaf finden. Bus- und Straßenbahnfahrer wollten wissen, wie sie unter den geschilderten Umständen den Verkehr aufrechterhalten sollen. Leute, die zu Fuß oder per Autor nach Hause wollten, beschwerten sich über die Blockade der Straßen. Viele Anrufer forderten (...), daß sie sich von unserer Volkspolizei und den anderen Sicherheitskräften vor Unruhestiftern geschützt sehen wollen.«[21]

Demonstration auf dem Alexanderplatz

Am 4. November 1989 versammelte sich auf dem Alexanderplatz eine riesige Menschenmenge. Ob es wirklich ein halbe Million Menschen war, wie später behauptet wurde, sei dahingestellt. Auf jeden Fall waren es unerwartet viele, und man darf dieses Ereignis als den Höhepunkt der Demokratiebewegung sehen. Gleichzeitig war es der Punkt, an dem die Geister sich schieden. Noch demonstrierten jene, die an einen erneuerten Sozialismus glaubten und die DDR bewahren wollten, gemeinsam mit den anderen, die den Staat und dessen System so schnell wie möglich beseitigen wollten. Noch einigte sie die Klammer des Überdrusses an dem bisherigen System. Doch die Pfiffe, Buhrufe und Beifallsbekundungen zeigten die Uneinigkeit des großen Aufbruchs.

Die Behörden genehmigten die Demonstration und sorgten für eine Live-Übertragung im Fernsehen der DDR. Fast schien es, dass die SED nun an der Spitze der Erneuerung stand. Die Sicherheitskräfte hielten sich im Hintergrund, und Ordner mit blau-grünen Schärpen mit der Aufschrift »Keine Gewalt« bildeten eine Menschenkette um das »Haus des Reisens«. Im Café des Hauses sammelten sich die Redner des Tages: die Schriftsteller Stefan Heym, Christa Wolf, Heiner Müller und Christoph Hein, der ehemalige Spionagechef der DDR Markus Wolf und der 1. Sekretär der SED-Bezirksleitung Berlin Günter Schabowski, dazu der noch weitgehend unbekannte künftige Vorsitzende der SED-Nachfolgepartei PDS Gregor Gysi, der Theologe Friedrich Schorlemmer und andere. Die Rednerliste hätte kaum bunter sein können, und sie präsentierte tatsächlich alle Richtungen, die auf irgendeine Art eine Erneuerung anstrebten.

Die Menge hatte sich am Rosa-Luxemburg-Platz gesammelt, der aber schnell zu klein wurde. Während von allen Seiten Menschen herbeiströmten, zog die Spitze des Zuges über die Karl-Liebknecht-Straße, vorbei am Palast der Republik und zurück über die Rathausstraße. Die Menschen trugen selbstgefertigte Losungen mit originellen Motiven und Sprüchen. In jenen Tagen fanden eine Explosion des Volkswitzes und eine rasante Befreiung der Sprache statt. Die Symbole und Floskeln der SED-Zeit wurden munter verfremdet. Die verschlungenen Hände des SED-Abzeichens mit der Aufschrift »Tschüß« oder die Karikatur von Egon Krenz mit der Aufschrift »Großmutter, warum hast du so große Zähne?« sind heute legendär.[22]

Was die Redner des Tages anging, so ist die nüchterne, fast unterkühlte Analyse des westdeutschen Schriftsteller Hanns-Josef Ortheil interessant: »Das Nebulöse der Situation wird schon in den Umschreibungen deutlich, die die Redner für den Aufbruch finden. Stefan Heym kleidet ihn in das Bild der nach dem Stillstand aufgestoßenen Fenster (...), Christoph Hein verlangt ein Straßenschild ›Leipzig – Heldenstadt der DDR‹, was den Aufbruch idealisierend beinahe parodiert; und Christa Wolf, vorsichtig, jede Eindeutigkeit wie immer vermeidend, spricht von revolutionärer Erneuerung, was sich anhört, als habe sie auch diesen Begriff noch aus den alten Schulbüchern abgestaubt. Man traut sich noch nicht, von ›Revolution‹ zu sprechen (...) und es ist in der Tat eine seltsame Revolution, die sich da abspielt: als wollten die Revolutionäre, wo auch immer sie sich verstecken mögen, dem alten Regime nur beweisen, dass sie mit seinen Begriffen besser umgehen können und es ernst damit meinen, wie altkluge Schüler, die den Grundkurs Marxismus, Sektion Dialektik, in der Theorie einfach besser beherrschen als die Alten.«[23]

Doch man darf die kurzen Redebeiträge nicht als durchdachte programmatische Äußerungen verstehen. Auf der Tribüne wie auf dem Platz dominierte das Erstaunen, dass es plötzlich so leicht, fast selbstverständlich geworden war, aufrührerische Plakate durch die Stadt zu tragen, gegen die Regierung zu demonstrieren und ihre Vertreter auszupfeifen. Noch vier Wochen zuvor wären das ein Staatsverbrechen gewesen. Natürlich gab es auch die unausgesprochene Befürchtung, dieser seltsame Frühling im Herbst könnte ganz schnell vorbei sein, wenn die Volksbewegung zu schnell und zu radikal vorpreschen würde. Moderate Töne waren an diesem Tag eher gefragt als Scharfmacherei. Der dauernde Gebrauch des Wortes Sozialismus war auch ein Schutzschild gegen den Vorwurf der Konterrevolution. Die Älteren auf dem Platz konnten sich noch an den 17. Juni 1953 und den Aufstand in Ungarn 1956 erinnern, und alle kannten das Schicksal des »Prager Frühlings« von 1968. Alle diese Ereignisse hatten als Reformbewegung begonnen, und zum Schluss fuhren sowjetische Panzer auf. Dennoch schlug Günther Schabowski, dem SED-Chef von Berlin und Mitglied des Politbüros, ein Pfeifkonzert entgegen. Doch als er endete, klatschten viele Beifall. Immerhin hatte der Mann die Courage, sich ohne Personenschutz vor die aufgebrachte Menge zu stellen. Als der pensionierte Chef der Auslandsspionage Markus Wolf vor die Menge trat, steigerte sich der Sturm der Ablehnung zum Orkan. Am besten kamen an diesem Tag die Witze an. Als die Schauspielerin Steffie Spira forderte: »Aus Wandlitz machen wir ein Altersheim«, brach ein Begeisterungssturm los.

Nach der Öffnung der Mauer am 9. November 1989 erklommen Berliner aus Ost und West die Betonsperren am Brandenburger Tor, ohne dass die Grenzorgane der DDR dagegen vorgingen, 10. November 1989.

Fünftes Kapitel
Mauerfall

Der 9. November 1989

Der Vormittag des 9. November 1989 war neblig-trüb. Dann wagten sich ein paar Sonnenstrahlen hervor und tauchten die graue Mauerstadt in mildes Licht. Das Thermometer kletterte im Laufe des Tages auf zehn bis zwölf Grad. Es herrschte also eine für die Jahreszeit ungewöhnlich freundliche Witterung, ein Umstand, der in den Abendstunden von entscheidender Bedeutung sein sollte. Denn vielleicht wäre manch potenzieller Mauerstürmer angesichts eines kalten Regengusses lieber vor dem Fernsehapparat sitzen geblieben. Ein stürmischer Herbstregen oder ein paar Schneeflocken hätten die DDR sicherlich nicht gerettet, möglicherweise aber wäre diese Sternstunde der Menschheit, wie man die Nacht des Mauerfalls in Anlehnung an Stefan Zweig ohne Übertreibung nennen kann, vorübergezogen und hätte den Charakter einer von oben verordneten Staatsaktion angenommen. Genau dies hatte die Parteiführung ja auch im Sinn, als sie eine neue Reiseregelung durchwinkte.

Von den dramatischen Ereignissen der letzten Wochen war am Vormittag des deutschen Schicksalstages im Zentrum der Hauptstadt der DDR nichts zu spüren. Tage nach der Großdemonstration auf dem Alexanderplatz ging alles seinen gewohnten Gang. Die Revolution war auf die Zeit nach 17 Uhr oder aufs Wochenende verschoben worden und fand, jedenfalls in Berlin, wieder in den Kirchen oder anderen geschlossenen Räumen statt. Etwas despektierlich, aber nicht ganz unzutreffend hat man den Umbruch von 1989 auch »Feierabendrevolution« genannt.

Bis zum 9. November 1989 waren die Zeitungen der DDR etwas interessanter, aber nicht weniger verlogen geworden. Sie boten eine Mischung aus den alten Lügen und neuen Verdrehungen. Das Neue Forum war nun formell angemeldet, erfuhr der Zeitungsleser. Auch Nachrichten über Demonstrationen in vielen Landesteilen fehlten nicht. Man las Schreckensmeldungen über die Zustände in den Flüchtlingslagern in der Bundesrepublik. Bilder zeigten überfüllte Turnhallen. Dazu gab es skeptische Stimmen westlicher Politiker angesichts des nicht abreißenden Zustroms von Neuankömmlingen aus der DDR. Vor allem aber malte die SED das Schreckgespenst eines wiederauflebenden Großdeutschlands an die Wand. Die Zeitungen brachten unter anderem die Wortmeldung eines jüdischen Gemeindevorsitzenden über antisemitische Schmierereien in Dresden sowie Warnungen vor westdeutschen Politikern, die eine Wiederherstellung der Grenzen von 1937 fordern würden. Der Hauptteil des *Neuen Deutschland* war mit den Reden des 10. Plenums des ZK der SED gefüllt. Dazu wurde eine Porträtgalerie des neu gewählten Politbüros veröffentlicht. Zwar hatten sich Stil und Tonart der Reden deutlich geändert, doch es waren immer noch dieselben Männer, über die Wolf Biermann 1965 gesungen hatte: »Im ›Neuen Deutschland‹ finde ich / Tagtäglich eure Fressen / Und trotzdem seid ihr morgen schon / Verdorben und vergessen.«[24] Nun sollte sich die Prophezeiung endlich erfüllen.

Schabowskis Zettel

Seit Anfang November wurde in den Medien der DDR eine neue Reiseregelung diskutiert. Die SED-Führung wollte den Druck aus dem Kessel nehmen, ehe es zur Explosion kam. Das war taktisch raffiniert, strategisch aber verhängnisvoll. Was die DDR retten sollte, besiegelte ihren Untergang. Am 9. November wischte das Politbüro in seiner Sitzung entschlossen alle Bedenken vom Tisch und verabschiedete einen »Beschlußvorschlag«, denn formal entschied die Regierung und nicht die SED-Führung. Diese Regelung sollte den DDR-Bürgern Privatreisen ins westliche Ausland, einschließlich der »ständigen Ausreise« ermöglichen. Allerdings ging sie von der Vorstellung aus, die Bürger würden sich zum Volkspolizeikreisamt (VPKA) begeben, um dort ein Visum zu erhalten. Wie aus dem Dokument hervorgeht, hatte die SED-Führung also keineswegs die Beseitigung der Mauer im Auge, sondern dachte an ein kontrolliertes Ventil, das man zur Not wieder schließen konnte. Verräterisch ist in diesem Zusammenhang eine kleine Korrektur auf dem Dokument. Ursprünglich war von »zeitweiligen Übergangsregelungen« die Rede. Dies wurde handschriftlich auf »Regelungen« reduziert. Am 10. November um 4 Uhr sollte die Entscheidung in den Medien der DDR verkündet werden.

Als Günter Schabowski als für die Medien zuständiger ZK-Sekretär auf der Sitzung des Zentralkomitees eintraf, schob ihm Egon Krenz das Papier zu und beauftragte ihn angeblich, es auf der Pressekonferenz um 18 Uhr zu verlesen. Von einer Sperrfrist bis zum nächsten Tag habe er nichts verlauten lassen.

Mit diesem Papier in der Hand eilte Günter Schabowski vom Haus des Zentralkomitees in das Pressezentrum in der Mohrenstraße. Die internationale Pressekonferenz brachte zunächst wenig Neues. Doch um 18.53 Uhr versetzte Schabowski der SED-Herrschaft vor laufenden Fernsehkameras ungewollt den Todesstoß. Wohl nie zuvor ist das Ende eines Staates beiläufiger verkündet worden. Kurz vor dem auf 19 Uhr festgelegten Ende der Veranstaltung erkundigte sich ein italienischer Korrespondent, Riccardo Ehrman, nach dem Entwurf des Reisegesetzes. Wieso es der Nachfrage bedurfte, ist bis heute unklar. Auf dem Sprechzettel Schabowskis, den 2015 das Haus der Geschichte der Bundesrepublik Deutschland erwarb, heißt es: »Verlesen Text Reiseregelung«. Auf die Notiz zeigt ein roter Pfeil, was auf die besondere Wichtigkeit hinweist. War es Konfusion oder doppeltes Spiel, dass Schabowski erst auf Nachfrage die eigentliche Weltsensation verkündete?

In seinen Papieren wühlend teilte das Politbüromitglied mit, die Parteiführung habe beschlossen, »heute (äh) eine Regelung zu treffen, die es jedem Bürger der DDR möglich macht (äh), über Grenzübergangspunkte der DDR (äh) auszureisen«.[25] Daraufhin tauchte aus dem Auditorium die Frage auf: »Ab wann tritt das in Kraft?« – »Ab sofort?« Schabowski kratzte sich am Kopf, setzte sich die Brille auf und sagte: »Also, Genossen, mir ist das hier also mitgeteilt worden (...): ›Privatreisen nach dem Ausland können ohne Vorliegen von Voraussetzungen – Reiseanlässe und Verwandtschaftsverhältnisse – beantragt werden. (...)‹«[26] Es folgten Ausführungen zur Beantragung von Pässen, und jemand hakte nach: »Wann tritt das in Kraft?« Schabowski blätterte in seinen Papieren und teilte schließlich mit: »Das tritt, nach meiner Kenntnis ist das sofort, unverzüglich.«[27] In das folgende aufgeregte Stimmengewirr hinein murmelte er zwei Mal: »Ich habe nichts Gegenteiliges gehört«, um noch einmal hilflos zu wiederholen: »Ja, ich habe nichts Gegenteiliges gehört. Ich drücke mich nur so vorsichtig aus, weil ich nun in dieser Frage nicht, also, ständig auf dem laufenden bin, sondern kurz, bevor ich rüberkam, diese Information in die Hand gedrückt bekam.« »Herr Schabowski, was wird mit der Berliner Mauer jetzt geschehen?«, rief ein Journalist. Das Politbüromitglied wies darauf hin, es sei 19 Uhr und die Pressekonferenz damit abgeschlossen, gab müde noch einige vage Formulierungen von sich und endete mit der Bemerkung: »Und (äh) sicherlich wird die Debatte über diese Frage (äh) positiv beeinflußt werden können, wenn sich auch die BRD und wenn sich die NATO zu Abrüstungsschritten entschließt (...). Herzlichen Dank!«[28] Der digitale Time-Code auf den Monitoren der Fernsehstationen zeigte 19 Uhr und 54 Sekunden – ein neues Zeitalter hatte begonnen.

Die Nacht des Wahnsinns

Die Journalisten stürzten zu den wenigen Telefonzellen im Pressezentrum, von denen man direkt in den Westen telefonieren konnte. Die DDR-Fernsehzuschauer fragten sich kopfschüttelnd, was die wirren Bemerkungen von Schabowski zu bedeuten hatten. Mit der *Aktuellen Kamera* des DDR-Fernsehens ab 19.30 Uhr und der *Tagesschau* der ARD ab 20 Uhr ging das Verwirrspiel weiter. Die Formulierungen waren vage und missverständlich. Immer mehr Menschen strömten zu den Grenzübergangsstellen und stießen dort auf Mitarbeiter der Grenzorgane, die keinerlei Instruktion erhalten hatten. Theoretisch hätten sie laut Befehlslage jede Verletzung der Staatsgrenze unter Anwendung der Schusswaffe verhindern müssen. Verzweifelt riefen die Befehlshaber der Grenzübergangsstellen ihre vorgesetzten Dienststellen an. Der verantwortliche Leiter der Grenzübergangsstelle Bornholmer Straße erhielt die Weisung, die lautstärksten Provokateure schubweise durchzulassen und den Ausreisestempel auf das Passbild im Personalausweis zu drücken, sodass ihre Wiedereinreise in die DDR verhindert werden könne. Doch diese Lösung hatte nur wenige Stunden Bestand.

Um 23.20 Uhr öffneten sich die Gatter, und Tausende Menschen strömten jubelnd durch die Sperranlagen. Inzwischen lief auf allen westlichen Medien die Nachricht: »Die Mauer ist offen.« Tatsächlich gingen in den folgenden zwei Stunden an allen Grenzübergangsstellen die Schlagbäume hoch, und auf der Betonmauer am Brandenburger Tor standen jubelnde West-Berliner. Hilflos und resigniert sahen die Grenzposten zu, wie fröhliche Menschenmassen an ihnen vorbeizogen. Wildfremde Menschen lagen sich weinend in den Armen, Sektkorken knallten, Jubelgesänge erklangen. Die sonst so verklemmten Deutschen waren aus dem Häuschen. In den Befehlszentralen des SED-Staates herrschte Konfusion. Die Regierung der DDR erfuhr erst jetzt von der neuen Reiseregelung, die das ZK zwar abgesegnet, der zuständige Ministerrat aber nicht beschlossen hatte.

Die viel beklagte Allmacht des SED-Politbüros, das an allen Instanzen vorbeiregieren konnte, hatte sich in dieser Nacht positiv ausgewirkt.

Die ausländischen Vertretungen, zumal die verantwortlichen Vertreter der alliierten Mächte, akzeptierten notgedrungen die vollendeten Tatsachen. Gorbatschow in Moskau wurde erst geweckt, als alles vorbei war. Aus Warschau versuchte Bundeskanzler Helmut Kohl, der dort als Staatsgast weilte, telefonisch vom Kanzleramt zu erfahren, was in Deutschland los war. Doch in Bonn wusste man nur, was die Fernseh- und Rundfunkstationen aus Berlin berichteten. Selbst Vertreter von Bürgerrechtsgruppen in der DDR äußerten öffentlich ihre Skepsis. Man vermutete, die SED-Führung wolle mit der Grenzöffnung bewirken, dass nun die

Menschen in den Westen und nicht mehr zu den Demonstrationen strömten. Ganz aus der Luft gegriffen war diese Befürchtung nicht. Die Demokratiebewegung erzielte ihren ersten im wahrsten Sinne des Wortes durchbrechenden Erfolg, ehe sie sich innerlich organisiert und ihre Ziele formuliert hatte. Metaphorisch ausgedrückt: Die Dämme brachen, ehe die Flut ihre Kraft entwickelt hatte. Das Unvollendete, das der Herbstrevolution anhaftete, die Leichtigkeit, mit der sich ihre Protagonisten und ihre Ideen haben an den Rand drängen lassen, selbst die Zögerlichkeit, mit welcher der Revolutionsbegriff Eingang in die Umgangssprache gefunden hat – all dies waren Folgen des vorschnellen Sieges.

Später gab es viele »Maueröffner«. Das Spektrum reicht vom SED-Generalsekretär Egon Krenz bis zu Bundeskanzler Helmut Kohl. Doch in jener dramatischen Nacht vom 9. auf den 10. November gab es nur ein handelndes Subjekt: die Bevölkerung von Ost-Berlin. Denn die Fröhlichkeit und Gewaltlosigkeit der Menschenmassen, der Jubel auf allen Straßen und Plätzen, das völlige Fehlen eines nationalistischen Überschwangs machten den Mauerfall unumkehrbar. Niemand griff die DDR-Posten an, keiner vergriff sich an den Hoheitszeichen der DDR. Niemand wollte Fahnen schwenken, Nationalhymnen singen oder Symbole verbrennen. Als Kohl, der inzwischen in Berlin eingetroffen war, am Abend des 10. November vor dem Rathaus Schöneberg das Deutschlandlied anstimmen ließ, ging der brummelige Männerchor auf der Tribüne in einem Pfeifkonzert unter. Die Menschen spürten wohl, dass ihnen das Heft des Handelns aus der Hand genommen werden sollte.

Die Revolution begann sich gegen ihren eigenen Sieg zu verteidigen. Zugespitzt kann man behaupten, dass in jener Nacht, als die DDR starb, die DDR-Identität geboren wurde. Nur selten waren die normalen Leute in der DDR wirklich stolz auf ihren Staat gewesen. Doch hier in West-Berlin zwischen den vollen Schaufenstern der Kaufhäuser, den vielen schicken Restaurants und der Leuchtreklame wollten sie ihren Stolz bewahren. Trotzig bekannten sich viele Leute vor den Kameras der internationalen Medien zur DDR und sogar zum Sozialismus. Die allermeisten betonten, dass sie keineswegs für immer im Westen bleiben, sondern nur mal den Kurfürstendamm sehen wollten. Von den angeblich 68000 DDR-Bürgern, die in jener Nacht auf den Straßen West-Berlins tanzten, kehrten viele in den Morgenstunden zurück, um pünktlich an ihrem Arbeitsplatz zu sein.

Auch die ersten »Mauerspechte« wurden am 9. November gesichtet. Fest steht, dass es in den Wochen danach zum Volkssport wurde, mit Hammer und Meißel ein Stück Beton von der Mauer abzuhacken. Der bereits 1961 von Willy Brandt geprägte Ruf »Die Mauer muss weg!« bekam nun einen realen Inhalt. Zudem meinten viele, dass die Mauer Volkseigentum sei und sich jeder seinen Teil mit nach Hause nehmen könne. Wolf Biermann hatte 1976 in seinem Lied vom »Preußischen Ikarus« gesungen: »Der Stacheldraht wächst langsam ein / Tief in die Haut, in Brust und Bein.« Insofern war die anarchische Hackerei eine Art Therapie. Selbst den bald schon einsetzenden Handel mit »garantiert echten« Mauerstücken kann man als Teil dieser nachvollziehenden Befreiung durch Banalisierung betrachten.

Silvesterfeier am Brandenburger Tor, 31. Dezember 1989

Epilog
Silvester auf dem Mont Klamott

Der Bunkerberg

Ein Geheimtipp in Ost-Berlin war es, in der Silvesternacht auf den Großen Bunkerberg im Volkspark Friedrichshain zu klettern. Den dicht mit Bäumen und Sträuchern bewachsenen Erhebungen im Volkspark sah man in den siebziger und achtziger Jahren ihren künstlichen Ursprung nicht mehr an. Während des Bombenkrieges waren hier zwei riesige von Flak-Batterien geschützte Bunker für die Berliner Bevölkerung angelegt worden. Nach dem Krieg mussten sämtliche Bunker- und Befestigungsanlagen auf Anordnung der Siegermächte beseitigt werden. Da die beiden Betontürme zwischen Friedrichshain und Prenzlauer Berg allen Sprengversuchen erfolgreich widerstanden, wurden sie mit Trümmerschutt aus den angrenzenden Wohnvierteln aufgefüllt. Eine eigens angelegte Schmalspurbahn transportierte den Bauschutt auf den wachsenden Hügel. Schätzungsweise zwei Millionen Kubikmeter Trümmer wurden hier aufgeschüttet, und es entstanden zwei Erhebungen: der Große Bunkerberg mit 78 Metern Höhe, der im Volksmund später Mont Klamott genannt wurde, und sein kleinerer, 67 Meter hoher Bruder.

Das Plateau auf dem Mont Klamott war einer der magischen Orte Ost-Berlins. Hier mischten sich Vergangenheit, Gegenwart und Zukunft der Stadt. Die mit dem Schutt der Vergangenheit gefüllten Labyrinthe des alten Flakbunkers unter den Füßen, hatte man einen weiten Blick über Berlin, das von oben wie eine untrennbare Stadt wirkte, die sie ab 1990 wieder werden sollte. Man sah zumindest tagsüber keine Mauer und keine Unterschiede zwischen Ost- und West-Berlin, nur ein Häusermeer, soweit das Auge reichte. Wolf Biermann hat 1966 dieses Motiv aufgegriffen und dem Mont Klamott ein poetisches Denkmal gesetzt.

»Und als wir oben standen
Die Stadt lag fern und tief
Da hatten wir vom Halse den ganzen deutschen Mief
Ich legte meine Hände
Auf ihren warmen Bauch
Und sagte: süße Dicke
fühlst Du den Frühling auch?
(...)
Wir saßen auf dem Kehricht
Vom letzten großen Krieg
Die Dicke sprach vom Frieden
Ich hörte zu und schwieg
Wir saßen, bis die Sonne
Im Häusermeer absoff
Sah'n zu, wie da der Westen
Die rote Farbe soff.«[1]

Schöner noch als im Frühling war die Aussicht vom Mont Klamott in den Winternächten. Dann waren die Bäume und Sträucher auf dem Bunkerberg-Plateau kahl, sodass der Blick ungehindert über die Dächer bis zum Stadtrand schweifen konnte. Doch nachts sah man den hellen Schein der Fluchtlichtanlagen am Mauerstreifen. Die Grenzanlagen verfügten über ein eigenes Energieversorgungssystem, das selbst bei strengstem Frost und Kohleknappheit nicht ausfiel. Selbst als nach der Schneekatastrophe zum Jahreswechsel 1978/79 in Berlin die Straßenbeleuchtung abgeschaltet wurde und viele Haushalte keinen Strom hatten, verbreiteten die Tiefstrahler am Todesstreifen strahlende Helle.

Prosit Neujahr 1990

Am Abend des 31. Dezember 1989 hatte leichter Schneefall eingesetzt. Er bedeckte das graue Geäst der Bäume und des Buschwerks mit einem frischen weißen Schleier. Die Ausläufer eines Nordmeertiefs erreichten während der Nachtstunden Berlin.

Die Temperaturen fielen unter den Nullpunkt und ließen die Pfützen und aufgeweichten Wege im Volkspark Friedrichshain gefrieren. Der Weg auf das Plateau des Mont Klamott war in dieser Silvesternacht nicht ungefährlich. Die künstlichen Hügel dienten im Winter als Rodelberge. Berühmt und berüchtigt war die Knochen- oder Todesbahn. Der Legende zufolge stand in schneereichen Monaten an deren Fuß stets ein Sankra, wie in der DDR das Kurzwort für Sanitätskraftfahrzeuge lautete, um die Verletzten in die Unfallstation zu transportieren. Neben den gefährlichen Bahnen, die einigen Mut erforderten, gab es sanftere Hänge für Kleinkinder, eine Idiotenwiese für Skianfänger sowie zahlreiche spiegelglatte Schlitterbahnen, auf denen man sich auch ohne Wintersportgerät tummeln konnte. Sie bildeten in der Dunkelheit erhebliche Gefahrenquellen. Nicht umsonst standen überall Hinweisschilder mit der Aufschrift »Das Betreten der Wege erfolgt auf eigene Gefahr«.

Doch in Silvesternächten regierte der Übermut. Entlang des spiralförmig dem Gipfel entgegenstrebenden, mit schmutzigen Schneeresten gesäumten Pfades bewegten sich gegen Mitternacht kleinere und größere Gruppen nach oben. Viele hatten Taschenlampen dabei, manche zogen mit brennenden Kerzen zum Gipfel oder zündeten unterwegs Wunderkerzen an. Auf dem Plateau war es trotz der vielen Menschen merkwürdig still. Auch Blitzknaller und anderer Feuerzauber wurden zurückhaltend eingesetzt. Man sparte für die entscheidenden Minuten des Jahreswechsels. Dann näherte sich der Sekundenzeiger der Zwölf. Manche zählten laut mit und riefen: »Prosit Neujahr!«, oder sie gaben dem der Stunde gemäßen Frohsinn durch ein »Juhu!« Ausdruck.

Der Nachthimmel über Berlin verwandelte sich in ein zuckendes, buntes Farbenmeer. Ältere Leute wurden still und nachdenklich. Zu sehr erinnerte die Szenerie an die Bombenangriffe mit den langsam herabsinkenden Christbäumen, den Leuchtspurgeschossen der Flakbatterien und den über den Himmel irrenden Scheinwerferkegeln. Sektkorken knallten, Gläser klirrten. Die übermüdeten Kinder waren jetzt still und blickten mit großen Augen auf das grandiose Schauspiel.

Melancholie des Abschieds

Was dachten und fühlten die Menschen in jener Silvesternacht? Nie zuvor war so viel Zukunft – und nie so viel Vergangenheit. Was würde das kommende Jahr bringen?

Noch stand eine hochgerüstete sowjetische Armee mit einem Mannschaftsbestand von etwa 338 000 Soldaten im Land. Die genaue Zahl kannte niemand, aber jeder wusste, dass keine Macht der Welt etwas gegen diese Armee hätte ausrichten können. Hinzu kamen die Nationale Volksarmee, die Einheiten der Staatssicherheit und die kasernierten Polizeibereitschaften des Innenministeriums. Die SED-Führung und ihr Apparat waren zwar desorientiert und mutlos, hatte aber die Fäden der Macht immer noch in der Hand.

Zudem platzte in den Tagen zwischen Weihnachten und Silvester eine mediale Bombe, von der noch niemand wusste, welche Sprengkraft sie entwickeln würde. In der Nacht vom 27. zum 28. Dezember 1989 beschmierten unbekannte Täter das sowjetische Ehrenmal in Berlin-Treptow mit rechten und sowjetfeindlichen Parolen. Egal ob die Stasi die Aktion organisiert hatte – was allgemein gemunkelt wurde –, oder ob den Kräften des »Ancien régime« der Vorfall nur gelegen kam: Die immer noch der SED hörigen Medien sahen das Vaterland von Neonazis bedroht. Die Absicht war allzu klar: Der russische Bär sollte aus dem Winterschlaf geweckt werden, indem man ihn an seiner empfindlichsten Stelle traf, dem Ruhm und der Ehre der heldenhaften Sowjetarmee.

Gregor Gysi, der neue SED-PDS-Vorsitzende, lieferte beim Sowjetbotschafter eine Ergebenheitsadresse ab, in der es hieß: »(...) wir bekräftigen unsere tiefe Verbundenheit, Freundschaft und Solidarität mit der Sowjetunion, dem Wegbereiter einer erneuerten sozialistischen Gesellschaft.«[2] In den Silvesterausgaben des Jahres 1989 trommelten die DDR-Zeitungen in nahezu wortgleichen Artikeln zur Bildung einer Einheitsfront gegen rechts. »Dieses Land wurde aus dem Antifaschismus geboren! Laßt es nicht zur Heimstatt der Neofaschisten werden!«, hieß es in einem Aufruf zu einer »Kampfdemonstration« auf dem Gelände des Ehrenmals am 3. Januar 1990.[3] Unter dem Vorwand des gemeinsamen Kampfes gegen rechts sollte die Stasi unter den Namen Verfassungsschutz und Amt für Nationale Sicherheit weiterexistieren, was Gregor Gysi drei Tage nach Neujahr unter dem Jubel der angetretenen Diensteinheiten der Staatssicherheit deutlich formulierte.

Ebenfalls in der letzten Ausgabe des Jahres 1989 veröffentlichte das *Neue Deutschland* eine Meinungsumfrage zur aktuellen Stimmung unter der Bevölkerung, die von Soziologen der Akademie für Gesellschaftswissenschaften durchgeführt worden war.[4] Weggelassen wurde beim Namen der Einrichtung der bislang obligate Zusatz »beim Zentralkomitee der SED«. Man gab sich neuerdings neutral und wissenschaftlich. Der Umfrage zufolge hätten, sofern am folgenden Sonntag Wahlen gewesen wären, die SED-PDS 34 Prozent der Wählerstimmen erhalten, die CDU 7,9 Prozent, das Neue Forum 5,8 Prozent, die Sozialdemokratische Partei (SDP) 5,4 Prozent, der Demokratische Aufbruch (DA) zwei Prozent und die Grünen ein Prozent.

Laut Umfrage waren 69,2 Prozent der Wähler für die Beibehaltung einer souveränen DDR. Für eine vorbehaltlose Angliederung an die Bundesrepublik stimmten nur 9,2 Prozent der Befragten.

Waren diese Zahlen realistisch? Angesichts der Wahlergebnisse etwa zwölf Wochen später, am 18. März 1990, sind Zweifel angebracht. Die Allianz für Deutschland, ein Wahlbündnis aus CDU, Demokratischem Aufbruch und der rechten Deutschen Sozialen Union (DSU), erzielte mit der Forderung nach sofortiger Wiedervereinigung mit 48 Prozent fast die absolute Mehrheit.

»Niemals werden die Siegermächte zulassen, dass Deutschland wiedervereinigt wird«, meinten manche Angehörige jener Altersgruppe, die gelegentlich als Aufbaugeneration bezeichnet wurde. Im Namen Deutschlands hatte man sie von der Schulbank weg in den Krieg geschickt. Die Bonner Republik war in ihren Augen nichts anderes als eine Neuauflage der Nazi-Herrschaft. Im Westen saßen die alten und neuen Nazis, die Konzernherren und Kriegstreiber, die darauf lauerten, sich die DDR einzuverleiben.

Sicherlich haben sie nicht jedes Lügenmärchen geglaubt, das im *Neuen Deutschland* stand, wohl nicht einmal das, was sie selbst dort oder in anderen Zeitungen geschrieben haben. Doch nun stand die Sache Spitze auf Knopf. »Wir oder sie«, war eine häufig gebrauchte Formulierung. Die »stärkeren Bataillone« würden siegen. Und nun sprach alles dafür, dass der Feind die stärkeren Bataillone hatte. Das war gewiss keine einfache Situation nach 40 Jahren Mühen der Ebene.

Andere waren damals schon voller Resignation und Pessimismus. Sie sahen sich als Verlierer und wurden es dadurch. Das jahre- und jahrzehntelange verdrossene Schweigen, das ewige Duckmäusertum, die faulen Ausreden, die erniedrigenden Kompromisse und der Rückzug in private Sphären hatten sie vor der Zeit müde werden lassen. Sie wollten das verflossene Staatswesen nicht verteidigen, und in den neuen Staat setzten sie keinerlei Hoffnung. Auf ihre Weise hatten sie den Witz, DDR sei die Abkürzung für »der dämliche Rest« verinnerlicht. Sie hatten missmutig und borniert beiseitegestanden, als sich die Opposition formierte. Nun fehlte ihnen der Stolz derer, die den Umbruch betrieben und verwirklicht hatten. Die frisch gewendete Staatspartei hatte das Schlagwort ausgegeben, die DDR drohe im Falle des Anschlusses an die Bundesrepublik zum deutschen Mezzogiorno zu werden. Dabei war die SED dafür verantwortlich, dass viele Städte Mitteldeutschlands erbärmlicher aussahen als Neapel oder Palermo.

Wieder andere – gerade in Berlin – stürzten sich bedenkenlos in das Party- und Clubleben der zusammenwachsenden Stadt, obwohl ihnen das nötige Westgeld fehlte. Man hatte ihnen eine Weltanschauung vorgesetzt und sie daran gehindert, sich die Welt anzuschauen. Nun wollten sie feststellen, wie es »hinter dem Horizont weiterging«.

Wieder andere fühlten sich, als seien sie von einem Albdruck befreit. Sie mischten sich in die Diskussionen ein, gründeten Parteien, Verlage, Zeitungen, Unternehmen. Obwohl sie politisch meistens links oder sogar sehr links standen, tummelten sie sich in dem neuen System der freien Medien, der offenen Debatten und der bunter gewordenen Welt wie die Fische im Wasser. Und nirgendwo waren die Möglichkeiten größer als in der nun offenen Doppelstadt Berlin.

Rückfahrt mit dem 57er Bus

Der gegen Mitternacht aufkommende eisige Wind nahm den Gipfelbesuchern an diesem 1. Januar 1990 die Lust auf einen weiteren Aufenthalt im Freien. Die Menschen strebten in ihre warmen Wohnzimmer. Der 57er Bus verkehrte in der Neujahrsnacht nach einem Sonderfahrplan bis in die frühen Morgenstunden. Trotz aller Veränderungen versahen die Verkehrs- und Versorgungsbetriebe in der Hauptstadt der DDR tapfer ihren Dienst. So quälte sich der dunkelorangefarbene Ikarus-Bus der Berliner Verkehrsbetriebe (BVB) durch die Horden von aufgekratzten Berlinern, die in Feierlaune den Fahrzeugen ihre Knallkörper vor die Räder warfen. In den Straßen krachten die Böller lauter und schärfer als auf dem Plateau des Bunkerberges. Zudem hatte sich der Dunst aus aufsteigender Feuchtigkeit, Auspuffgasen und Qualm in den Straßen verfangen und ließ die Sicht verschwimmen. Leichtsinn und Übermut mischten sich mit einer unwirklichen, aggressiven Stimmung. Es herrschte Freiheit, und die Volkspolizei hatte sowieso nichts mehr zu sagen. Im Schritttempo fuhr der Bus am Volkspark Friedrichshain und dem Märchenbrunnen vorbei, bog in die Greifswalder Straße ein, passierte die modernen Hochhäuser rund um den Alexanderplatz, bis er die alte Prachtstraße Unter den Linden mit ihren nachts angestrahlten neoklassizistischen Bauten erreichte. Es ging vorbei am Zeughaus mit dem Museum für Deutsche Geschichte, das bald Namen und Hausherrn wechseln sollte, vorbei an der Neue Wache, wo am 26. September 1990 zum letzten Mal zum allwöchentlichen Großen Wachaufzug die Stiefel beim Parademarsch auf das Pflaster knallen sollten, dahinter das zwischen den winterlich kahlen Kastanien gelegene Haus der Deutsch-Sowjetischen Freundschaft, das nicht mehr lange so heißen sollte. Dann die Humboldt-Universität, der schmerzhafte und dramatische Veränderungen bevorstanden. Über allem lag die Melancholie des Abschieds.

An der Ecke Unter den Linden/Friedrichstraße herrschte ein Riesengetümmel. Am Brandenburger Tor war – wie man in den nächsten Tagen in den Zeitungen lesen konnte – die Silvesterfeier aus dem Ruder gelaufen. Angetrunkene hatten eine Videowand des Deutschen Fernsehfunks genutzt, um das Brandenburger Tor zu erklettern. Das Gerüst brach zusammen, und es gab 135 Verletzte und ein Todesopfer. Auch gegen ein Uhr morgens hatte sich die Situation noch nicht beruhigt. Laut hupend schob sich der Bus durch das Menschengewimmel, bog in die Friedrichstraße ein, um am Bahnhof über die Weidendammer Brücke und die Chausseestraße vorbei am Französischen Friedhof bis zur Scharnhorststraße zu fahren, wo 28 Jahre lang die Welt zu Ende gewesen war. Auch die Mauer stand noch. Aber sie wirkte sieben Wochen nach ihrer Öffnung wie ein Fremdkörper, der sinnlos in die Stadt hineingebaut worden war. Die Tiefstrahler waren erloschen, die Wachtürme standen leer. Am Grenzübergang Chausseestraße waren die Ausweiskontrollen eingestellt worden. Man konnte über den früheren Checkpoint gehen, als sei dort nie eine Grenze gewesen. Die Mauer, die Militärparaden, die Massenaufmärsche der FDJler, die allgegenwärtigen Volkspolizisten und die paarweise auftretenden auffällig Unauffälligen in ihren Dederonanoraks, die Fahnen, Losungen und die überdimensionalen Porträts von Partei- und Staatsführung – all das war verschwunden wie ein Albtraum. Was sonst noch verschwand, hielt man damals für entbehrlich. Die romantische Rückerinnerung an die »heile Welt der Diktatur« machte sich erst breit, als jede Gefahr einer Wiederkehr verschwunden war.

Ost-Berlin ging ein ins Reich der Mythen, Legenden, Erzählungen, Anekdoten und Verklärungen. These und Antithese hatten sich im Sinne der Hegel'schen Dialektik zur Synthese vereinigt. Eine neue These war formuliert worden, die auf ihre Antithese nicht lange warten musste. Eine neue Stadt war geboren worden, eine Stadt mit einem Berg von Problemen, die sich nach Zerstörung und Teilung selbst finden und neu erfinden musste.

Anhang

Anmerkungen

Prolog, S. 9–21

1 Neues Deutschland, 17. 11. 1962.
2 Walter Benjamin: Berliner Kindheit um neunzehnhundert, in: ders.: Gesammelte Schriften IV,1, Frankfurt am Main 1972, S. 237.
3 Ebd.
4 Günter Kunert: Tagträume in Berlin und andernorts, München 1972, S. 214.
5 Ebd.
6 Ebd.
7 Ebd., S. 52.
8 Heinz Knobloch: Stadtmitte umsteigen. Geschichten aus dem Osten Berlins, zitiert nach der Neuausgabe, Berlin 2002, S. 13.
9 Neues Deutschland, 14. 11. 1961.
10 Junge Welt, 1. 9. 1962.

Erster Teil, S. 25–75

1 Vgl. Berlin. Quellen und Dokumente 1945–1951, hg. im Auftrage des Senats von Berlin, 1. Halbband, Berlin (West) 1964, S. 40.
2 Konstantin Simonow: Kriegstagebücher. Bd. 2: 1942–1945, Berlin (DDR) 1979, S. 697f.
3 Ebd., S. 698.
4 Ebd., S. 697f.
5 Ebd., S. 699.
6 Berliner Zeitung, 6. 6. 1945.
7 Berlin. Quellen und Dokumente (wie Anm. 1), S. 70.
8 Curt Riess: Alle Straßen führen nach Berlin, Hamburg 1968, S. 32.
9 Ebd.
10 Zitiert nach: Luftangriffe auf Berlin. Die Berichte der Hauptluftschutzstelle 1940–1945, hg. von Laurenz Demps, Berlin 2012, S. 11.
11 Heinz Rein: Finale Berlin, Berlin 1947, zitiert nach der Neuausgabe, Frankfurt am Main 2015, S. 10.
12 Ebd.
13 Wolfgang Leonhard: Die Revolution entlässt ihre Kinder, 27. Aufl., Köln 2014 (zuerst 1955), S. 429f.
14 Dokumente deutscher Kriegsschäden, Bd. IV/2 (Berlin – Kriegs- und Nachkriegsschicksal der Reichshauptstadt), hg. vom Bundesminister für Vertriebene, Flüchtlinge und Kriegsgeschädigte, Bonn 1967, S. 5.

15 Das erste Jahr. Berlin im Neuaufbau. Ein Rechenschaftsbericht des Magistrats der Stadt Berlin, Berlin 1946, S. 59.

16 Dokumente deutscher Kriegsschäden (wie Anm. 14), S. 6.

17 Ebd., S. 9.

18 Johannes R. Becher: Deutsches Bekenntnis, in: Publizistik II. 1939–1945, Berlin/Weimar 1978, S. 475f.

19 Ebd., S. 477.

20 Ebd., S. 476.

21 Leonhard: Die Revolution (wie Anm. 13), S. 440.

22 Leonhard: Die Revolution (wie Anm. 13), S. 433.

23 Gerhard Keiderling: »Gruppe Ulbricht« in Berlin April bis Juni 1945. Von den Vorbereitungen im Sommer 1944 bis zur Wiedergründung der KPD im Juni 1945. Eine Dokumentation, Berlin 1993, S. 526.

24 Ebd., S. 551.

25 Ebd., S. 495.

26 Ebd., S. 552.

27 Heinrich Heine: Werke und Briefe. Bd. 2, Berlin/Weimar 1980, S. 490.

28 Berliner Zeitung, 25.4.1947.

29 Der Augenzeuge 54, 23.5.1947.

30 Berliner Zeitung, 16.9.1945.

31 Inge von Wangenheim: Die Traumvorstellung, in: 100 Jahre Deutsches Theater Berlin 1883–1983, hg. von Michael Kuschnia, Berlin (DDR) 1983, S. 140.

32 Marcel Reich-Ranicki: Mein Leben, Stuttgart 1999, S. 318f.

33 Neue Zeit, 11.9.1945.

34 Alfred Kantorowicz: Deutsches Tagebuch. Teil 1, München 1959, S. 326.

35 Ebd., S. 328.

36 Vgl. etwa Neues Deutschland, 26.10.1960.

37 Neues Deutschland, 10.5.1947.

38 Der Artikel wurde in einer zensurierten Fassung unter dem Titel »Ein Wort an Berlin« in der Weltbühne 3. Jg. (1948), H. 19, S. 497–501, nachgedruckt. In dieser Fassung erschien er ohne Verweis auf das Original in: Heinrich Mann: Essays. Bd. 3 (Ausgewählte Werke in Einzelausgaben, Bd. 13), hg. von Heinz Kamnitzer, Berlin (DDR) 1962, S. 392f. Die vollständige Fassung findet sich in: Heinrich Mann: Verteidigung der Kultur. Antifaschistische Streitschriften und Essays, Berlin (DDR) 1971, S. 351ff. Nach dieser Ausgabe wird im Folgenden zitiert.

39 Ebd., S. 355.

40 Ebd., S. 358f.

41 Vgl. Thomas Mann: Tagebücher 1949-1950, hg. von Inge Jens, Frankfurt am Main 1991, S. 176f.

42 Die Zeit, 12.9.1957.

43 Neues Deutschland, 25.3.1961.

44 Ebd.

45 Vgl. Alfred Döblin: Schriften zu Leben und Werk (Ausgewählte Werke in Einzelausgaben), Olten/Freiburg i. Br. 1986, S. 668.

46 Ebd., S. 281.

47 Ebd., S. 268.

48 Döblin: Autobiographische Schriften und letzte Aufzeichnungen (Ausgewählte Werke in Einzelausgaben), Olten/Freiburg i. Br. 1980, S. 408.

49 Ebd., S. 278f.

50 Ebd., S. 401f.

51 Döblin: Schriften zu Leben und Werk (wie Anm. 45), S. 284f.

52 Ebd., S. 285.

53 Döblin: Autobiographische Schriften (wie Anm. 48), S. 410.

54 Anna Seghers: Der Besuch, in: Aufsätze, Ansprachen, Essays 1954-1979 (Gesammelte Werke in Einzelausgaben, Bd. 14), 2. Aufl., Berlin/Weimar 1984, S. 77f.

55 Anna Seghers: Hier im Volk der kalten Herzen. Briefwechsel 1947, hg. von Christel Berger, Berlin 2000, S. 39f.

56 Ruth Rehmann: Unterwegs in fremden Träumen. Begegnungen mit dem anderen Deutschland, München/Wien 1993, S. 222.

57 Berliner Zeitung, 9.6.1983.

58 Wolf Biermann: Alle Lieder, Köln 1991, S. 215f.

59 Neues Deutschland, 2.11.1947.

60 Neues Deutschland, 3.12.1947.

61 Neues Deutschland, 12.12.1947.

62 Wilfred G. Burchett: Der kalte Krieg in Deutschland, Berlin (DDR) 1950, S. 36-38.

63 Neues Deutschland, 16.11.1948.

64 Ebd.

65 Ebd.

66 Ebd.

67 Vgl. Berliner Zeitung, 17.11.1948.

68 Vgl. ebd.

69 Vgl. Neues Deutschland, 16.11.1948.

70 Berlin in Zahlen 1946/1947, hg. vom Hauptamt für Statistik und Wahlen des Magistrats von Groß-Berlin, Berlin 1949; Berlin in Zahlen 1948/1949, hg. vom Hauptamt für Statistik des Magistrats von Groß-Berlin, Berlin 1950.

71 Statistisches Jahrbuch der Deutschen Demokratischen Republik 1955, Berlin (DDR) 1956, S. 94.

72 Vgl. Volker Koop: Kein Kampf um Berlin. Deutsche Politik zur Zeit der Berlin-Blockade 1948/1949, Bonn 1998, S. 188f.

73 Alle Preisangaben nach: Berlin in Zahlen 1948/1949 (wie Anm. 70), S. 218f.

Zweiter Teil, S. 79–126

1 Werner Bräunig: Rummelplatz. Roman, Berlin 2007, S. 9.

2 Ebd.

3 Originalmitschnitt Deutschlandsender: Fackelzug der FDJ, 11. Oktober 1949, Länge 84 min, Deutsches Rundfunkarchiv (DRA) ANR D000537401.

4 Ebd.

5 Tägliche Rundschau, 11. 10. 1949.

6 Ebd.

7 Vgl. Berliner Zeitung, 11. 10. 1949.

8 Berlin. Quellen und Dokumente 1945–1951, hg. im Auftrage des Senats von Berlin, 2. Halbband, Berlin (West) 1964, S. 2057.

9 Ebd.

10 Deutschlandsender: Fackelzug der FDJ (wie Anm. 3).

11 Neues Deutschland, 12. 10. 1949.

12 Ebd.

13 Deutschlandsender: Fackelzug der FDJ (wie Anm. 3).

14 Ebd.

15 Ebd.

16 Vgl. Foto vom 1. September 1949, in: Illustrierte Rundschau, 4. Jg. (2. 9. 1949), H. 18 (80), S. 7.

17 Bräunig: Rummelplatz (wie Anm. 1), S. 64f.

18 Ebd., S. 67f.

19 Junge Welt, 19. 10. 1949. Die offizielle Geschichtsschreibung der DDR ist bei dieser Zahl geblieben, z. B. Heinz Heitzer/Günther Schmerbach: Illustrierte Geschichte der DDR, Berlin (DDR) 1984, S. 120.

20 Neues Deutschland, 11. 10. 1949.

21 ZK der SED, Abt. Jugend: Einige Details aus den Berichten der Presse im Oktober 1949 über den Fackelzug der Jugend anläßlich der Gründung der DDR, Stiftung Archiv der Parteien und Massenorganisationen der DDR im Bundesarchiv (SAPMO-BArch) DY 30/IV 2/16-78.

22 Junge Welt, 19. 10. 1949.

23 Bräunig: Rummelplatz (wie Anm. 1), S. 68f.

24 Entwurf vom 2. August 1951, SAPMO-BArch DH 2 DBA/A/47.

25 Neues Deutschland, 25. 11. 1951.

26 Erwin Burkert: Aufbau-Walzer, zitiert nach: Herbert Nicolaus/Alexander Obeth: Die Stalinallee. Geschichte einer deutschen Straße, Berlin 1997, S. 134.

27 Berliner Zeitung, 3. 6. 1953.

28 Ebd.

29 Berliner Zeitung, 10. 6. 1953.

30 Archiv des Bundesbeauftragten für die Stasi-Unterlagen (BStU), MfS, AS 168/56.

31 Ebd.

32 SAPMO-BArch ZPA, NY 4090/437 (Nachlass Otto Grotewohl).

33 Bericht vom 15. 6. 1953 über den Empfang der Delegation der Bauarbeiter der Stalinallee am 15. 6. 1953 im Sekretariat des Ministerpräsidenten, SAPMO-BArch ZPA, NY 4090/437 (Nachlass Otto Grotewohl).

34 Neues Deutschland, 20. 6. 1953.

35 Bertolt Brecht: Gedichte 2 (Sammlung 1938–1956, Große Kommentierte Berliner und Frankfurter Ausgabe, Bd. 12), Berlin/Weimar/Frankfurt am Main 1988, S. 310.

36 Neues Deutschland, 3. 7. 1953.

37 Berliner Zeitung, 31. 1. 1954.

38 Ebd.

39 Henryk Keisch: Berlin bei Nacht, in: Die Weltbühne 9. Jg. (1954), H. 6, S. 185.

40 Ebd.

41 Ebd.

42 Ebd., S. 186.

43 Ebd.

44 Neue Zeit, 8. 8. 1958.

45 Berliner Zeitung, 17. 8. 1951.

45 Berliner Zeitung, 19. 8. 1951.

47 Neues Deutschland, 14. 12. 1956.

48 Berliner Zeitung, 16. 5. 1959.

49 Ebd.

50 Vgl. Einschätzung des Grenzgängerproblems im demokratischen Berlin und in den Randgebieten vom 10. Januar 1961, SAPMO-BArch DY 30, NL 4182/3288.

51 Ebd.

52 Diese Zahl findet sich in der auf amtlichem West-Berliner Material basierenden Broschüre des Colloquium Verlags: Berlin Sowjetsektor, Berlin (West) 1965, S. 116.

53 Telefongespräch zwischen Walter Ulbricht und Nikita S. Chruschtschow am 1. August 1961, zitiert nach: http://www.welt.de/politic/article3828831/das-gespraech-zwischen-ulbricht-und-chruschtschow.html (zuletzt abgerufen am 19. 1. 2020).
54 Einschätzung des Grenzgängerproblems (wie Anm. 50).
55 Neues Deutschland, 11. 7. 1961.
56 Information über die ersten Erfahrungen mit den Grenzgängern in Berlin und im Kreis Strausberg vom 22. Juli 1961, SAPMO-BArch DY 30, 3682.
57 Ebd.
58 Neues Deutschland, 13. 8. 1961.
59 Ebd.
60 Berliner Zeitung, 18. 8. 1961.
61 Neues Deutschland, 20. 8. 1961.
62 Radio DDR, 13. 8. 1961 (Mitschnitt RIAS Berlin), Archiv des Autors.
63 Radio DDR vom 13. 8. 1961 (Mitschnitt RIAS Berlin), Archiv des Autors.

Dritter Teil, S. 129–154

1 Vgl. Hans-Hermann Hertle/Maria Nooke (Hg.): Die Todesopfer an der Berliner Mauer 1961–1989. Ein biographisches Handbuch, hg. im Auftrag des Leibniz-Zentrums für Zeithistorische Forschung Potsdam und der Stiftung Berliner Mauer, 3. Aufl., Berlin 2019, S. 38–40.
2 Vgl. ebd., S. 41–43.
3 Vgl. ebd., S. 44–46.
4 Vgl. ebd., S. 106–109.
5 Egon Bahr: Wandel durch Annäherung, in: Deutschlandarchiv 8. Jg. (1973), H. 8, S. 862f.
6 Manfred Bieler: Maria Morzeck oder Das Kaninchen bin ich. Roman, München 1969, S. 65.
7 Ebd.
8 Ebd.
9 Ebd., S. 205.
10 Wolf Biermann: Alle Lieder, Köln 1991, S. 97f.
11 Neues Deutschland, 18. 12. 1955.
12 Klaus Schlesinger: Trug. Roman, Berlin 2000, S. 46f.
13 Ebd., S. 49.
14 Vgl. Peter Müller: Symbol mit Aussicht. Der Berliner Fernsehturm, Berlin 2000, S. 74.
15 Hans Noll: Der Abschied. Journal meiner Ausreise aus der DDR, Hamburg 1985, S. 234f.

16 Neues Deutschland, 17. 10. 1965.
17 Ebd.
18 Ebd.
19 Ebd.
20 Dieses und die folgenden zwei Zitate aus: Neues Deutschland, 24. 10. 1965.
21 Neue Zeit, 30. 1. 1967.
22 BStU, MfS, Bezirksverwaltung (BV) Berlin, A 1141/3, Bl. 1.
23 Zitiert nach: Peter Müller: Symbol mit Aussicht. Die Geschichte des Berliner Fernsehturms, Berlin 2000, S. 126.
24 Zitiert nach: ebd.
25 Gefängnis statt Rolling Stones. Ein Gerücht, die Stasi und die Folgen, hg. vom Bundesbeauftragten für die Unterlagen des Staatssicherheitsdienstes der ehemaligen DDR, Berlin 2014, S. 31 f.
26 Abschlußbericht Aktion »Jubiläum« vom 12. Oktober 1969, BStU, MfS, ZA, Bezirksverwaltung Groß-Berlin des MfS, AS 120/69.
27 Ebd.

Vierter Teil, S. 157–194

1 Befehl Nr. 47/72 vom 11. 12. 1972 zur politisch-operativen Sicherung der Unterzeichnung des Vertrages über die Grundlagen der Beziehungen zwischen der Deutschen Demokratischen Republik und der Bundesrepublik Deutschland, BStU, ZA, MfS.
2 Ebd.
3 Protokoll der Einweisung der Repräsentanten der Partei- und Staatsführung und weiterer führender Genossen in den Gesamtplan der Maßnahmen zur Gewährleistung der Sicherheit während der X. Weltfestspiele durch den Minister für Staatssicherheit, 5. 7. 1973, BStU, MfS, VVS 680/73, Bl. 8.
4 Plan der Maßnahmen zur Gewährleistung der Sicherheit während der X. Weltfestspiele, 25. 6. 1973, BStU, MfS, VVS 644/73.
5 Schußwaffengebrauchsbestimmung für die Kräfte des Zentralen Einsatzverbandes (ZEV) in der Durchführungsplanung der Aktion »Banner«, Juni 1973, BStU, MfS, BdL, Dok. 1813.
6 Bericht vom 24. 7. 1973, BStU, MfS, HA IX, 5353.
7 Ebd., Bl. 1.
8 Ebd., Bl. 2.
9 Ebd., Bl. 6.
10 Standpunkte zum Verhalten gegenüber Provokationen oder anderen abweichenden Verhaltensweisen bei politischen Veranstaltungen, 12. 7. 1973, BStU, MfS, 1758, Bl. 2.

11 Neues Deutschland, 2. 8. 1973.
12 Heinz Günter Behnert: Palast, Palazzo – das Denkmalbuch zum Palast der Republik. 1973–1997, Berlin 1997, S. 177.
13 Günter de Bruyn: Buridans Esel. Roman, Halle/Leipzig 1968; Ulrich Plenzdorf: Glück im Hinterhaus, in: ders.: Filme. Teil 1, Rostock 1986, S. 83 ff.
14 Plenzdorf: Glück im Hinterhaus (wie Anm. 13) S. 9.
15 Vgl. Gunnar Winkler (Hg.): Sozialreport '90, Berlin (DDR) 1990, S. 165.
16 Vgl. ebd., S. 44.
17 In: Günter de Bruyn: Frauendienst. Erzählungen und Aufsätze, Halle/Leipzig 1986, S. 131–140, hier S. 134 f.
18 Ebd., S. 135.
19 Ebd., S. 140.
20 Plenzdorf: Filme (wie Anm. 13), S. 158.
21 Ebd., S. 164.
22 Neues Deutschland, 4. 5. 1983.
23 https://www.gugalyrics.com/lyrics-2082805/tamara-danz-%26-silly-verlorene-kinder.html (zuletzt abgerufen am 19. 1. 2020).
24 Richard Pietraß: Notausgang. Gedichte, Berlin/Weimar 1980, S. 9.
25 Günter Kunert: Tagträume in Berlin und andernorts. Kleine Prosa, Erzählungen, Aufsätze, München 1972, S. 62.

Fünfter Teil, S. 197–244

1 BV Berlin, Abt. XV/409: Hinweise zur Existenz eines neuen Textinhaltes zum sog. »Sachsenlied« sowie dessen Inhalt, Form und Umfang der Verbreitung unter Studenten und im Lehrkörper der Humboldt-Universität Berlin vom 22. April 1980, BStU, MfS.
2 Ebd.
3 Ebd.
4 Neues Deutschland, 6./7. 12. 1986.
5 BV Leipzig an Zentraler Operativstab: Information 787/87 vom 22. Juni 1987, BStU, MfS, BV Leipzig.
6 Lehrmaterial VVS 001-19/79 I, BStU, MfS, JHS, VVS 001-19/79 I, Bl. 13.
7 Information über Aktivitäten feindlich-negativer Personenkreise am 5. Februar 1988, 6. 2. 1988, BStU, MfS, BV Berlin, AKG, Bl. 1.
8 Reinhard Schult: Von der Bürgerbewegung zur organisierten Verantwortungslosigkeit. Warum ich die Gruppe Neues Forum/Bürgerbewegung verlasse. Persönliche Erklärung vom 7. September 1995, als Pressemitteilung verbreitet; vgl. Neues Deutschland, 13. 9. 1995.
9 BV Berlin, Abt. XX: Information vom 15. 9. 1986 über aktuelle Erfahrungen und Erkenntnisse bei der Bekämpfung feindlich-negativer

Kräfte und Gruppierungen politischer Untergrundtätigkeit in der Hauptstadt Berlin, BStU, MfS, Bl. 2.

10 Schlacht um Zion, in: Umweltblätter, 15. 12. 1987, S. 2, zitiert nach: Wolfgang Rüddenklau: Störenfried. DDR-Opposition 1986–1989, Berlin 1992, S. 152.

11 Ebd.

12 Neues Deutschland, 27. 11. 1987.

13 Neues Deutschland, 20. 6. 1960.

14 BV Berlin, Abt. IX: Information vom 15. Juni 1987, BStU, MfS, BV Berlin.

15 Ebd.

16 Günter Gaus: Deutschland im Juni, Köln 1988, S. 54. Das Buch erschien 1989 in der Reihe report im Verlag Volk und Welt mit einem Vorwort von Otto Reinhold, dem Leiter der Akademie für Gesellschaftswissenschaften beim ZK der SED, S. VII–XVII. Der Titel wurde Anfang 1989 angekündigt (vgl. Neues Deutschland, 23. 1. 1989; Berliner Zeitung, 24. 1. 1989; Neue Zeit, 6. 2. 1989) und zur Leipziger Herbstmesse im September 1989 ausgeliefert (vgl. Neue Zeit, 25. 9. 1989; Berliner Zeitung, 2. 12. 1989).

17 Kate Connolly: Ich glaube, Gefahren warten nur auf jene, die nicht auf das Leben reagieren, in: The Guardian, 5. 7. 2013, zitiert nach: Wikipedia, Bruce-Springsteen-Konzert 1988 in Ost-Berlin (zuletzt abgerufen am 3. 10. 2019).

18 Neues Deutschland, 6./7. 10. 1989.

19 Und diese verdammte Ohnmacht. Report der unabhängigen Untersuchungskommission zu den Ereignissen vom 7./8. Oktober 1989 in Berlin, Berlin 1991, S. 17.

20 Neues Deutschland, 26. 10. 1989.

21 Ebd.

22 Er malte das berühmte Krenz-Plakat der Alexanderplatz-Demo, in: Der Tagesspiegel, 4. 11. 2019, https://www.tagesspiegel.de/berlin/grossmutter-warum-hast-du-so-grosse-zaehne-er-malte-das-beruehmte-krenz-plakat-der-alexanderplatz-demo/25181422.html (zuletzt abgerufen am 17. 1. 2020).

23 Hanns-Josef Ortheil: Blauer Weg, München 2016 (zuerst 1996), S. 62.

24 Wolf Biermann, Alle Lieder, Köln 1991, S. 166.

25 Zitiert nach: Hans-Hermann Hertle: Sofort, unverzüglich. Die Chronik des Mauerfalls, Berlin 2019, S. 118.

26 Ebd., S. 119.

27 Ebd., S. 121.

28 Ebd., S. 122 f.

Epilog, S. 247–254

1 Wolf Biermann: Alle Lieder, Köln 1991, S. 173f.

2 Neues Deutschland, 30./31.12.1989.

3 Ebd.

4 Ebd.

Abkürzungen

Abt.	Abteilung
ADGB	Allgemeiner Deutscher Gewerkschaftsbund
ADN	Allgemeiner Deutscher Nachrichtendienst
AFN	American Forces Network
AKG	Auswertungs- und Kontrollgruppe (des MfS)
Antifa	Antifaschistische Aktion
ARD	Arbeitsgemeinschaft der öffentlich-rechtlichen Rundfunkanstalten der Bundesrepublik Deutschland
AZKW	Amt für Zoll und Kontrolle des Warenverkehrs
BBC	British Broadcasting Corporation
BdL	Büro der Leitung
BGL	Betriebsgewerkschaftsleitung
BMHW	Berliner Metallhütten und Halbzeugwerke
BPO	Betriebsparteiorganisation
BRD	Bundesrepublik Deutschland
BStU	Der Bundesbeauftragte für die Unterlagen des Staatssicherheitsdienstes der ehemaligen DDR
BV	Bezirksverwaltung
BVB/BVG	Berliner Verkehrsbetriebe
CD	Corps Diplomatique
CDU	Christlich Demokratische Union
CSU	Christlich-Soziale Union (in Bayern)
DA	Demokratischer Aufbruch
DDR	Deutsche Demokratische Republik
DEFA	Deutsche Film AG
DFF	Deutscher Fernsehfunk
DM	Deutsche Mark, auch Deutsche Mark der Deutschen Notenbank
DRA	Deutsches Rundfunkarchiv
DSU	Deutsche Soziale Union
EAC	European Advisory Commission
EAW	Elektro-Apparate-Werke
FDGB	Freier Deutscher Gewerkschaftsbund
FDJ	Freie Deutsche Jugend
HO	Handelsorganisation
HWG	Frauen mit angeblich »häufig wechselndem Geschlechtsverkehr«
IG	Industriegewerkschaft

IM	Inoffizieller Mitarbeiter (des MfS)
IPZ	Internationales Pressezentrum
JHS	Juristische Hochschule (des MfS)
KPD	Kommunistische Partei Deutschlands
KZ	Konzentrationslager
LPG	Landwirtschaftliche Produktionsgenossenschaft
MdI	Ministerium des Innern
MfS	Ministerium für Staatssicherheit
NATO	North Atlantic Treaty Organization
NWDR	Nordwestdeutscher Rundfunk
NVA	Nationale Volksarmee
PA	Personalausweis
PDS	Partei des Demokratischen Sozialismus
PUT	Politische Untergrundtätigkeit
RIAS	Rundfunk im amerikanischen Sektor
SAPMO-BArch	Stiftung Archiv der Parteien und Massenorganisationen der DDR im Bundesarchiv
SBZ	Sowjetische Besatzungszone
SDP	Sozialdemokratische Partei (der DDR)
SED	Sozialistische Einheitspartei Deutschlands
SFB	Sender Freies Berlin
SMAD	Sowjetische Militäradministration in Deutschland
SPD	Sozialdemokratische Partei Deutschlands
SWA-Verlag	Verlag der Sowjetischen Militärverwaltung in Deutschland
UdSSR	Union der Sozialistischen Sowjetrepubliken
US/USA	United States of America
VEB	Volkseigener Betrieb
VPKA	Volkspolizeikreisamt
VVS	Vertrauliche Verschlusssache
WBS	Wohnungsbauserie
WF	Werk für Fernsehelektronik
ZDF	Zweites Deutsches Fernsehen
ZEV	Zentraler Einsatzverband
ZK	Zentralkomitee

Personenregister

Bildnachweis

Bundesarchiv: S. 8 (Bild 183-29177-0003, Foto: Krueger); 24 (B 145 Bild-P046748, Foto: Carl Weinrother); 38 (Bild 183-H27965, Foto: ohne Angabe); 46 (Bild 183-R98771, Foto: ohne Angabe); 66 (Bild 183-R80013, Foto: Schöller); 78 (Bild 183-S88777, Foto: Eva Kemlein); 88 (Bild 183-13811-0009, Foto: Seidel); 92 (B 145 Bild-F005191-0040A, Foto: ohne Angabe); 106 (Bild 183-30250-0095, Foto: Heinz Junge); 120 (Bild 183-85458-0002, Foto: Heinz Junge); 128 (Bild 183-C1030-0052-001, Foto: Joachim Spremberg); 138 (Bild 183-H0813-0026-001, Foto: Eva Brüggmann); 144 (Bild 183-G0315-0003-001, Foto: Hanke); 150 (Bild 183-H1001-0001-018, Foto: Manfred Siebahn); 156 (Bild 183-L1221-018, Foto: Hubert Link); 174 (Bild 183-T0929-035, Foto: Gabriele Senft); 196 (Bild 183-1987-0704-021, Foto: Rainer Mittelstädt)
Harald Hauswald/OSTKREUZ: S. 206, 214, 222
Harald Schmitt: S. 180 (HB DDR_C 015)
ullstein bild: S. 166 (2.1868355, Foto: imageBROKER/Michael Nitzschke); 238 (07972956, Foto: Andreas von Lintel); 246 (00322887, Foto: ADN-Bildarchiv)

Der Autor

Stefan Wolle, Jahrgang 1950, studierte Geschichte an der Humboldt-Universität zu Berlin, bis 1972 seine Relegation aus politischen Gründen erfolgte. Danach arbeitete er als Hilfsarbeiter im Transformatorenwerk Oberschöneweide (TRO). Nach einem Jahr der »Bewährung in der Produktion« konnte er sein Studium fortsetzen. Von 1976 bis 1989 war Wolle Mitarbeiter der Akademie der Wissenschaften der DDR, 1984 promovierte er. Ab Anfang 1990 arbeitete er im Komitee zur Auflösung des Ministeriums für Staatssicherheit mit, von 1991 bis 1996 war er Assistent an der Humboldt-Universität, von 1996 bis 1998 Stipendiat der Deutschen Forschungsgemeinschaft, anschließend bis 2000 Referent bei der Stiftung zur Aufarbeitung der SED-Diktatur und bis 2005 Mitarbeiter im Forschungsverbund SED-Staat der Freien Universität Berlin. Seit 2005 ist er wissenschaftlicher Leiter des DDR-Museums Berlin.

Zahlreiche Veröffentlichungen, im Ch. Links Verlag unter anderem: *Die Ohnmacht der Allmächtigen. Geheimdienste und politische Polizei in der modernen Gesellschaft* (Hg. mit Bernd Florath und Armin Mitter; 1992); *Der Tag X – 17. Juni 1953. Die »Innere Staatsgründung« der DDR als Ergebnis der Krise 1952/54* (Hg. mit Ilko-Sascha Kowalczuk und Armin Mitter; 1995, 2. Auflage 1996); *Die heile Welt der Diktatur. Alltag und Herrschaft in der DDR 1971–1989* (1998, 4. Auflage 2009; engl. Ausgabe 2019); *Roter Stern über Deutschland. Sowjetische Truppen in der DDR* (mit Ilko-Sascha Kowalczuk; 2001, 2. Auflage 2010); *Der Traum von der Revolte. Die DDR 1968* (2008); *Aufbruch nach Utopia. Alltag und Herrschaft in der DDR 1961–1971* (2011, 2. Auflage 2013); *Der große Plan. Alltag und Herrschaft in der DDR 1949–1961* (2013); *Die heile Welt der Diktatur. Alltag und Herrschaft in der DDR 1949–1989* (2013); *100 Orte der DDR-Geschichte* (mit Martin Kaule, 2018).